PAÍS ~~EDUCADO~~ MAL EDUCADO

DANIEL BARROS

PAÍS ~~EDUCADO~~ MALEDUCADO

3ª edição

EDITORA RECORD
RIO DE JANEIRO • SÃO PAULO
2019

CIP-BRASIL. CATALOGAÇÃO NA PUBLICAÇÃO
SINDICATO NACIONAL DOS EDITORES DE LIVROS, RJ

B276p
3ª ed.

Barros, Daniel
 País mal educado: por que se aprende tão pouco nas escolas brasileiras? / Daniel Barros. – 3ª ed. – Rio de Janeiro: Record, 2019.

ISBN 978-85-01-11492-1

1. Educação – Brasil. 2. Política pública – Brasil. 3. Política e educação – Brasil. I. Título.

18-48733

CDD: 379.81
CDU: 37.014.5(81)

Meri Gleice Rodrigues de Souza – Bibliotecária – CRB-7/6439

Copyright © Daniel Barros, 2018

Todos os direitos reservados. Proibida a reprodução, armazenamento ou transmissão de partes deste livro, através de quaisquer meios, sem prévia autorização por escrito.

Texto revisado segundo o novo Acordo Ortográfico da Língua Portuguesa.

Direitos exclusivos desta edição reservados pela
EDITORA RECORD LTDA.
Rua Argentina, 171 – Rio de Janeiro, RJ – 20921-380 – Tel.: (21) 2585-2000.

Impresso no Brasil

ISBN 978-85-01-11492-1

Seja um leitor preferencial Record.
Cadastre-se em www.record.com.br e receba informações sobre nossos lançamentos e nossas promoções.

Atendimento e venda direta ao leitor:
sac@record.com.br

Para Camila

Sumário

Introdução: Derrubando mitos do senso comum	9
1. O que sabem as crianças e os adolescentes em escolas públicas brasileiras?	15
2. Antigamente, na verdade, era pior	43
3. A diferença que faz um bom professor (ou A arte de fazer um estudante falar "Até me esqueci do celular!")	77
4. Quem quer ser professor?	95
5. "O professor não dá uma aula ruim porque quer"	123
6. O que ensinar e quando?	153
7. Educação em tempo integral não é somente uma questão de horas na escola	189
8. O poder da boa gestão: na secretaria, na escola e na sala de aula	229
9. A técnica pode vencer a (má) política?	257
Epílogo: Para não dizer que não falei das... habilidades socioemocionais	279
Agradecimentos	289
Notas	293

Introdução

Derrubando mitos do senso comum

"O problema do Brasil é a educação!" Quem nunca ouviu essa frase? No almoço de família, na mesa do bar, na fila do banco, na sala de espera do dentista ou no elevador. Estamos sempre repetindo a mesma reclamação.

De fato, temos um grave problema educacional, que será amplamente explorado neste livro. Mas o debate público sobre a qualidade do ensino com frequência carece de substância. Primeiro, nessas conversas genéricas do dia a dia, o tema é sempre confundido com cordialidade ou gentileza. Fulano é mal-educado porque me deu uma fechada no trânsito.

Quando realmente falamos de conhecimento, os diagnósticos costumam passar longe do X da questão. Fala-se da disciplina dos estudantes, do uniforme, do cardápio da merenda, da quadra poliesportiva coberta, do uso de computadores na escola, de uma suposta doutrinação ideológica ou das inúmeras propostas de novas matérias. Esses temas podem até ser importantes e de fato orbitam o cotidiano das escolas, mas não têm diretamente a ver com aquela que deve ser sempre a questão central de qualquer sistema educacional: as crianças e adolescentes estão aprendendo?

Em geral, as escolas no Brasil falham na sua principal tarefa. Elas têm dificuldade de prover aprendizado adequado para seus usuários. Ao longo de quase todo o século XX, tivemos escassez de vagas nas escolas públicas. Os mais pobres e sobretudo aqueles que viviam na zona rural eram excluídos das salas de aula. Atualmente, esse problema de acesso é marginal (exceto em se tratando de creches). O descalabro de hoje é que, em muitos lugares do país, as crianças e adolescentes frequentam as salas de aula, mas aprendem pouco, muito pouco ou quase nada.

Mesmo os resultados dos que estudam em escolas privadas (8,8 milhões de matrículas, comparados a 43 milhões das escolas públicas)[1] ficam aquém do esperado. As notas de estudantes brasileiros no exame internacional Pisa (da Organização para a Cooperação e o Desenvolvimento Econômico, OCDE) mostram que estamos entre os últimos sob vários aspectos. Quando comparamos a nota média de matemática dos alunos de 15 anos entre os setenta países que participam do Pisa, o Brasil fica em 65º lugar, atrás do Peru, da Colômbia e da Costa Rica. Ao se comparar o desempenho dos 10% melhores com o mesmo grupo em outros países, ainda ficamos no último pelotão — 60ª posição. Ou seja, até a elite no Brasil aprende pouco na escola.

Se olharmos as crianças mais novas, encontramos cenários tão ou mais desoladores. A edição de 2016 da Avaliação Nacional de Alfabetização descortinou a triste realidade de que mais da metade (precisamente 55%) de nossos pequenos não haviam aprendido a ler e fazer operações matemáticas elementares de maneira adequada aos 8 anos de idade. Isso significa que eles não sabem somar 17 + 25 e não compreendem uma frase simples como "Cachorros ouvem melhor que humanos".

Em muitos casos, as deficiências que causam baixa aprendizagem são comuns entre as escolas públicas e privadas, embora em graus distintos, dada a óbvia vantagem das crianças que vêm de famílias mais privilegiadas. Veja o caso dos professores, o elemento mais importante nessa equação para garantir o aprendizado dos alunos.

Aqueles mais à esquerda vão se apegar à ideia de que simplesmente aumentar o salário dos professores é uma política educacional que melhorará o aprendizado dos alunos. Outros mais à direita dirão que bônus por desempenho é o caminho, emulando o que acontece nas empresas. Nenhum desses grupos entende um detalhe fundamental, explorado nos capítulos 3, 4 e 5 deste livro: incentivos financeiros não adiantam se os professores não sabem exatamente como melhorar o aprendizado dos alunos. Afinal, com bastante frequência, eles também não foram bem-educados.

A eventual falta de habilidade para ensinar tópicos fundamentais na trajetória escolar afetará estudantes da rede pública ou privada, com a diferença de que os de condição socioeconômica melhor terão oportunidades de recuperar o que deixaram de aprender na sala de aula em outros contextos — em casa, na internet, com um professor particular etc. E não se engane achando que descrevo aqui conteúdos complexos, como os necessários para passar nos disputados vestibulares de algumas universidades públicas. Hoje, isso é para poucos. Somente 55 a cada 100 estudantes chegam ao final da educação básica até os 19 anos. Desses, somente quatro aprendem conceitos elementares para a vida em sociedade, como porcentagem e probabilidade. E esses dados incluem escolas particulares.

A verdade é que pouco se discute sobre medidas comprovadamente efetivas para mudar essa realidade. E temos muitas, aqui mesmo no Brasil. Este livro trata de políticas públicas de sucesso na melhoria do aprendizado para estudantes de educação básica. Ele aborda personagens que mudaram a realidade educacional para milhares ou milhões de brasileiros. Você não verá histórias de exemplos pontuais de professores heroicos ou alunos de escola pública que romperam com as adversidades e foram estudar em algumas das melhores universidades do mundo, por mais inspiradoras que elas possam ser. Aqui, as histórias particulares servem para entender o quadro mais amplo da educação básica no Brasil.

Para este livro, fiz cerca de 120 entrevistas com especialistas brasileiros e estrangeiros, políticos e gestores públicos. Também entrevistei professores e diretores em 24 escolas espalhadas por treze cidades, em sete estados brasileiros. O objetivo desta obra jornalística é mostrar, em ordem de prioridade, as falhas mais graves do sistema educacional brasileiro. E também apresentar indícios de caminhos promissores para resolvê-los. Mas fazer isso com base em estudos rigorosos, exemplos de sucesso nacionais e internacionais e um pouco da opinião de especialistas tarimbados.

A típica conversa de mesa de bar sobre educação está repleta de mitos. Este livro tenta desbancar alguns desses pontos de desinformação. Um mito clássico é o de que cidades mais pobres e/ou violentas necessariamente têm educação pública pior. O capítulo 1 explora a perversa variação do quanto as crianças aprendem dependendo do lugar onde vivem, e mostra que a desigualdade educacional não tem a ver somente com renda, embora haja uma correlação entre rendimento médio e desempenho escolar. O fiel da balança é a qualidade das políticas públicas e sua continuidade ao longo dos anos.

Outro mito típico do senso comum é que a escola pública no Brasil era melhor no passado. No capítulo 2, mostro como ela foi historicamente excludente — seja pelas altíssimas taxas de repetência ou pelo acesso limitado. A sensação de que o ensino público de outrora era de excelência é enganosa. Na verdade, ele era para poucos. Nesse capítulo, faço um mergulho na história para mostrar o impacto que décadas de descaso exercem no presente. Você vai conhecer personagens emblemáticos, como o mais longevo ministro da Educação brasileiro, Gustavo Capanema, da Era Vargas. Ele acreditava ser suficiente educar apenas as elites porque elas emanariam o conhecimento necessário ao resto do povo, em sua maioria analfabeto à época. E também o economista Carlos Langoni, o primeiro a relacionar desigualdade com educação no Brasil, ainda durante a ditadura militar — na verdade, com a "ajuda" dela.

Os capítulos 3, 4 e 5 exploram nosso principal calcanhar de aquiles em educação: a qualidade do professor. Pesquisas reforçam, cada vez mais, o entendimento de que não há outro fator dentro da escola que faça mais diferença no aprendizado dos alunos do que a habilidade de quem ensina.

O capítulo 3 explora tais estudos e testa suas premissas na sala de aula. É impressionante a reação dos alunos do ensino médio noturno de um colégio estadual na periferia de São Paulo ao assistirem à aula de uma das melhores professoras de literatura do país. As histórias desse capítulo rompem com o mito de que o culpado por não aprender é o aluno — essa ideia infame de que só não aprende quem não quer.

Já o capítulo 4 investiga a raiz da baixa atratividade da carreira de professor. E mostra como os que escolhem a profissão não aprendem o que deveriam na faculdade: basicamente, a ensinar. O mito aqui o de que foi uma boa ideia substituir o viés prático do curso Normal para a formação dos professores pela graduação em Pedagogia, tão distante do dia a dia das escolas. Esse foi, na verdade, um tremendo erro, iniciado na ditadura militar, mas ratificado por governos eleitos democraticamente — FHC e Lula.

O capítulo 5 explora as estratégias bem-sucedidas — ou mais promissoras — de recuperar falhas de formação inicial com a capacitação de professores contratados. Talvez uma surpresa para muitos leitores seja constatar como municípios pobres no interior da Bahia possuem programas exemplares nesse campo tão importante. A história da educadora baiana Cybele Amado, sobrinha-neta do escritor Jorge Amado, é absolutamente inspiradora. Ela largou o conforto em Salvador para passar a vida em uma pequena cidade da Chapada Diamantina, tocando um eficaz projeto de formação docente e resgate de estudantes.

O capítulo 6 tenta desmontar o mito de que há clareza sobre o que ensinar para os estudantes e quando. A falta de um currículo nacional bem detalhado — homologado no fim de 2017 — causou bastante atraso na melhoria da qualidade do ensino público e até privado no Brasil. O desafio agora será implementá-lo, justamente a parte que não deu certo em várias regiões dos Estados Unidos.

Outra falácia é a de que basta aumentar o tempo dos alunos na escola para colher melhores resultados: o mito do tempo integral. O capítulo 7 mostra como essas horas extras não bastam — embora a carga horária dos nossos estudantes, que passam menos de quatro horas diárias em sala, seja ridiculamente baixa se comparada à de outros países. Se as horas adicionais não forem aliadas a um currículo que se conecta aos planos futuros dos jovens e à presença do professor na escola junto com o aluno pelo menos durante as sete horas diárias, tempo integral não se traduz em mais aprendizado — só serve para gastar mais à toa. Essas condições estiveram ausentes na maioria das tentativas de ampliar a carga horária no Brasil. Exceto uma, a mais promissora, nascida com um pernambucano que era executivo de uma multinacional. Você conhecerá a história de como ele largou tudo para construir um modelo de ensino integral que se espalhou pelo país inteiro.

Outro mito é o de que o ambiente escolar e educacional não combina com as melhores práticas de gestão, como levantamento sistemático de dados. O capítulo 8 mostra os graves problemas de gestão identificados por Secretarias de Educação que se engajaram em reformas ambiciosas para a melhoria dos indicadores educacionais — de superfaturamento de tangerina a alunos-fantasma.

O capítulo 9 trata das avaliações dessas políticas: tema muito pouco desenvolvido nas discussões sobre gestão pública no Brasil. O leitor conhecerá a história de uma pesquisadora francesa e um indiano, Esther Duflo e Abhijit Banerjee, que são dois dos maiores nomes da avaliação rigorosa de políticas sociais no mundo. Eles se empenham em derrubar o mito de que avaliar políticas públicas é apenas um fetiche de pesquisadores extremamente técnicos, ou algo tão simples quanto contar o número de pessoas atendidas.

Por fim, há um epílogo que aborda os desafios da escola pública além de ensinar conteúdos curriculares tradicionais. Eu me refiro às habilidades socioemocionais, como autonomia, persistência e autocontrole. Estudos e políticas focados especificamente em uma mudança comportamental dos estudantes são ainda iniciais, mas o campo é promissor. E vale a atenção dos formuladores de políticas educacionais no Brasil.

Nesse epílogo, aliás, jaz outro mito: o de que a inteligência é inata. Uns são inteligentes e outros não. E ponto final. Os alunos acreditam nisso. Os pais acreditam nisso. Os professores acreditam nisso. Mas a ciência mostra que essa crença não faz o menor sentido. E, ao compreender que inteligência se adquire com a prática, estudantes já se saem muito melhor na escola. Motivação é um fator frequentemente desdenhado em educação, mas pode ser a chave para a melhora no desempenho escolar.

A expectativa é que, ao fim desta jornada, o leitor entenda melhor os desafios do ensino e da aprendizagem no país e discuta esses temas de forma mais embasada. A educação no Brasil só será prioridade quando políticos, empregadores, a imprensa e você se interessarem por resolvê-la. Medidas com evidência de sucesso não faltam. Por que elas não podem deixar de ser exceção e virar regra?

1

O que sabem as crianças e os adolescentes em escolas públicas brasileiras?

Na tarde do primeiro dia de 2015, quando a então presidente reeleita Dilma Rousseff fazia seu discurso de posse no Congresso Nacional, um detalhe pegou muita gente de surpresa. Ela anunciou que o lema de seu segundo mandato seria "Pátria Educadora".

A ideia do slogan tem dono: o ex-ministro da Educação, Aloizio Mercadante, na época ministro da Casa Civil e homem de confiança máxima da ex-presidente. Mercadante rascunhou o discurso de posse de sua chefe e incluiu a expressão. Ela gostou e topou a sugestão de torná-lo lema do novo mandato.

A surpresa tem dois motivos. Primeiro, educação nunca pareceu um tema do coração de Dilma Rousseff. Ela falava pouco dos programas da área, mesmo durante as campanhas presidenciais vencedoras, em 2010 e 2014. Suas menções, como no caso do discurso de posse, se limitavam ao Ciência Sem Fronteiras, programa de intercâmbio, ao Fies, de financiamento estudantil para o ensino superior, e ao Pronatec, de ensino técnico. Os grandes gargalos da educação básica no Brasil não estavam em seus discursos.

Aqui me refiro a temas como a estagnação das notas do Índice de Desenvolvimento da Educação Básica (Ideb), as altas taxas de evasão do ensino médio, a dificuldade de alfabetizar plenamente todos os estudantes, a ausência de professores em salas de aula, a baixa qualificação de boa parte deles, a decrescente atratividade da carreira docente etc. A título de exemplo, Dilma não participou das discussões que resultaram no Plano Nacional de Educação, em 2014, um documento aprovado pelo Congresso após dez anos de discussões com entidades da área.

O segundo motivo: via de regra, os demais políticos tampouco tinham a educação como tema favorito. Então, um slogan chamando a atenção para o assunto era inédito. Será que Dilma estaria realmente empenhada em colocar o aprendizado de jovens e crianças no topo da agenda de seu governo, como estivera a redução da desigualdade nos mandatos de seu antecessor e padrinho político, Luiz Inácio Lula da Silva?

Mas o slogan não passou disso: um slogan. Enquanto foi presidente, Dilma teve cinco ministros de Educação diferentes, sem contar um interino. O próprio Mercadante ocupou o cargo duas vezes. O responsável por fazer um plano para a área, com o "Pátria Educadora" no título, foi o professor Mangabeira Unger, de Harvard, ministro da Secretaria de Assuntos Estratégicos. Sua ideia era claramente contraditória com as ações do Ministério da Educação e só serviu para criar animosidades. O titular da pasta na época, o professor de ética da Universidade de São Paulo, Renato Janine Ribeiro, sequer conversou com a presidente sobre o que significava o slogan "Pátria Educadora".

Em uma palestra em Nova York em 2017,[1] mais de um ano após sofrer o impeachment, Dilma explicou que seu objetivo era incluir um elemento educacional em toda e qualquer política do governo — seja lá o que isso queira dizer. Ela também reconheceu que a ideia não foi adiante. A crise política em que o país mergulharia em seu segundo mandato não daria margens para discutir o aprendizado dos brasileiros em idade escolar. Mesmo que, na teoria, o tema fosse "prioritário".

Mas, independentemente do que acontecia em Brasília, 40 milhões de jovens e crianças continuavam sujeitos à sorte de parar ou não em uma escola pública boa o suficiente para motivá-los e fazê-los aprender. Os resultados de exames realizados em 2015, já no mandato Pátria Educadora, não oferecem razão para otimismo. Estudantes que representam o futuro do país sofrem com uma crescente desigualdade entre escolas e redes municipais ou estaduais. Dada essa diferença, uns aprendem e outros não. O exemplo de dois municípios nordestinos ajuda a compreender por que podemos até ter algumas cidades educadoras, mas estamos longe de ter uma pátria que mereça esse predicado.

* * *

A Escola Municipal Parque Itararé é uma das maiores de Teresina, capital do Piauí. Tanto que é conhecida como Escolão. Ali estudavam 1.149 alunos de todos os anos do ensino fundamental em 2015, incluindo jovens e adultos no turno da noite. Seu bairro não é dos mais agradáveis de Teresina, embora o nome sugira o contrário. Trata-se do Parque Ideal, parte do gigantesco complexo de conjuntos habitacionais Dirceu Arcoverde. No Grande Dirceu, como é conhecida a região, os crimes são frequentes, mas há apenas um policial para cada mil habitantes, enquanto a média de Teresina é três vezes maior.[2] Os moradores costumam brincar que policial militar no Grande Dirceu é uma lenda como a do Papai Noel ou do Coelhinho da Páscoa. A falta de lei cobra seu preço. Em março de 2015, quando visitei o bairro, um homem havia sido assassinado a tiros a alguns metros da Escola Parque Itararé.[3] O crime ocorreu numa manhã de sexta-feira, mais ou menos no horário de chegada dos alunos. No mesmo mês, um ladrão foi linchado num ponto de ônibus na região.[4] É comum usuários de drogas assaltarem com objetos pontiagudos os trabalhadores que esperam no ponto de ônibus. Quando são pegos, viram saco de pancadas. Também não surpreende que o contexto conturbado invada a escola. Em 2014, um aluno de 16 anos deu uma facada em outro de 15 e uma estudante foi flagrada fazendo sexo com dois colegas dentro da unidade de ensino.

Numa manhã de segunda-feira, logo após o primeiro recreio do dia, uma turma de 8º ano foi dividida em dois grupos: metade estava sem fazer nada no pátio e a outra estava sem fazer nada na sala de aula. Nem sinal de professor para aqueles adolescentes de 13 ou 14 anos. A grade de horários previa aula de língua portuguesa, mas a impressão inicial era que a professora havia faltado. Não seria novidade. Todo dia, pelo menos um educador falta no Escolão. Mas dessa vez o problema não era esse. A verdade é que a docente estava na escola — mais precisamente na sala dos professores. Depois de dar as três primeiras aulas da manhã, ela resolveu não voltar do recreio. Comunicou o diretor e as coordenadoras pedagógicas que sentia dores nas articulações e, portanto, não conseguia ficar muito tempo de pé. Prometia ir dali direto para o médico. Antes de zarpar, ela me contou um pouco sobre suas práticas. Confessou que planeja menos da metade das aulas e que nunca usa tecnologia porque se sente "um pouco ultrapassada". É evidente o seu desânimo em relação à profissão. Durante todo o ano de 2014, não foi a sequer uma reunião semanal de formação de professores disponibilizada pela prefeitura. Quando perguntada a respeito do que pensa sobre avaliações regulares do desempenho dos professores, afirmou que isso seria perseguição com a classe profissional. O diretor depois me explicou que a dor da professora era crônica, e que ela, desmotivada, frequentemente encerrava o dia de trabalho mais cedo sob o argumento de que iria ao médico.

A alguns metros dali, o professor de matemática ensinava sua turma de 7º ano sobre os números negativos. A aula até que começou bem. Para reforçar o conceito, o mestre usava exemplos de crédito e débito numa conta-corrente e a ideia de temperatura negativa e positiva num termômetro. Mais de dois terços da turma pareciam prestar atenção. De repente, ele resolveu escrever exercícios no quadro para a classe copiar. Se manter a atenção fosse o objetivo de um jogo, o professor teria sido derrotado nesse momento. Enquanto ele colocava tarefas no quadro, estabeleceu-se uma algazarra. Um aluno transformou uma caneta em zarabatana e começou a cuspir pedacinhos de papel nos colegas. Outro amassava uma folha e arremessava a bolinha. Tudo isso em meio a um misto de risada e gritaria. Quando já escrevia a quinta atividade no quadro, o professor forjou uma atitude de indignação e mandou um dos alunos para a sala do diretor. A escolha foi a mais aleatória possível, mas o adolescente se vingou fazendo um comentário malicioso: "Melhor! Assim, não tenho que estudar." Risos de aprovação entre seus pares. Com toda certeza, menos da metade daqueles alunos copiou o exercício do professor.

Aquela manhã de março representava um dos raros dias em que Teresina não estava com a temperatura nas alturas. A cidade é famosa por ser muito quente, e, quando há tempo nublado ou chuvoso, os teresinenses comemoram. Mas não no Escolão. Ali, a chuva transforma as salas em uma espécie de campo minado. Numa aula de português de outra turma do 7º ano, as fileiras de carteiras não eram lineares porque alguns estudantes precisavam desviar para fugir das goteiras. Nessa classe em particular havia 25 alunos, e eles responderam a um questionário sobre como se sentiam a respeito da escola e dos professores. Apenas um respondeu sim à questão "Você gostaria de ser professor?". Os que preencheram o espaço para a justificativa usaram os mais variados argumentos para explicar o não, desde "tem muita criansa danada" — no caso, com "s" no lugar de "ç" mesmo — até o fato de o salário ser baixo. Mas um argumento em especial chamou atenção: "Eu prefiro trabalhar em um lugar melhor", escreveu um deles.

Sociólogos e economistas que se debruçaram sobre indicadores de educação, do francês Pierre Bourdieu ao brasileiro Ricardo Paes de Barros, já identificaram o tremendo impacto dos fatores externos na aprendizagem dos estudantes — seja a origem familiar, seja o contexto local. Mas alguns desses mesmos pesquisadores e muitos outros dedicaram tempo a avaliar como erros e acertos cometidos dentro da escola influem no acúmulo de conhecimento. A Parque Itararé está inserida em um contexto desafiador, mas carece de elementos básicos não diretamente relacionados à pobreza e à violência do entorno. A experiência da escola Maria Dorilene Arruda Aragão, em Sobral, no Ceará, cidade localizada a 350 quilômetros de Teresina, sugere que é possível criar um espaço onde os estudantes avancem no aprendizado, ainda que suas vidas fora dali sejam repletas de dificuldades.

Esse colégio está localizado na confluência de três bairros sobralenses dominados por gangues de criminosos rivais. Em março de 2015, do total de 486 estudantes, cinco cumpriam medidas socioeducativas após terem sido presos. Em contraste, a escola obteve quinze medalhas na Olimpíada Brasileira de Matemática para Escolas Públicas e levou vinte estudantes à terceira e última fase da Olimpíada de Matemática, que inclui também as escolas particulares. Um dos alunos ganhou uma medalha de bronze. Esse foi o segundo melhor desempenho do estado do Ceará, apenas atrás do Colégio Militar de Fortaleza, que seleciona os estudantes com uma prova difícil. Na escola sobralense, o ensino é de tempo integral. Os alunos estudam das 7h às 16h. Os 22 professores são exclusivos e passam o dia inteiro em contato com os alunos. Para os profissionais, isso é bom. Eles têm tempo para preparar as aulas e não precisam se deslocar de uma escola para outra durante o dia. Também criam uma relação mais próxima com as turmas. Afinal, parte do trabalho deles é ajudar os adolescentes a escolher o caminho que querem seguir depois de passar pelo 9º ano do ensino fundamental — o último oferecido na instituição.

Mariana Souza era uma estudante do 9º ano em 2015. Tinha 14 anos e vivia no bairro Conjunto Santo Antônio, ao lado da escola. Como seus colegas, ela não passou por nenhum processo de seleção para estar ali. Mariana deu a sorte de construírem uma unidade nova e de tempo integral nas proximidades de onde mora. Quando conversamos, sua turma tinha acabado de ser eleita a mais assídua. Mais de 90% dos 35 alunos da classe não faltaram uma aula sequer no primeiro mês do ano, e o prêmio seria um sábado na piscina do Sesc de Sobral. Quando o diretor anunciou o prêmio, eles vibraram como se fosse um gol decisivo em final de campeonato. Na hora do primeiro recreio, eu e Mariana conversamos por alguns minutos. Ela vai para a aula de chinelos, exibindo algumas das feridas que acumula no pé esquerdo. Enquanto me contava sobre seu dia a dia na escola, não pude deixar de observar que seu dedão tinha metade da unha quebrada e que aquele machucado estava prestes a infeccionar. As moscas, onipresentes em Sobral na temporada mais úmida, faziam a festa na ferida. Apesar das adversidades aparentes, Mariana tem uma clareza de objetivo raríssima para adolescentes da sua idade, mesmo entre os mais ricos. Ela quer ser médica. E o plano para chegar lá está traçado. Vai terminar o ensino fundamental na escola Maria Dorilene e passar para uma escola técnica em enfermagem. Na sequência, pretende ir para a Universidade Federal do Ceará. Para chegar ao ensino técnico, ela sabe que precisa de notas 9 em português e matemática. Em função do seu sonho, tem se dedicado mais aos estudos. Os tempos em que suas melhores notas eram 5 ou 6 ficaram para trás. O professor de educação física Wesley foi quem chamou a atenção de Mariana para o curso de enfermagem. Essas conversas ocorreram justamente nos horários dedicados a discutir os planos dos alunos e o porquê de estarem ali na escola. "Eu nem sabia que essa escola técnica existia até ele me dizer", conta a menina.

Mariana é uma aluna exemplar, mas os professores do Maria Dorilene relatam que, com frequência, quando abordam os estudantes sobre que profissão gostariam de ter no futuro, a resposta é "traficante". Um dos que diziam isso era Francisco Wesley Alves da Silva, o Babiju, unanimemente reconhecido como o aluno mais problemático de 2014. Sua ficha na secretaria relata episódios como o dia em que deu um soco no olho de um colega no vestiário ou quando chutou e derrubou as grades da escola após ser expulso de sala por atrapalhar a aula. Babiju, que cursou o 9º ano em 2014, já tinha sido pego com drogas quando era mais novo. Ele foi detido em um centro de reabilitação para menores de idade, mas o juiz logo mandou soltá-lo. Depois de liberado, novos relatos de violência contra colegas e abuso de drogas não tardaram a ocorrer. Como forma de tentar conter a desordem que ele causava na escola, o diretor Pedro Grandson reuniu Wesley, a mãe e a avó dele, membros do Conselho Tutelar local e todos os professores. A mensagem era clara: "Ou você começa a mudar seu comportamento, ou vai acabar voltando para o centro de reabilitação de jovens." Mais para o final do ano, Wesley confidenciou ao diretor que, "se tivesse uma arma, teria descarregado em todo mundo que estava ali naquele dia". Babiju ficou revoltado. Mas o recado surtiu efeito.

Os melhores amigos de Babiju no bairro haviam sido presos nos primeiros meses de 2014 e o menino se sentiu sozinho. A perspectiva de ser encarcerado ou morto assustava o jovem de 15 anos. A partir da conversa tensa que parou a escola, sua história seguiu o desenlace das típicas narrativas de superação que parecem mais a exceção do que a regra. Wesley começou a participar das atividades extraclasse, como as aulas de dança. Foi o padrinho no casamento da festa junina realizada na escola. Fez amigos — como Mariana, por exemplo. Passou a prestar mais atenção nas aulas e elevou suas notas. O 5 dos dois primeiros bimestres em ciências virou 9 nos dois últimos. A nota em português foi de 6 para 7 e depois de 7 para 8. No último dia de aula, em dezembro de 2014, o garoto foi o último a sair da escola, tirando fotos com os professores. Tudo indicava que Babiju estava entrando nos eixos. Mas essa história não terá um final feliz.

* * *

Uma hipótese: imagine que você, leitor, pega pelo braço uma criança de mais ou menos 10 anos de idade, que está no 5º ano do ensino fundamental, e diz a ela que vocês irão assistir juntos a um filme com duração de duas horas. Você explica que o filme começa às 17h. Praticamente todas as crianças da rede pública de Sobral, com exceção de três a cada cem, vão entender que o filme termina às 19h. Em Teresina, quase um terço das crianças não vai conseguir entender que horas o filme termina.

Outra hipótese: se você der quatro moedas de 50 centavos para essa criança comprar um doce e ela for sobralense, ela tem 86% de chances de entender que aquilo equivale a dois reais. Mas, se ela for de Teresina, tem somente 34% de chances de compreender o valor dessas quatro moedas somadas.

A cada dois anos, o Ministério da Educação aplica um exame padronizado às crianças do 5º e do 9º ano do ensino fundamental em todas as escolas do país. Trata-se da Prova Brasil. Os dados de Teresina e Sobral usados acima estão de acordo com o resultado de 2013 do exame.[5] O movimento Todos pela Educação, organização fundada em 2006 por empresários, acadêmicos, políticos e jornalistas para estabelecer e acompanhar metas de qualidade e acesso da educação básica no Brasil, elaborou um indicador sobre qual nota pode ser considerada aprendizado adequado para os estudantes de cada uma das séries do ensino fundamental.[6] Essa linha que determina o conhecimento adequado não foi estabelecida por acaso. Ela equivale ao desempenho médio dos países desenvolvidos em provas internacionais. A proporção de estudantes que alcançam esse patamar em Teresina era muito parecida com o percentual de crianças e adolescentes com aprendizado adequado no Brasil inteiro pelos dados de 2013, que foram divulgados em 2015. Observe o quadro seguinte:

> **Parcela de estudantes com aprendizado considerado adequado nas escolas públicas**
>
> **Matemática**
> Média do Brasil no 5º ano: 35%
> Média de Teresina no 5º ano: 32%
> Média do Brasil no 9º ano: 11%
> Média de Teresina no 9º ano: 11%
>
> **Português**
> Média do Brasil no 5º ano: 40%
> Média de Teresina no 5º ano: 38%
> Média do Brasil no 9º ano: 23%
> Média de Teresina no 9º ano: 26%

O Índice de Desenvolvimento da Educação Básica (Ideb), que combina a proficiência dos alunos na prova nacional e a taxa de repetência dentro das escolas, também demonstrava semelhança entre a média do Brasil e a da capital do Piauí:

> **Ideb das escolas públicas em 2013**
>
> **5º ano**
> Brasil: 4,9
> Teresina: 4,9
>
> **9º ano**
> Brasil: 4,0
> Teresina: 3,9

Por esses indicadores, é possível dizer que Teresina era praticamente um simulacro da média do país — tratava-se de uma cidade com a cara do Brasil.

Para esclarecer mais um pouco o tamanho do nosso atraso, observe o triângulo reto abaixo e determine o valor de "x":

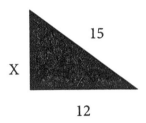

Pelo Teorema de Pitágoras, chega-se à equação $12^2 + x^2 = 15^2$. Um simples cálculo nos permite concluir que x é igual a 9. Um adolescente de mais ou menos 14 anos, no final do ensino fundamental, tanto em Teresina quanto no resto do país, tem apenas 1% de chance de saber resolver esse problema matemático. Trata-se de um problema considerado banal em qualquer prova de escola particular de classe média. Já os alunos das escolas municipais de Sobral têm dez vezes mais chances de ter aprendido a resolver a questão.

Em língua portuguesa a situação não é mais animadora. Só um quarto dos adolescentes no 9º ano — novamente no Brasil e em Teresina — consegue reconhecer relações de causa e consequência em textos do dia a dia, como reportagens, artigos ou romances. Só esse mesmo tanto consegue substituir pronomes como "ele" e "ela" pelos nomes dos personagens em um texto, ou "esse", "essa" e "isso" pelo trecho do texto ao qual tais pronomes se referem. Em Sobral, duas vezes mais alunos conseguem fazer isso. Ou seja, conseguem entender o que significa a palavra "isso" na frase que você acabou de ler.

A discrepância entre Teresina e Sobral mostra duas coisas: 1) o quanto uma criança ou adolescente que frequente escola pública vai aprender depende muito do local onde nasceu; e 2) o aprendizado médio do Brasil é assustadoramente baixo. A discrepância é ainda mais desproporcional se notarmos que Sobral tem um contexto social muito mais desafiador do que o de Teresina.

Teresina é uma capital pobre. De acordo com o Instituto Nacional de Estudos e Pesquisas Educacionais Anísio Teixeira (Inep), do Ministério da Educação, o nível socioeconômico médio dos alunos em 13% das escolas da cidade era baixo. Esses alunos têm renda familiar mensal de até um salário mínimo, não dispõem de internet em casa e seus pais não possuem mais do que o ensino fundamental completo.

Sobral é uma cidade ainda mais pobre. As escolas em que o aluno médio tem nível socioeconômico baixo representam 68% da rede — ou seja, elas são cinco vezes mais comuns em Sobral do que em Teresina e três vezes mais frequentes na cidade cearense do que no Brasil. Mas não é só isso. Em Sobral, um jovem de 15 a 19 anos tem 45% mais chances de ser assassinado do que seu correspondente em Teresina. E é nesse percentual que se encontra Wesley — ou Babiju —, que teve o seu processo de resgate de uma vida de pobreza e violência interrompido.

Na noite de sábado, 31 de janeiro de 2015, Babiju tinha acabado de sair da igreja que passara a frequentar havia poucos meses. Ele morava com a avó, mas naquele dia tinha combinado de ir dormir na casa da mãe. No caminho, passou perto da divisa de seu bairro, o Conjunto Santo Antônio, com a comunidade Sinhá Saboia. Bandidos que dominam a região do Saboia e que passavam pela área reconheceram Babiju e lembraram que o menino costumava andar na companhia de traficantes rivais. Não houve compaixão. Dispararam três vezes — no rosto e no tórax. Wesley morreu na hora. Ele tinha 15 anos.

Sobral é uma cidade pobre e violenta; muito mais que Teresina e que a média do Brasil. Mesmo assim, oferece um nível de educação pública muito alto. Isso levanta duas questões imediatas. O que faz Teresina (e o Brasil) ser tão pouco eficaz em ensinar o básico aos alunos? E o que faz de Sobral uma cidade com aprendizado tão superior ao do resto do país?

✱ ✱ ✱

Luís Carlos Batista Rodrigues é um professor nota 10. Ele dá aulas de geografia na rede municipal de Teresina e recebeu um prêmio da Fundação Victor Civita — o Educador Nota 10 — por ter bolado um projeto inovador. Luís queria ensinar suas turmas de 9º ano sobre o processo de urbanização da capital piauiense e fez isso colocando os alunos para analisar mapas e fotos e para entrevistar moradores. Eles produziram um minidocumentário no final. Coisa de craque. Mas a história de heroísmo de Luís não mudou a realidade do lugar onde ensina. A Escola Municipal São Sebastião fica no bairro Todos os Santos, quase na zona rural de Teresina. A estrada que leva do centro ao bairro chega a sair do município e entrar de novo, de tão longe. As linhas de ônibus para o bairro são muito irregulares, então só resta aos alunos o transporte escolar. E, por estar tão distante, a São Sebastião parece ter sido esquecida. Não há sequer professores para todas as turmas.

No dia da minha visita, os adolescentes do 9º ano jogavam futebol enquanto deveriam ter aula de português. Não se trata da mesma história do começo deste capítulo. Desta vez, o professor havia tirado licença médica para fazer uma cirurgia trinta dias antes. E, desde então, os alunos estavam sem aula de uma das duas disciplinas fundamentais — realidade comum na rede municipal de Teresina. Não há um sistema de substituição de docentes que funcione bem, mesmo quando o período de ausência é longo.

A carência de substitutos se alia ao abuso daqueles que deixam de ir trabalhar frequentemente ou exageram na falta de pontualidade, cientes de que não serão punidos. "De 22 professores, três quase nunca vêm, e um outro, de ciências, chega mais de trinta minutos atrasado para a primeira aula da tarde", diz uma das coordenadoras pedagógicas de outra escola, a Antilhom Ribeiro Soares, zona sul de Teresina. Conversávamos logo após o almoço e o sinal já tinha batido havia quase quarenta minutos quando o professor de ciências atravessou o pátio em direção à sala. "Viu?!", disse ela com olhar cúmplice.

A diretora do Antilhom chega à escola um pouco depois do professor retardatário. Enquanto faço perguntas sobre seu trabalho, a troca de mensagens no celular a distrai. Ela reconhece que os mais faltosos são conhecidos, mas não sabe como resolver o problema. Os professores, aliás, nem sequer sabem seu nome. Sua indicação ao cargo é fruto de um ineficiente sistema de escolha de gestores escolares. Ela é nora da antecessora, que adoeceu, precisou ser substituída e indicou um parente para o lugar, sem objeção da secretaria ou de pais e professores. Em Teresina, como em boa parte do Brasil, os diretores eram escolhidos por votação, mas sem critério algum para definir quem pode concorrer. E o voto dos professores geralmente vale mais. Punir quem falta, chega atrasado e não planeja direito o conteúdo das aulas é medida impopular demais para quem quer ser indicado diretor e depois ratificado pela secretaria. Ao mesmo tempo, reconhecer professores que se destacam também pode causar mal-estar entre os outros. Então, quem deveria garantir o cumprimento das regras costuma fazer vista grossa.

A falta de capacitação dos diretores se tornou um grande problema da capital piauiense. Na Escola São Sebastião, na região sudeste de Teresina, Ronaldo havia sido diretor-adjunto por dois anos e diretor-geral por outros dois, mas nunca tinha feito nenhum curso ou recebido qualquer orientação sobre como gerir uma escola — o que exige habilidades pouco ligadas a ensinar ciências, sua ocupação durante a maior parte da vida. Foi só no início de 2015, quatro anos depois de assumir funções de gestão, que ele se inscreveu em um "curso de aperfeiçoamento" oferecido às sextas e aos sábados pela Secretaria de Educação.

Em março de 2015, quando visitei a Escola São Sebastião, Ronaldo explicou que estava sem bibliotecária para organizar os livros didáticos devolvidos pelos alunos no fim do ano anterior, cobrar os que faltavam e ver se seria preciso fazer novas encomendas. Por isso, muitos estudantes ainda não tinham recebido livros didáticos mais de um mês após o início das aulas. "Afinal, por que esse buraco na equipe?", perguntei. A antiga bibliotecária foi promovida pelo próprio Ronaldo a auxiliar de secretaria e agora tinha outras atribuições, como cuidar de alunos indisciplinados. Enquanto ela dava bronca nas crianças travessas, o problema dos livros didáticos, que afeta diretamente o aprendizado, ficava sem solução. "Eu só consegui ensinar metade do conteúdo previsto para esse bimestre porque, sem o material, acabo avançando mais devagar na explicação", diz o professor Luís, de geografia.

A verdade é que a cidade já teve um rigoroso programa de formação de gestores para as escolas. Mas ele deixou de existir devido à tradicional falta de continuidade das políticas na área de educação — outro empecilho à melhoria do ensino nas escolas públicas de Teresina e do Brasil. Na capital do Piauí, em 2015, o secretário municipal de Educação era o professor da universidade estadual Kleber Montezuma. Mas, antes dele, a pasta teve quatro titulares diferentes em um período de três anos. O próprio Kleber já havia sido secretário de Educação de 2001 a 2004. Na época, fez um programa de preparação de diretores que envolvia cursos de gestão financeira e de pessoal. Quem quisesse ser diretor era obrigado a fazer o curso e ser aprovado. Mas o programa foi desfeito por um de seus sucessores e nunca mais voltou, nem quando o próprio Montezuma reassumiu a secretaria em 2013.

Não pense que o atual secretário deixou de seguir a tradição de recomeçar a cada governo. Até o começo de sua gestão, educadores de todas as disciplinas tinham um dia por semana reservado para discutir a preparação das aulas com um colega mais experiente. Era um programa pensado pelo Instituto Qualidade no Ensino, organização sem fins lucrativos vinculada à Câmara Americana de Comércio de São Paulo. O professor nota 10 Luís Rodrigues era um dos que frequentavam cursos de formação na área de geografia. O programa só não teve impacto maior porque a participação nas reuniões era opcional e nem estava atrelada à progressão na carreira. Um dos muitos ex-secretários, Ribamar Torres, chegou a dizer na TV aos professores da rede municipal que eles só deveriam ir se quisessem. Na gestão de Kleber Montezuma, o programa foi enterrado de vez. Agora, cursos de capacitação para professores só acontecem em português e matemática.

Esses cursos, no entanto, têm se demonstrado pouco eficazes. O Escolão, do conjunto habitacional Dirceu Arcoverde, serve de exemplo. Pouquíssimos professores frequentavam as reuniões semanais com formadores contratados pela secretaria. "Sentimos que a discussão é irrelevante para a prática de sala de aula", diz uma professora de português do 6º e 7º anos. Em contrapartida, ela diz que se sente pouco preparada para resolver os problemas típicos da sala de aula, como desinteresse dos alunos e indisciplina. "Eu não tive aulas práticas enquanto estava na faculdade e fui obrigada a me virar sozinha quando comecei a trabalhar aqui três anos atrás. No início, perdia muito tempo para fazer a turma ficar em silêncio e acabava me atrasando no conteúdo. Nem sempre eu conseguia seguir o currículo." Ela se formou em letras, em 2011, na Universidade Estadual do Piauí. Seu caso ilustra como os professores sentem falta de orientações, mas não encontram o que precisam nos cursos de formação continuada oferecidos pelas secretarias.

As greves também atrapalham os estudantes em Teresina. Em 2012, uma paralisação durou mais de noventa dias e adiou o começo das aulas para maio. Em 2013, ela durou dois meses. No ano seguinte, uma sucessão de pequenas paralisações levou as aulas até o dia 31 de dezembro em algumas unidades. Em 2015, novas greves. As reclamações do sindicato local são muitas — várias delas com razão, como a falta de ar-condicionado nas salas de aula, que ficam quentes demais na maior parte do ano —, mas o principal pedido é por reajuste salarial. Brigar por melhores salários é justo, claro, mas quem mais sofre com as greves são os estudantes, que deixam de aprender. Professores e coordenadores pedagógicos reconhecem que a reposição, quando acontece, nunca é igual à aula normal. Os alunos com frequência nem vão. A greve deveria ser um recurso extremo, mas, em Teresina e no Brasil, via de regra, virou forma de simplesmente abrir a negociação.

"Se a gestão quer garantir que os alunos não fiquem sem aula nenhum dia, deve atender às reivindicações dos trabalhadores", diz a professora Letícia Campos, presidente do sindicato em 2015. Os reajustes dos três anos anteriores ao nosso encontro tinham sido pelo menos três pontos percentuais acima da inflação. Em 2015, o aumento foi de 13%. Naquele ano, uma das reivindicações era que o governo não cortasse o ponto dos professores que deixam de dar aula para ir às assembleias sindicais. Mas as assembleias não podem ser fora do horário de aula? A resposta de Letícia é no melhor estilo "cada um com seus problemas". "Não. Fazemos as assembleias durante o dia para que a adesão dos professores seja maior." Ela reconhece que o aprendizado dos alunos não é pauta prioritária do sindicato. A defesa dos professores é feita de forma organizada pelos sindicatos, muitas vezes com táticas questionáveis. Já a defesa do aprendizado dos estudantes é feita por quem?

* * *

Tanto em Teresina quanto em Sobral, apliquei um questionário a três turmas de estudantes do 7º ao 9º ano, com a esperança de que as respostas fossem reveladoras de como o dia a dia nas escolas de cada uma dessas cidades era diferente. Das nove perguntas de múltipla escolha que fiz aos estudantes, uma em especial parece distinguir com clareza as duas cidades nordestinas. Ela estava formulada assim:

Questão 7 — Os professores demonstram interesse em saber o que os alunos aprenderam após cada aula ou atividade?

a) Em todas as aulas ou quase todas as aulas
b) Em algumas aulas
c) Raramente
d) Nunca

Em Sobral, 86% dos alunos marcaram a letra "a". Em Teresina, só 49% escolheram a primeira opção. Ou seja, mais da metade dos teresinenses que responderam o questionário afirmam que seus professores não têm o costume de demonstrar interesse em saber o que eles de fato aprenderam. "Raramente" é escolhido por 12% dos estudantes em Teresina e só por 1% em Sobral. Na cidade do Piauí, 8% ainda marcaram a letra "d" — "Nunca". Embora a amostra de estudantes seja pequena,[7] a disparidade é tão gritante que ressalta um elemento fundamental para entender a desigualdade de resultados educacionais no Brasil: os professores são melhores em Sobral do que em Teresina. Ou pelo menos se tornaram melhores.

Na manhã da última sexta-feira de março, visitei a escola Osmar de Sá Ponte, que tem 942 alunos divididos em dois prédios na região central de Sobral. Nesse dia da semana, os estudantes não têm aula de matemática na grade. A sexta é reservada para os professores dessa disciplina prepararem as aulas da semana seguinte. A preparação funciona assim: todo mundo que ensina matemática senta junto numa sala e discute como vai ser cada uma de suas aulas na semana seguinte. Além de definirem o que vão ensinar, conversam sobre como cada ponto será explicado. Por exemplo: na semana em que visitei a escola, uma das professoras tinha ensinado números inteiros a seus alunos de 6º ano (antiga 5ª série). Aquela era a segunda vez que ela ia dar esse conteúdo, porque sentiu que a turma não tinha entendido direito na primeira vez. Quando ela falou na reunião de sexta-feira que ia voltar ao tema dos números inteiros, uma de suas colegas sugeriu desenhar uma reta numérica para ensinar às crianças. "Com os números dispostos em uma reta, os meninos visualizam a ideia e costumam entender melhor os números inteiros", aconselhou a professora mais experiente. Dito e feito. A turma pareceu ter compreendido a matéria e a professora conseguiu avançar.

Planejar aula a aula é uma condição para ser professor em Sobral. Todas as escolas têm, em todas as semanas, um momento dedicado a isso. E, mensalmente, um dos professores que atuam nas preparações de aula vai à escola de formação do município, que fica em um prédio novo em folha, e participa das definições dos temas que serão ensinados no mês seguinte. As formações também incluem discussões sobre qual é o jeito mais eficaz de ensinar tais conteúdos. Se a escola for de ensino fundamental I, onde se dá a alfabetização, todos participam dos cursos mensais, que discutem exatamente os problemas enfrentados no dia a dia de sala de aula. Sem blá-blá-blá. A formação é voltada por completo para a prática de sala de aula. Cada escola tem também pelo menos um professor substituto que organiza a sua agenda em função das ausências já previstas — como quando o titular vai participar das reuniões nas escolas de formação. Esse professor extra também serve para substituir quem precise faltar em cima da hora. A regra é nunca deixar os alunos sem aula.

As faltas, aliás, são raras. "Quando eu cheguei à rede municipal de Sobral, no final dos anos 1990, havia uma farra de atestados médicos. Os professores ficavam doentes o tempo inteiro e não havia substitutos", diz Gilmara, uma das professoras de matemática da escola Osmar de Sá Ponte. Caso os professores precisem se ausentar, há um acordo para que avisem com o máximo de antecedência possível. Se o período for relativamente longo, o diretor tem autonomia financeira para contratar um substituto temporário, com frequência um estudante universitário. Foi o que fez a diretora Silvia Monteiro, da escola Raul Monte.

A escola de Silvia fica no bairro Alto da Brasília, no entorno do centro da cidade, próximo à fábrica da empresa de calçados Grendene. O bairro é repleto de bocas de fumo, e Silvia diz que ali "tem tiroteios quase todos os dias". Três semanas antes do nosso encontro, ela teve de arrumar um substituto para o professor de matemática, que foi tratar um câncer. A diretora soube da triste baixa na equipe com uma semana de antecedência e logo acessou o seu banco de currículos. Entrou em contato com alguns candidatos, selecionou o seu preferido e comunicou a Secretaria Municipal. Os alunos não ficaram sem uma aula sequer. Esse procedimento é completamente incomum entre as prefeituras e governos estaduais pelo Brasil. Em geral, é a Secretaria de Educação que manda um substituto, mas na maioria das vezes ele demora tempo demais ou nunca chega, como no exemplo de Teresina.

Mas esse sistema não funcionaria se a farra de atestados médicos dos anos 1990 ainda fosse uma realidade. Hoje, os diretores são rigorosos na hora de cobrar os seus funcionários por pontualidade e assiduidade. Em casos de doenças pouco graves, atestados médicos devem ser feitos por um médico da prefeitura. Se os professores faltam sem motivo, são descontados. Como os diretores têm autonomia financeira, são eles que pagam pelo substituto. Assim, fazem marcação cerrada. Mas e as eleições para o cargo de diretor, que costumam depender de votos do corpo docente? "Você sabe que eu sou radicalmente contra as eleições para gestores escolares, não é? Diretor tem que ser escolhido por processo de seleção rigoroso, que envolve várias fases", diz Maria Izolda Cela, vice-governadora do Ceará. Ela já foi secretária-adjunta e secretária de Educação de Sobral. Participou do processo de reforma naquela cidade desde seu nascedouro. Enquanto voamos de Fortaleza para Sobral, Izolda me conta como tudo começou, durante a gestão de Cid Gomes, ex-governador do Ceará e ex-ministro da Educação que foi prefeito de Sobral até 2002.

Uma das primeiras medidas foi a mudança na contratação de diretores. A diretora da escola Raul Monte conta que foi escolhida após uma semana de seleção feita com: 1) uma prova escrita; 2) uma dinâmica de grupo em que psicólogos avaliaram sua resposta a uma situação hipotética na escola e fizeram um relatório sobre seus pontos fortes e fracos; 3) uma entrevista com o secretário de Educação da época, Julio Alexandre.

O próprio Julio foi contratado como diretor, justamente da escola Raul Monte — que Silvia dirigia em 2015 —, no primeiro processo de seleção do município, em 2001. Antes disso, os gestores eram indicações políticas. A sala do ex-prefeito Veveu Arruda, aliado de Cid Gomes, tinha até a minha visita em 2015 um contracheque do salário de um ex-diretor que colocava a impressão digital no lugar da assinatura porque era analfabeto — uma lembrança de como a educação já foi horrível em Sobral. Quando Cid Gomes assumiu como prefeito da cidade, em 1999, fez novos concursos públicos e construiu dezenas de escolas. Ele pensava que isso era o bastante para garantir que as crianças aprendessem. Em 2000, viu que não. Ele encomendou uma avaliação de quantos alunos da rede estavam alfabetizados ao final do primeiro ciclo do ensino fundamental, portanto com cerca de 10 anos de idade. Era sabido que alguns passavam de ano sem saber ler e escrever, mas o resultado da prova foi avassalador: quase 60% dos estudantes terminavam a antiga 4ª série analfabetos. Ou seja, não bastava fazer obras e concursos públicos.

Felizmente, o choque desencadeou uma transformação bem mais profunda. De largada, Cid demitiu sua secretária de Educação e montou uma nova equipe. O escolhido para ser secretário foi seu irmão Ivo Gomes, concursado da procuradoria-geral do município de Fortaleza e com um mestrado na Universidade de Harvard, nos Estados Unidos. Cid também convidou uma professora universitária de Sobral para ser a secretária-adjunta: justamente Izolda Cela. Ela era sócia de uma pequena porém bem-sucedida escola privada e professora de psicologia da Universidade Estadual do Vale do Acaraú, a mais importante da região. Lá, Izolda era a principal representante de um grupo de acadêmicos que de fato colocavam o pé no chão da escola. Ela sabia bem como as escolas sobralenses eram povoadas por estudantes que não conseguiam sequer ler e escrever.

Certa vez, Izolda me contou como se ressentia da visão utópica e distante da realidade que seus colegas de academia demonstravam. Ela era uma estranha no ninho. Mesmo assim, quando foi convidada para assumir um cargo no poder executivo, Izolda titubeou. À primeira vista, ela não parece ser uma pessoa confiante. Seu jeito dócil, de fala tranquila e baixa, faz pensar que seja insegura. "A Izolda avaliava que não daria conta do desafio de melhorar uma rede pública tão precária quanto era a de Sobral", disse o ex-prefeito Veveu Arruda, seu marido e à época secretário municipal de Cultura. Mas ela também sabia que aquela poderia ser uma oportunidade única de contribuir para a educação de forma mais determinante do que conseguia como acadêmica. Mesmo em dúvida, resolveu aceitar. Mais tarde, em 2002, Ivo Gomes saiu para ser candidato a deputado estadual, e seu sucessor também acabou assumindo um cargo em Brasília, abrindo espaço para que a tímida Izolda assumisse as rédeas do processo de reforma. Muitos anos depois, em 2016, Ivo seria eleito prefeito de Sobral, sucedendo Veveu Arruda.

Com a ajuda da Fundação Banco do Brasil e do Instituto Ayrton Senna, Izolda e sua equipe apostaram na alfabetização. A meta era ensinar todas as crianças a ler e escrever até os sete anos. Os melhores professores da rede foram deslocados para os primeiros anos do ensino fundamental. Eles tinham à disposição material didático quase personalizado, com foco nos problemas característicos de Sobral. Aulas de reforço foram instituídas para que ninguém ficasse para trás. As avaliações externas se tornaram semestrais e a escolha dos diretores passou a ser feita pelo processo mais profissional descrito antes. Toda a equipe da escola passou a receber gratificações salariais por resultados. Enfim essa série de mudanças deu resultado. No fim do governo Cid, em 2004, praticamente todas as crianças com sete anos de idade estavam alfabetizadas. Na prática, Izolda tocou a maior parte da transformação na rede pública que tanto a assustava. E fez o trabalho com êxito, tanto que virou secretária estadual de Educação quando Cid Gomes foi eleito governador e depois foi a indicada dele a ser candidata a vice-governadora na chapa que fez sua sucessão. Cid também conseguiu eleger seus aliados em Sobral, e eles avançaram para o segundo ciclo do ensino fundamental com as medidas que antes focavam na alfabetização. Essa fase é crítica em todo o Brasil porque se trata do momento em que os estudantes deixam de ter aulas com um único professor, geralmente um pedagogo, e passam a cursar outras disciplinas, como história e geografia, ministradas por vários educadores.

Além de o grupo político de Cid ter permanecido no poder por tantos anos, outro fator que facilita a continuidade das políticas é a boa equipe que está se enraizando entre os quadros técnicos da Secretaria de Educação. Em 2015, além do secretário, quase todas as superintendentes de cada uma das três áreas da secretaria (pedagógica, administrativa e de avaliações) e as dez tutoras que visitam e acompanham o desempenho de cada escola eram ex-professoras ou ex-diretoras da rede. Os formadores e a diretora da Escola de Formação Permanente do Magistério também seguem a tendência. Eles fizeram seus trabalhos de maneira exemplar na ponta e foram promovidos para trabalhar pensando o sistema como um todo. Sobral se tornou uma máquina de produzir bons gestores públicos para a educação, e o custo político de tentar retroceder nas políticas educacionais seria grande. "Eu acho que a população reagiria a uma tentativa de desmontar o sistema por parte de um futuro governo de oposição", disse o ex-prefeito Veveu Arruda, quando conversamos em seu gabinete.

Como as respostas ao questionário mostram, os alunos reconhecem as virtudes do sistema educacional sobralense. E, naturalmente, essa impressão se espalha para os pais e para o resto da população. Mas a dúvida permanece: há alguma política específica por trás da percepção dos estudantes de Sobral de que seus professores estão genuinamente interessados em saber o que cada um aprendeu? É provável que sim.

Esqueça a falsa escolha entre reprovar ou deixar o aluno passar de ano sem saber o que deveria. Sobral quer garantir que todo mundo aprenda no tempo certo e que, assim, ninguém fique para trás. Os professores são instruídos a aplicar pequenos testes mensais para medir o aprendizado dos conteúdos. Se os alunos não aprenderam, recebem reforço escolar no tema em questão para se recuperarem antes que seja tarde demais. A secretaria também tem um órgão chamado Casa da Avaliação, que prepara os testes padronizados aplicados bimestralmente a todos os alunos. Depois, uma equipe compila as notas de todos os estudantes do município e cobra dos diretores quando o desempenho começa a cair. A atenção personalizada, aluno a aluno, caso a caso, é uma marca da cidade. "Tudo que o sistema faz é voltado para a aprendizagem. Qualquer medida é um meio para chegar a esse fim", diz Julio Alexandre, secretário de Educação de Sobral até 2016, quando foi eleito vereador da cidade. "Aqui nós temos um método claro. Para o profissional que lida diretamente com o aluno, a gente dá apoio, apoio e apoio. Mas depois cobramos. Se não tem resultado, responsabilizamos."

Quando fala sobre apoio, Julio se refere à formação dos professores, a gestores capacitados, bom material didático, infraestrutura decente, avaliações constantes para mostrar onde o aluno está em termos de aprendizagem, gratificações salariais para os profissionais das escolas que ficam acima da nota média do município nos testes padronizados etc. Mas, se os diretores não dão resultado, são trocados. Se os professores não conseguem garantir que seus alunos aprendam, acabam mudando de turma ou de escola. "O sistema acaba expelindo aqueles profissionais que não querem trabalhar", diz Julio. "Eles não aguentam a pressão." Os resultados são tão acachapantes e inequívocos que o sindicato, geralmente refratário a políticas reformistas das secretarias, tem uma boa relação com os gestores públicos.

Ali está o melhor Índice de Desenvolvimento da Educação Básica (Ideb) de todos os municípios brasileiros com mais de 100 mil habitantes — em 2015, durante a minha visita, o dado mais recente era de 2013 e media 7,8 no fundamental I e 5,8 no fundamental II, quando o Brasil tinha nota 4,9 e 3,8, respectivamente (10 é o máximo). O Ideb revelado em 2016 (referente a 2015) tinha uma diferença ainda maior. Veja a seguir.

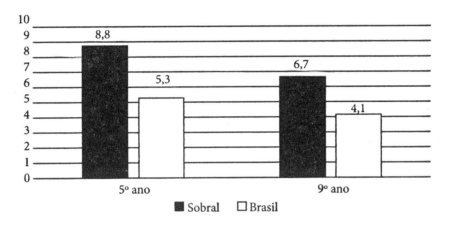

Índice de Desenvolvimento da Educação Básica (Ideb) para Sobral e o Brasil, no 5º e 9º anos, em 2015

Teresina também melhorou e se descolou do Brasil — tinha Ideb um ponto acima do país nos dois ciclos de ensino no Ideb de 2015, divulgado em 2016. Ainda é cedo para dizer se a capital do Piauí realmente está avançando muito mais rápido que o país — afinal, o resultado pode ser um ponto fora da curva. Mas, colocando em uma escala global, se Teresina era a cidade com a cara do Brasil em 2013 porque tinha notas parecidas com a média do país e problemas típicos das escolas públicas de centros urbanos, Sobral tem média de aprendizagem equivalente à do Reino Unido e da França.[8] Em educação, é um país desenvolvido no meio do sertão nordestino.

* * *

A pauta da qualidade educacional é muito recente por aqui. O Brasil só conseguiu universalizar o acesso ao ensino fundamental nos anos 1990, um século depois dos Estados Unidos. Mas Sobral é a prova de que o Brasil como um todo poderia estar em outro patamar de aprendizado. Os resultados de reformas educacionais não são de tão longo prazo quanto se supõe. O ritmo de melhora da educação por aqui tem sido lento e desigual demais. Teresina reflete uma conclusão muito difundida entre estudiosos desse campo de conhecimento: nunca houve políticas nacionais de capacitação dos professores e de melhoria da gestão das escolas que fizessem efeito na ponta, embora diversos estudos demonstrem que esses dois elementos são os mais importantes para melhorar a qualidade da escola. Até especialistas que ocuparam cargos de alto escalão no Ministério da Educação nos últimos vinte anos reconhecem que o governo federal se omitiu. Olhando por esse ângulo, o slogan Pátria Educadora parece ainda mais uma piada de mau gosto.

O Brasil, no entanto, conseguiu redistribuir de forma mais justa os recursos da educação, permitindo que lugares mais pobres que a média do país, como é o caso de Teresina, tivessem desempenho equivalente ou melhor que o de outras cidades mais ricas — como São Paulo, que historicamente teve desempenho vergonhoso. Mesmo com seus problemas, a cidade piauiense já era a melhor capital do Nordeste pelo Ideb de 2013, e reforçou a posição com os dados novos de 2015. Se Teresina, com todos os seus problemas, é a melhor capital nordestina, o leitor pode imaginar como há milhões de crianças e adolescentes em condições extremamente precárias de aprendizado Brasil afora. Os descalabros visíveis em Teresina se multiplicam e se aprofundam na maioria dos municípios brasileiros.

Em Salvador, que era a pior capital do Nordeste pelo Ideb de 2013, só 5% dos estudantes terminavam o ensino fundamental com os conhecimentos adequados para a sua série em matemática — em 2015 foram 7%. Enquanto as crianças de 8 anos em geral estão plenamente alfabetizadas em escolas particulares de classe média, só 13% daquelas que estão nas escolas públicas de Salvador alcançam tal patamar de escrita e leitura com essa idade.[9] O 3º ano do fundamental costuma ser o primeiro em que os professores podem reprovar seus alunos. Na capital baiana, cerca de um terço das crianças repete de ano nessa altura, normalmente com 8 anos de idade![10] Trata-se da maior taxa de reprovação no 3º ano de todas as capitais brasileiras. Em Recife, que tem a segunda maior taxa de repetência no período, 23% dos alunos não passam de ano. Nas duas cidades, alguns estudantes acabam refazendo essa série três ou quatro vezes.[11] Resultado: salas de aula com crianças cuja idade varia de 7 a 14 anos. Os professores, naturalmente, fogem dessas turmas, que acabam ficando nas mãos dos menos experientes e muitas vezes menos capacitados para lidar com elas. Salvador também sofre, em particular, com a polarização política local. Os sindicatos fazem greve anualmente para negociar aumentos salariais e os secretários com frequência não resistem. A gestão do prefeito Antônio Carlos Magalhães Neto, do Democratas, teve três secretários de Educação nos dois primeiros anos de mandato. A média salarial está acima de 5 mil reais para os professores, um dos melhores salários do país, mas o aprendizado é vergonhosamente baixo.

Belford Roxo, a cidade da Baixada Fluminense onde eu nasci, também representa bem o fundo do poço. Essa cidade de 430 mil habitantes, na região metropolitana do Rio de Janeiro, tinha o pior Ideb para o 5º ano de todo o estado em 2015. Ali, a maioria dos professores era indicação dos vereadores locais. O acordo era o seguinte: o político conseguia uma vaga para o professor numa escola da qual ele era "padrinho" e o profissional tinha que trabalhar na campanha. Por muitos anos se viu em Belford Roxo uma profusão de educadores que não educavam, ou porque não iam às aulas ou porque mal sabiam o conteúdo que deveriam ensinar. Ou ainda pelos dois motivos. Pudera. Eles eram selecionados por critérios que nada tinham a ver com sua capacidade de dar uma boa aula. O sindicato local reconhece a precariedade do quadro de profissionais e lutou pela mudança. Por pressão do Ministério Público, a prefeitura precisou chamar em 2013 os aprovados em concurso realizado ainda em 2010. E então o apadrinhamento ficou valendo "apenas" para os diretores, como acontecia em Sobral antes do início de sua reforma educacional. O resultado é que 77% dos alunos de 8 anos em Belford Roxo não conseguiam ler e entender textos adequadamente em 2016, de acordo com a Avaliação Nacional de Alfabetização.[12]

No Brasil, o quanto um aluno vai aprender pode ser determinado por onde ele vive. Se der a sorte de frequentar a escola em Sobral, no Ceará, ou em alguns municípios próximos que receberam forte apoio do governo estadual para suas políticas educacionais, o aluno resolve problemas envolvendo noções de porcentagem e faz divisão com resto diferente de zero no 5º ano. Se for para a escola na cidade de Ipu, ainda no Ceará, a 100 quilômetros de Sobral, ou em Piripiri, já no Piauí, a 200 quilômetros, provavelmente não aprenderá esses conceitos nem no 9º ano.

Se o estudante está matriculado na rede pública de São Caetano do Sul ou São Bernardo do Campo, no ABC Paulista, é provável que no 5º ano ele saiba identificar a informação principal de um texto e que consiga distinguir uma metáfora do conteúdo literal. Mas em Cubatão e São Vicente, cidades próximas, não. Se ele estuda na cidade do Rio de Janeiro, consegue somar números com uma casa decimal. Se estiver em Duque de Caxias, maior cidade da Baixada Fluminense, provavelmente não aprenderá isso durante a educação primária.

O economista Ricardo Paes de Barros, estudioso de educação que aparecerá diversas vezes neste livro, costuma usar um gráfico assustador para mostrar a enorme dispersão entre os indicadores de aprendizagem dos 5.570 municípios brasileiros. O gráfico mostra como duas escolas ou dois municípios com nível socioeconômico igual (no exemplo dele, Brejo Santo, no Ceará, e Jequié, na Bahia) podem ter resultados com diferença de incríveis 6 pontos no Ideb, que vai de zero a 10. Ou seja, a largada para uma criança nascida em Brejo Santo e para outra nascida em Jequié é, em média, supostamente igual. Elas são pobres na mesma medida. Mas a chegada, pelo menos no final do ensino fundamental, é completamente diferente. O que aconteceu no meio do caminho? Em Brejo Santo, as escolas públicas funcionam. Em Jequié, não.

As melhores redes públicas do Brasil têm contornado muitos dos obstáculos para que obtenhamos qualidade no ensino público. E também têm encontrado problemas que são muito maiores do que o raio de ação de um mero secretário municipal de Educação. Nos próximos capítulos, vamos apontar os principais obstáculos e as estratégias mais eficazes que têm aparecido pelo Brasil para fazer frente a eles. Mas, antes, é preciso entender como chegamos ao patamar de desenvolvimento educacional em que estamos hoje. Trata-se de uma história de elitismo e descaso.

2

Antigamente, na verdade, era pior

O mineiro Francisco Campos entrou para a história do Brasil como o advogado que ocupou o Ministério da Justiça quando Getulio Vargas deu o golpe do Estado Novo. Campos redigiu a Constituição de 1937, inaugurando um período ditatorial no Brasil. Naquela altura da sua carreira política, educação não parecia mais ser o principal tema que ocupava seus pensamentos. Mas, dez anos antes, era.

Quando Francisco Campos foi secretário do Interior do governo Antônio Carlos Ribeiro de Andrada, em Minas Gerais, a melhoria e a expansão da educação primária eram a sua principal bandeira. Nenhum dia foi tão sintomático dessa prioridade quanto 15 de outubro de 1927. Nessa data, o Brasil comemorava o centenário da primeira lei sobre instrução pública do país, promulgada cinco anos após a Independência. A verdade é que não havia muito o que comemorar: o Brasil tinha uma taxa de analfabetismo de 80%. Mesmo assim, o governo mineiro organizou uma festa para 6 mil convidados no estádio do América Futebol Clube. Cerca de 2 mil estudantes da capital Belo Horizonte desfilaram e cantaram o hino, em uma apresentação típica de escoteiros. Outros festejos aconteceram em escolas do estado.[1] O objetivo era anunciar a reforma educacional Francisco Campos, a mais notável de Minas Gerais até então. Entre

1927 e 1930, Campos triplicou o número de escolas no estado e aumentou de dois para três anos de instrução a educação primária na zona rural, onde vivia a maior parte da população. Durante o período, seus discursos e os do governador Antônio Carlos eram marcados por referências à instrução pública. Naquela época, eles pareciam completamente alinhados ao ideário liberal que remontava aos tempos de Rui Barbosa: a educação primária precisaria ser gratuita, obrigatória e de qualidade.²

Após a revolução de 1930 levar Getulio Vargas ao poder com o apoio da elite política de Minas Gerais, Francisco Campos foi indicado para o recém-criado Ministério da Educação e da Saúde Pública. No ano seguinte, passou uma lei que reformulava a educação secundária e superior. Mas pouco ou nada foi feito para lidar com o baixíssimo acesso à educação primária e os vergonhosos índices de analfabetismo que o Brasil possuía. Para piorar, a lei de 1931 criou um nocivo mecanismo de exclusão que durou quarenta anos: o exame de admissão para o ginásio. Crianças de 11 ou 12 anos precisavam passar por uma prova para poder prosseguir na escola.³ Esse funil garantiu que o ginásio (atual ensino fundamental II) fosse restrito às elites brasileiras por boa parte do século XX. Naquela época, as escolas públicas eram as mais disputadas e tinham qualidade reconhecidamente superior às privadas. Mas não se engane: essa qualidade vinha ao custo dos estudantes que eram excluídos do ensino secundário.

Menos de dois anos após Campos deixar o ministério, assumiu Gustavo Capanema, o ministro da Educação mais longevo que o Brasil já teve. Ficou 11 anos à frente da pasta. Sua gestão foi de 1934 a 1945, portanto durante todo o mandato presidencial que Getulio Vargas recebeu da Assembleia Constituinte em 1934 e toda a ditadura do Estado Novo iniciada em 1937. Capanema era mineiro como Campos e foi seu pupilo. Tanto que seguiu seus passos até em Minas, ocupando o mesmo cargo que Campos ocupara antes de virar ministro: secretário do Interior.

O livro *Tempos de Capanema*, publicado em 1985 pelos sociólogos Simon Schwartzman, Helena Bousquet Bomeny e Vanda Maria Costa, descreve o político como um intelectual da elite mineira, leitor voraz, que cultivava amizades com artistas de diversas áreas. De fato, sua trajetória no governo Vargas iria se associar a figuras ilustres da vida cultural brasileira. Primeiro, seu chefe de gabinete foi o poeta Carlos Drummond de Andrade, que viria a ser um dos maiores nomes da literatura em língua portuguesa. Os escritores Mário de Andrade e Rodrigo Melo Franco de Andrade também foram auxiliares próximos no ministério. As obras do pintor Candido Portinari e os concertos do compositor Heitor Villa-Lobos tiveram patrocínio do ministério de Capanema. Os expoentes da arquitetura e do urbanismo Oscar Niemeyer e Lúcio Costa também foram impulsionados por projetos encomendados pelo ministro. O período é frequentemente lembrado como a época de ouro do mecenato cultural brasileiro. E isso reservou a Capanema uma imagem de sofisticação na história do país no século XX.

Essa percepção generalizada também tem a ver com a escolha das prioridades de Capanema: a construção do novo prédio do ministério, planejado por ninguém menos que o arquiteto suíço-francês Le Corbusier (com participação de Niemeyer e Costa), e da Universidade do Brasil, que chegou a ter um projeto de Cidade Universitária assinado pelo arquiteto italiano Marcello Piacentini, uma celebridade do regime fascista de Mussolini, e outro pelo mesmo Le Corbusier. O prédio do ministério deu certo: é até hoje a sede do Ministério da Cultura no Rio de Janeiro e se chama Edifício Gustavo Capanema. O campus da Universidade do Brasil, que depois viraria Universidade Federal do Rio de Janeiro, não chegou a sair durante a Era Vargas — apenas a Faculdade de Filosofia foi constituída a tempo. Antes de 1937, quando ainda havia liberdade de imprensa, Capanema foi criticado por sua megalomania. O jornal *Diário da Noite* questionava, em 1936, o grande e pomposo projeto universitário quando o Brasil ainda tinha níveis altíssimos de analfabetismo. O livro sobre o ministro explica: "Para ele [Capanema], era mais importante o preparo das elites do que a alfabetização intensiva das massas."[4]

A ideia de Capanema — e do governo Vargas — era a de que uma elite intelectual assumiria "a direção da vida do Brasil" em seus vários setores, da indústria química ao comércio, das artes aos postos de governo, da agricultura aos laboratórios. A capacidade das elites intelectuais seria tamanha, com a formação sólida proporcionada por universidades como a que Capanema falhou em criar, que elas compensariam a ignorância do resto da população. Um banho de elitismo.

Como se não bastasse, a visão de educação vigente era profundamente influenciada pelo intelectual Alceu de Amoroso Lima, um dos mais importantes líderes católicos do Brasil no século XX — interlocutor frequente do governo na Era Vargas. Amoroso Lima trabalhava sobretudo pelo foco na formação humanística nas escolas, completamente descolada do mundo do trabalho e preferencialmente oferecida por escolas católicas privadas. A sua visão era de que a educação deveria servir como "adaptação dos desiguais a uma ordem social naturalmente hierárquica", em contraposição à ideia popularizada pelo movimento Escola Nova, liderado pelo educador baiano Anísio Teixeira, de que a educação tinha o poder de diminuir o fosso entre mais ricos e mais pobres.[5]

Além disso, a Constituição da ditadura do Estado Novo revogou regra instituída em 1934 que determinava que a União e os municípios deveriam dedicar pelo menos 10% de sua receita tributária à educação — 20% no caso dos estados. O fim da vinculação causou uma queda nos gastos com educação, de uma média de 1,2% do PIB no fim da década de 1930 para 1% nos primeiros anos da década de 1940. Mais de quarenta anos depois, na ditadura militar, o Brasil também passou a gastar menos em educação em termos relativos — entre 1976 e 1980, gastou 2,5% do PIB, 0,3 pontos percentuais a menos do que nos quatro anos anteriores. E o período novamente "coincidiu" com desvinculação do gasto com educação dos orçamentos, regra que havia sido retomada quando a Era Vargas chegou ao fim.[6] Ou seja, o período em que Getúlio esteve no poder foi sombrio para os defensores da escola pública acessível e de qualidade, assim como viria a ser a ditadura militar.

O raciocínio tacanho que guiou as elites políticas brasileiras está na raiz do problema educacional brasileiro. Durante todo o século XX, adiamos a responsabilidade de massificar a educação básica. O processo foi lento e incremental, e o Brasil só universalizou o ensino fundamental nos anos 1990. Só então o país de fato começou a se preocupar com a qualidade do ensino nas escolas. Esse processo poderia ter sido encurtado se os poderosos tivessem dado ouvidos aos alertas que receberam de figuras públicas notáveis que estudaram a importância da educação para a sociedade ao longo do século passado. Um exemplo foi o economista Carlos Langoni.

* * *

Carlos Geraldo Langoni tinha 26 anos quando defendeu sua tese de doutorado em economia na Universidade de Chicago, nos Estados Unidos, em 1970. Nessa época, Chicago já era reconhecida como uma escola de economia que primava sobretudo pela ideia de eficiência do livre mercado (liberal, portanto, no sentido econômico, e não exatamente no sentido das ideias de Rui Barbosa no Brasil). O maior símbolo desse pensamento foi o economista Milton Friedman, professor na Escola de Economia de Chicago entre 1946 e 1977 e também um conselheiro próximo do presidente norte-americano Ronald Reagan, um dos mais populares do século XX e cujos mandatos foram marcados pelo *laissez-faire*[7] na economia. Langoni conheceu Friedman durante seus estudos na universidade americana. Anos depois de formado, em 1975, viajaria com ele e outros economistas latino-americanos que estudaram em Chicago para uma conferência sobre o liberalismo econômico no Chile — o ditador Augusto Pinochet também foi um entusiasta das propostas feitas pelo guru americano. Mas embora Langoni estivesse em sintonia com o maior nome da universidade no período em que estudou lá, sua linha de pesquisa se aproximava mais das ideias de um outro grupo de economistas que marcou a história dessa ciência e da Universidade de Chicago: os que iniciaram a teoria sobre capital humano.

A tese de doutorado de Langoni[8] usava dados da Pesquisa Nacional por Amostra de Domicílios do IBGE[9] para demonstrar como investimentos em gente — o tal do capital humano, no jargão dos economistas — ofereciam uma taxa de retorno extremamente vantajosa, muito mais do que qualquer investimento em capital físico (como uma fábrica ou uma usina hidrelétrica, por exemplo). Quem completava o primário ganhava em média 32% a mais que um analfabeto. E quem tinha finalizado o ginásio ganhava 20% a mais do que aqueles que haviam terminado somente o primário. A rentabilidade anual do investimento nos estudos era o dobro da rentabilidade de investimentos industriais.[10] Essas constatações estavam alinhadas com o que vinha pregando o chefe do departamento de economia de Chicago, Theodore W. Schultz, professor de Langoni. Dez anos antes, quando também presidia a associação de economistas americanos, Schultz fizera um discurso antológico no encontro anual de seus pares. Em sua fala, ele observou que habilidades e conhecimentos adquiridos pela população deveriam ser encarados como patrimônio de um país, uma forma de capital — interpretação inédita entre os economistas até então. A exemplo do que Langoni faria uma década depois, Schultz argumentava que o investimento no desenvolvimento de conhecimentos e habilidades oferecia retornos altos e era um motor para o desenvolvimento econômico. Ele explicava que diferenças em instrução respondiam por até 70% das variações salariais nos Estados Unidos porque o trabalhador mais qualificado produzia mais. Se há mais trabalhadores qualificados, há mais produção e o país cresce.

Aquele discurso inovava essencialmente ao usar a expressão capital humano. "A característica mais singular do nosso sistema econômico é o crescimento do capital humano. Sem ele, só haveria trabalho manual duro e pobreza, com exceção dos que ganham dinheiro com propriedades", disse Schultz antes de encerrar, remetendo à cena de um trabalhador rural improdutivo no início de um romance de William Faulkner, que caía no chão ao tentar se apoiar num arado. "O homem sem habilidades e conhecimento não tem onde se apoiar." Para Schultz, aliás, falar de educação era particularmente importante. Na juventude, seus pais não queriam que ele estudasse porque preferiam que cuidasse da fazenda.[11]

Em 1962, Schultz e Gary Stanley Becker, que na época era professor da Universidade Columbia, mas iria para Chicago depois, publicaram artigos científicos sobre investimentos em capital humano. O de Becker viraria um livro em 1964, sob o título *Human capital: a theoretical and empirical analysis* [Capital humano: uma análise teórica e empírica]. Essa foi a principal publicação sobre o tema. No livro, Becker documenta em detalhes a relação de mais anos de estudo com salários melhores. Schultz e Becker foram os primeiros economistas a mostrar por meio de estatísticas o que hoje parece intuitivo: quem estuda mais ganha mais e tem uma vida melhor.

Becker também esboçou cálculos sobre o efeito de uma população mais educada na economia como um todo. Trabalhadores mais educados são mais produtivos, e isso impacta o crescimento da economia local. No prefácio da terceira edição do livro, 25 anos após o lançamento original, Becker afirma que países do Leste Asiático, como a Coreia do Sul, compreenderam bem a importância de se investir em capital humano, antes mesmo que ele e outros economistas tivessem escrito sobre o assunto. Ele se gaba também de que seu livro e as publicações do colega Ted Schultz influenciaram autoridades chinesas e do leste europeu. Por suas contribuições, Becker e Schultz ganharam o Prêmio Nobel de Economia, a láurea mais importante dessa ciência no mundo.

Langoni foi influenciado por esses economistas durante os dois anos e meio que passou na Universidade de Chicago. Schultz foi seu professor e participou da banca que aprovou sua tese de doutorado. Becker também leu sua tese e os dois conversavam muito sobre desenvolvimento econômico. Quando voltou ao Brasil, o economista nascido em Nova Friburgo, no estado do Rio de Janeiro, sonhava influenciar as políticas econômicas do seu país. Ele queria colocar o investimento em capital humano na pauta do governo. E viu suas chances aumentarem quando se aproximou de dois dos homens mais poderosos dos anos 1970.

Um deles foi o economista Mario Henrique Simonsen, que leu e adorou a sua tese de doutorado. Naquela época, Simonsen era o presidente do Mobral, o Movimento Brasileiro de Alfabetização. O programa fora criado pelo governo militar em 1967, mas só deslanchou em 1970, quando as empresas passaram a ter desconto no imposto de renda se doassem para a fundação presidida por Simonsen. O objetivo era ensinar jovens e adultos a ler e escrever e assim reduzir o vergonhoso número de analfabetos no Brasil. Em 1970, um terço dos brasileiros não eram letrados (em 1950, eles eram metade da população). Mas Simonsen prometia que era possível erradicar o analfabetismo ainda durante aquela década. No primeiro ano do Mobral, 1 milhão de brasileiros aprenderam a ler. O programa espalhou professores pelos rincões do país, cuja população era 45% rural, e eles ensinavam adultos não só em escolas, mas também em igrejas e clubes. Parecia um sucesso. Até a Unesco usou o Mobral como exemplo em um relatório.[12] Mas logo ficou claro que o programa não era tão eficaz quanto se imaginava.

Durante uma Comissão Parlamentar de Inquérito instalada em 1975 para investigar os gastos da iniciativa, concluiu-se que boa parte dos indivíduos que se formavam no Mobral não continuavam praticando a escrita e a leitura, e muitos perdiam a habilidade que haviam adquirido. Os números também eram inflados — os militares falaram em 9 milhões de alfabetizados pelo Mobral, mas o número verdadeiro foi 2 milhões até 1985, quando o programa foi extinto.[13] Simonsen viraria ministro da Fazenda no governo Ernesto Geisel, em 1974. Mas, em 1973, convenceu Langoni a ir para a Escola de Pós-Graduação em Economia da Fundação Getulio Vargas (FGV), no Rio de Janeiro, onde os dois passariam a maior parte de suas carreiras acadêmicas. O *Chicago boy*, apelido dos que estudaram economia naquela universidade e vieram trabalhar na América Latina, viraria diretor da Escola de Economia da FGV no Rio de Janeiro — então, a principal do país.

O outro poderoso de quem Langoni se aproximou foi Delfim Netto, ministro da Fazenda nos governos de Artur da Costa e Silva (1967-69) e Emílio Garrastazu Médici (1969-74). Delfim também era catedrático da Faculdade de Economia e Administração da Universidade de São Paulo, para onde Langoni seguiu imediatamente após o doutorado, com a missão de ajudar a montar o curso de mestrado em economia. Foi lá que os dois se conheceram. Embora fosse o mandachuva em Brasília em 1972, Delfim ainda frequentava a USP regularmente. Nas quintas-feiras, gostava de se sentar para almoçar com pesquisadores e professores. E Langoni sempre participava. Esse contato que o economista de Chicago estabeleceu foi fundamental para que, em 1972, ele obtivesse acesso a uma detalhada base de dados do IBGE sobre a evolução da renda dos brasileiros nos anos 1960. Ela veio justamente das mãos de Delfim.

No início da década de 1970, o governo militar sofria críticas pelo fato de o crescimento da desigualdade de renda ter disparado. Inclusive o tema havia virado uma vergonha internacional para o Brasil. O economista americano Albert Fishlow, que foi professor de Berkeley e Columbia e se tornou o mais famoso brasilianista do século XX, fez um estudo que demonstrava como a desigualdade de renda tinha aumentado substancialmente no Brasil na década de 1960. Ele apontava os reajustes salariais abaixo da inflação como o principal motivo para isso — afinal, a ditadura reprimiu duramente a atividade dos sindicatos. O estudo era vinculado à Cepal, Centro de Estudos para a América Latina, um *think tank* das Nações Unidas com viés desenvolvimentista — o contrário do liberalismo de Chicago. A pesquisa de Fishlow fez com que até o presidente do Banco Mundial na época, Robert McNamara, fizesse uma crítica pública às políticas sociais brasileiras, relativizando o benefício das taxas de crescimento impressionantes que o país vinha tendo até então (entre 1968 e 1974, numa média de 11% ao ano). Delfim Netto viu que, em conversas informais, Langoni apontava outras motivações para a desigualdade crescente, sobretudo o baixo nível educacional da maior parte da população brasileira. Então, o governo lhe ofereceu uma base de dados mais detalhada que aquela à qual Fishlow tinha acesso e esperou que seu estudo oferecesse um contraponto às pesquisas do economista americano.

Em 1973, Langoni publicou o livro *Desigualdade da renda e desenvolvimento econômico do Brasil*, fruto de sua pesquisa para o governo. Langoni mostrou que os anos de estudo de um indivíduo respondiam por 59% da variação salarial no Brasil em 1970, mais do que os 51% verificados em 1960. Portanto, o peso da educação na desigualdade vinha crescendo. A escassez de profissionais com alto nível de conhecimentos fazia com que esses poucos indivíduos fossem mais disputados, sobretudo em tempos de crescimento econômico acelerado. O ganho de renda ficava, portanto, concentrado na esfera mais educada da população, enquanto os que tinham menos escolaridade não obtinham aumentos significativos no salário.

Langoni estava aplicando a teoria do capital humano à realidade brasileira. Seu livro teve uma tremenda repercussão. Antes mesmo de ser lançado, a revista *Veja* já havia dedicado uma capa ao estudo, numa matéria assinada pelo jornalista Paulo Henrique Amorim em junho de 1972. O economista Marcelo Néri, ex-ministro da Secretaria de Assuntos Estratégicos e autor do prefácio à edição do livro de Langoni republicada em 2005, considera o modelo matemático inovador até para os dias de hoje.

Mas Carlos Langoni ficou numa posição ingrata. Por um lado, ele teve acesso a dados que lhe permitiram fazer um trabalho de pesquisa até hoje considerado primoroso. Por outro, o governo havia aproveitado seus lampejos intelectuais para ofuscar políticas trabalhistas perversas, como as que o próprio Fishlow apontava. O americano afinal estava certo em suas críticas sobre a maneira como o governo militar lidou com os trabalhadores. E os estudos não eram excludentes, embora tanto Fishlow quanto Langoni tenham escrito longamente criticando as metodologias um do outro. Mas foi o brasileiro que tocou na questão essencial e estrutural da economia do país: a escassez de investimento em capital humano. "Não tinha malícia política nesse trabalho. Era puramente acadêmico", me contou Langoni em uma conversa por telefone em 2015. Com malícia ou não, o valor acadêmico do que ele produziu acabou ofuscado pela questão política.

Em dezembro de 1973, o economista Pedro Malan, que viria a ser ministro da Fazenda de Fernando Henrique Cardoso entre 1995 e 2002, e John Wells, da Universidade de Cambridge, na Inglaterra, escreveram uma resenha do livro de Langoni. Nela, fizeram duras críticas às conclusões. Além das discordâncias técnicas, Malan atacava o que chamou de "ato de fé na operação das forças de mercado". Isso porque Langoni focava especificamente no desequilíbrio entre a oferta e a procura de mão de obra qualificada, algo que, segundo ele, seria corrigido no longo prazo pela expansão de oportunidades educacionais. Para Malan não bastava educação. Ele inclusive criticava o fato de o modelo econômico só explicar 59% da desigualdade de renda por meio da educação. E os outros 41%? Independentemente de educação ser ou não o único fator a gerar desigualdade, Malan parecia ignorar a necessidade de lidar com a gigantesca exclusão educacional da época. Para criticar o trabalho de Langoni, ele deixou a educação em segundo plano. A briga parecia ser sobretudo ideológica. E era. Em 1974, um grupo de economistas escreveria o livro intitulado *A controvérsia sobre a distribuição de renda no Brasil*. O prefácio era de Fernando Henrique Cardoso, e havia artigos de economistas desenvolvimentistas como Maria da Conceição Tavares e José Serra. Todos criticavam as conclusões de Langoni e pareciam não captar que ele defendia essencialmente uma maior oferta de educação no país.

O pior é que as propostas do livro de Langoni foram ignoradas pelo governo que franqueou sua pesquisa. Mesmo quando Mario Henrique Simonsen assumiu a Fazenda em 1974. "O Simonsen até concordava com as minhas ideias, mas estava mais preocupado em resolver o endividamento externo e em controlar a inflação", contou-me Langoni em uma segunda conversa, já em 2016. Ele sugeriu que o foco dos investimentos em educação fosse nas gerações que estavam na escola naquele momento — em vez de tentar educar adultos da zona rural como fazia o Mobral, a um custo altíssimo. Racionalmente, o retorno econômico do investimento nas novas gerações seria muito maior para o país. E o analfabetismo não diminuía por causa do Mobral — diminuía sobretudo à medida que o Brasil se tornava um país cada vez mais urbano e as gerações mais velhas morriam.

Langoni propunha um imposto para financiar a educação básica. Ele também demonstrava preocupação com o custo de oportunidade para que as novas gerações de fato fossem à escola: não havia clareza entre os mais pobres sobre o benefício que os pais teriam no futuro ao garantir bom nível educacional para sua prole. Alguma vantagem mais tangível e imediata haveria de ser pensada, para balancear, por exemplo, a perda de renda quando uma criança ou adolescente deixa de trabalhar para estudar. Como dizia Gary Becker, o governo deveria "subornar" os pais para que mantivessem os filhos estudando. Era a origem do raciocínio que faria surgir o Bolsa Escola e depois o Bolsa Família, condicionando transferências de dinheiro à matrícula e à frequência.

Mas Langoni era, sobretudo, crítico à intervenção do governo na economia. Ele defendia uma abertura maior para a competição com o mundo — para que isso forçasse as empresas brasileiras a se tornarem mais competitivas, investindo inclusive na qualificação da sua mão de obra. Afinal, uma boa parte da teoria do capital humano trata da formação profissional no ambiente de trabalho.

A grande mensagem de estudos como os de Becker, Schultz e Langoni é que, em termos econômicos, valia a pena promover educação básica para toda a população. Claramente, o governo militar deu pouca atenção a essa mensagem. A base de dados criada pelos economistas Robert J. Barro, de Harvard, e Jong-Wha Lee, da Universidade da

Coreia do Sul, mostra como o Brasil expandiu o acesso à educação primária e, principalmente, secundária (ginasial e ensino médio) num ritmo muito mais lento que o de outros países no século XX. Barro e Lee recorreram aos censos de 89 países durante a pesquisa que deu origem ao livro *Education Matters* [Educação é importante], publicado em 2015 nos Estados Unidos.[14] As informações sobre o Brasil mostram que, durante o período militar, o país até aumentou o percentual de adultos com educação primária completa (foi de 62% em 1970 para 82% em 1985).[15] Mas a fatia da população que tinha ginasial ou ensino médio permaneceu abaixo de 20% até os anos 1990.

Durante a ditadura militar, não houve avanço algum no acesso ao ginásio ou ao ensino médio, quanto mais ao ensino superior, que só atendia cerca de 10% da população até os anos 2000. A Coreia do Sul, por sua vez, deu saltos grandiosos em acesso à educação. Saiu de 32% da população com acesso ao ensino secundário em 1965 para 88% vinte anos depois, nível que o Brasil não alcançou até hoje. Em 1945, Brasil e Coreia tinham percentuais parecidos da população com primário e secundário completo. Mas logo ficamos para trás, como mostra o gráfico seguinte.

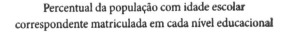

Percentual da população com idade escolar correspondente matriculada em cada nível educacional

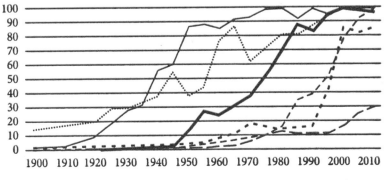

Após Langoni empunhar a bandeira do acesso à educação para toda a população como saída para reduzir a desigualdade, não se viu avanço algum no acesso ao ginasial ou ao ensino médio no país. Naquele momento, seu esforço não teve efeito em políticas públicas. Notemos, no período entre 1970 e 1990, o contraste no acesso à educação secundária no Brasil, que está estagnado, e na Coreia, que cresce sem parar. O resultado dessa discrepância foi visto nos anos 80 e 90, quando a renda per capita brasileira parou de crescer perto de 8 mil dólares e a coreana explodiu, terminando o século perto de 20 mil dólares. Assim, a Coreia se tornou um país rico, enquanto o Brasil permaneceu como emergente de renda média.[16]

Jong-Wha Lee, um dos coautores de *Education Matters*, é um dos principais pensadores econômicos da Coreia do Sul. Ele foi conselheiro para economia internacional da presidência do seu país e economista chefe do Banco Asiático de Desenvolvimento. Lee escreveu amplamente sobre o fenômeno do crescimento acelerado da Coreia. Ele reconhece que o tema já foi bastante explorado por outros economistas, mas argumenta que pouco se sabe sobre o que levou os coreanos a alcançar um capital humano de qualidade exemplar para o mundo em tão pouco tempo.

Lee aponta a influência japonesa como uma parte da explicação. A Coreia foi colônia do Japão, que treinou professores e construiu escolas no país, embora limitasse o acesso de coreanos à educação secundária. Após a guerra da Coreia, os Estados Unidos também tiveram papel relevante na construção e no financiamento de escolas durante o governo interino entre 1945 e 1948.

Além disso, ele aponta que o investimento privado em educação teve um papel predominante na expansão do acesso e da qualidade do ensino na segunda metade do século XX na Coreia. A explicação para isso está na abertura da sua economia. Ele escreveu que, "em uma economia voltada para dentro, há pouco incentivo para que a população adquira altos níveis educacionais porque a estrutura industrial e a tecnologia evoluem lentamente. Porém, em uma economia voltada para fora, que está sob constante pressão por competição global [...] há muito mais incentivo para investir em capital humano".[17] E uma economia voltada para fora foi exatamente o que a Coreia se tornou.

A partir do início da década de 1960, a Coreia do Sul deixou de lado uma fracassada política de substituição de importações e buscou políticas de incentivo às exportações, com cortes de impostos e crédito subsidiado a empresas com esse perfil — a Samsung é, sem dúvida, o maior símbolo. A moeda local também foi desvalorizada para dar mais competitividade às firmas coreanas no exterior, embora isso tenha provocado inflação de dois dígitos por boa parte dos anos 1960 e 1970. Entre 1968 e 1990, 63% do gasto com educação na Coreia foi privado: feito por empresas ou pelos indivíduos. Para Lee, havia uma clareza na sociedade coreana de que a mobilidade social só aconteceria com maior qualificação. Lá, não houve dúvidas de que os empregadores determinam os salários de acordo com o nível educacional do indivíduo. Essa ideia fora contestada pelos críticos quando Langoni a colocou na mesa nos anos 1970. Ele, inclusive, foi um grande defensor da abertura comercial, política diametralmente oposta à perseguida pelo governo militar.

O governo coreano, por sua vez, garantiu educação primária para quase toda a população ainda nos anos 1950 e focou em adequar as habilidades desenvolvidas na escola às necessidades das empresas (com muitas opções de ensino técnico no início do processo de industrialização coreano, que foi basicamente paralelo ao do Brasil nos anos 1960). Também ofereceu boa remuneração aos professores (embora isso acontecesse ao custo de turmas com mais de cinquenta alunos), indicando que os profissionais que escolhiam essa profissão eram bem qualificados. Mas a verdade é que o gasto do governo por estudante sempre foi relativamente baixo na Coreia, inclusive menor do que a média dos países em desenvolvimento nos anos 1960.[18]

Essa história pode levar a crer que os caminhos díspares que Coreia e Brasil tomaram têm a ver principalmente com cultura. Mas isso não explica tudo. Sem dúvida, a visão cultural expressa por figuras como Gustavo Capanema, de que apenas as elites deveriam ter acesso a educação de qualidade e que delas emanaria o conhecimento para as classes mais pobres, segurou a oferta de educação no Brasil. Como o próprio Langoni reconhece, se ideias como as suas tivessem conseguido influenciar a agenda de desenvolvimento econômico do governo, é possível que tivéssemos acelerado em um par de décadas esse processo e estivéssemos competindo com a Coreia. "Talvez fosse melhor se tivessem me colocado no Ministério da Educação do que na presidência do Banco Central", diz Langoni, que presidiu a entidade monetária de 1980 a 1983, indicado por Mario Henrique Simonsen. Ele acabou se afastando do tema da desigualdade pela polarização ideológica em torno de seus estudos e, como ele diz, "por achar que já tinha contribuído o suficiente".

Embora hoje pareça cada vez mais óbvio que o caminho para o desenvolvimento econômico é perseguir urgentemente a oferta universal de educação básica — como os países desenvolvidos fizeram ainda no século XIX ou nas primeiras décadas do século XX —, essa visão nunca foi hegemônica no Brasil. Economistas liberais gostam sempre de lembrar que Celso Furtado, reconhecido como o maior estudioso do subdesenvolvimento brasileiro, não cita a palavra educação uma única vez em seu principal livro, *Formação econômica do Brasil*, publicado em 1959. Samuel Pessôa, professor de economia da Fundação Getulio Vargas do Rio de Janeiro, vai além: conta que não viu menção ao tema em toda a obra de Furtado, composta de mais de trinta livros: "E eu li atentamente mais de 80% de tudo que ele escreveu", disse-me ele, entre garfadas em uma posta de bacalhau durante o almoço que tivemos num restaurante português no bairro de Pinheiros, em São Paulo. José Márcio Camargo, especialista em economia do trabalho na Pontifícia Universidade Católica do Rio de Janeiro, diz o mesmo: "Furtado ignorou o fator capital humano."[19] Celso Furtado foi professor de economia na universidade parisiense Sorbonne por vinte anos e também um dos diretores da Comissão

Econômica para a América Latina e o Caribe, a Cepal, órgão da ONU sediado em Santiago, no Chile. No Brasil, foi diretor do Banco Nacional de Desenvolvimento Econômico e ministro do Planejamento.

Furtado defendia que a estrutura produtiva brasileira, composta principalmente de produtos de baixo valor agregado como os agrícolas, era a principal razão para o seu subdesenvolvimento. Ele estimulava que o país desenvolvesse políticas protecionistas para criar condições ao avanço de uma indústria nacional robusta. Também defendia uma forte presença do Estado na alocação de recursos na economia. Sua visão influenciou profundamente a política econômica no país, em especial na gestão de Juscelino Kubitschek. Com razão, Samuel Pessôa nunca cansa de repetir em entrevistas, palestras e artigos que não compreende como Juscelino escolheu construir uma nova capital quando mais da metade da população entre 5 e 14 anos estava fora da escola.

* * *

É curioso notar que não faltaram figuras na história brasileira que — presume-se — poderiam ter levado o Brasil a priorizar a educação universal, caso tivessem conseguido mais poder. O educador Anísio Teixeira foi uma delas. Ele promoveu reformas marcantes na Bahia (onde ocupou os cargos de inspetor-geral de ensino nos anos 1920 e depois secretário de Educação e Saúde nos anos 1940) e no Rio de Janeiro (onde ocupou a Diretoria da Instrução Pública do Distrito Federal nos anos 1930). Seu foco foi a ampliação de vagas na educação primária e secundária e a garantia de que elas chegassem justamente às famílias mais pobres. Anísio acreditava com fervor que era papel da escola lidar com a heterogeneidade de classes sociais e criticava a omissão dos governos na tarefa de expandir as oportunidades para crianças carentes. Seu conterrâneo Jorge Amado chamava Anísio de "o amigo das crianças" — expressão que usou ao dedicar seu livro *Capitães de areia* ao educador baiano.[20] Em todos os cargos que ocupou e ao longo de suas produções intelectuais, Teixeira enfatizou a ideia de que "educação não é privilégio". Esse, aliás, é o título de seu principal livro, publicado em 1957. Naquela época, ele dirigia o Instituto Nacional de Estudos Pedagógicos (Inep), órgão que hoje leva o seu nome. O livro foi tão polêmico ao defender a escola pública universal e laica que a Igreja Católica exigiu sua demissão a Juscelino Kubitschek — ela defendia a educação privada e religiosa. Mas 529 educadores e cientistas brasileiros assinaram um abaixo-assinado apoiando Anísio e ele permaneceu no cargo. Ao todo, passou 12 anos no Inep, saindo apenas diante do golpe militar de 1964.[21]

Anísio Teixeira se opôs à reforma da educação secundária de 1931, promovida por Francisco Campos, porque a julgava elitista demais. Mas ele não repudiava a ideia de incentivar que estudantes talentosos pudessem desenvolver completamente seu potencial — só defendia que mais pessoas tivessem a oportunidade de entrar e depois prosseguir na educação, justamente o que as provas de acesso ao ginásio criadas em 1931 proibiam. Anísio também lutou de maneira incansável contra a ideia de Alceu Amoroso Lima de que a educação básica devia ser totalmente privada e administrada pela igreja. Uma das suas principais bandeiras é a de que a educação secundária devia ser mais prática, mais conectada com a vida real do que o ensino enciclopédico, pautado pela decoreba, proposto por Amoroso Lima. As ideias de Anísio estavam alinhadas com as de John Dewey, o maior educador americano de todos os tempos. O baiano chegou a estudar por um ano no Teachers College, da Universidade Columbia, instituição em que Dewey passou mais tempo e que o reverencia até hoje: há uma estátua do acadêmico americano na entrada principal do prédio e o nariz chega a estar gasto pela tradição dos estudantes de passar a mão nele para dar sorte.

Em 1964, Anísio teve seus direitos políticos cassados pelo regime militar, e morreu em 1971 em circunstâncias duvidosas. Ele teria caído no fosso do elevador da casa de seu amigo Aurélio Buarque de Holanda, mas há indícios de que a cena foi armada e de que, na verdade, ele morreu enquanto era torturado.[22] As ideias centrais de Anísio foram combatidas ao longo das quatro décadas em que esteve na vida pública. Ele foi considerado comunista pelas duas ditaduras que viveu para assistir: a de Vargas e a dos milicos. Mas, hoje, suas ideias são quase senso comum (embora muitas ainda estejam longe de serem cumpridas). Isso sinaliza que ele estava à frente de seu tempo.

Será que se Anísio tivesse tido mais interlocução com os governantes da época teria conseguido acelerar o passo da universalização do acesso à educação no Brasil? Não se pode dizer que ele não tentou. Anísio Teixeira foi o principal porta-voz do movimento Escola Nova, estudado até hoje nas faculdades de educação das universidades brasileiras. O lançamento do Manifesto dos Pioneiros de Educação Nova, em 1932, foi o principal símbolo desse movimento. Ele deveria estar para a educação como a Semana de Arte Moderna de 1922 está para a arte: uma tentativa de revolucionar a visão hegemônica. Mas o fato é que uma deu certo e o outro não. Os preceitos do movimento Escola Nova e do manifesto eram basicamente os que Anísio defendeu ao longo da vida, mas com o apoio de outros nomes, como o do educador Fernando de Azevedo, que reformou o ensino público no estado de São Paulo na década de 1930 e redigiu o manifesto, o jornalista Júlio de Mesquita Filho, herdeiro do Grupo Estado e um dos criadores da Universidade de São Paulo, e a poetisa Cecília Meireles.

Olhando ainda mais longe no passado: e se o Brasil tivesse eleito o jurista Rui Barbosa como presidente em uma das quatro vezes em que ele concorreu durante a República Velha? Barbosa escreveu a Constituição de 1891, a primeira pós-império, e também foi o primeiro ministro da Fazenda da República. Por ter representado o Brasil na Convenção de Haia, de 1907, onde foi criado o primeiro tratado internacional sobre crimes de guerra, Barbosa ganhou o apelido de a Águia de Haia. Ele é amplamente reconhecido como um dos maiores estadistas brasileiros, tanto pelas suas posições vanguardistas quanto pela eloquência fora do comum. Mas uma parte pouco conhecida da sua história diz respeito à relação que Barbosa estabeleceu com a reforma da educação no Brasil. Em 1882 e 1883, ele apresentou à Câmara dos Deputados pareceres históricos sobre as condições da educação primária, secundária e universitária do Brasil — inclusive fazendo comparações com outros países. Inspirado em experiências dos Estados Unidos, da Argentina e de um punhado de nações europeias, Barbosa propunha a oferta pública de educação básica e incentivava a massificação do ensino primário. Ele denunciava que apenas 7% das crianças em idade escolar em grandes cidades frequentavam as salas de aula. Os números eram baixos, mas eram equivalentes aos de Irlanda, Rússia, Espanha e até mesmo Portugal. Se tivéssemos dado atenção aos alertas de Barbosa, poderíamos ter saído na frente de vários países que depois se tornaram ricos.

Ele sugeria a criação de um ministério focado na instrução pública, que só seria formado quase cinquenta anos depois. Também defendia uma cobrança mais enfática de que os pais seguissem o artigo da lei que tornava obrigatória a frequência de filhos em escolas até os 14 anos — o que só passou a existir de fato na Constituição de 1988. Ele ainda enfatizava a necessidade de dedicar boa parte do tempo escolar às ciências físicas e naturais — quando a tendência às humanidades acabou prevalecendo com a influência da Igreja Católica.[23] Embora os pareceres fossem um marco da ascensão de Barbosa rumo aos mais altos postos governamentais, eles logo adquiririam o status de obras menores desse político, jurista e escritor. Naquela época mesmo, sua luta contra a escravidão ofuscou a preocupação com o ensino básico. Os investimentos em educação permaneceram baixos em comparação aos de outros países conforme os anos foram passando. Nações que estavam no mesmo patamar que o Brasil ao final do século XIX começaram a se descolar, como a Coreia faria em relação a nós na segunda metade do século XX. Rui Barbosa chegou a ser um candidato competitivo à presidência em 1910 e quase rachou a política do café com leite — que alternava membros da oligarquia paulista e mineira no poder. Ele venceu o candidato Hermes da Fonseca nas principais capitais do país, como Rio de Janeiro, São Paulo e Salvador. Mas acabou perdendo a eleição mesmo assim.

* * *

O professor de história econômica da Universidade da Califórnia em Davis, Peter Lindert, refuta a ideia de que apenas a boa vontade de uma meia dúzia de políticos teria sido suficiente para promover uma mudança radical na realidade da educação ao longo dos séculos XIX e XX. Para ele, os determinantes para um país investir em universalização educacional tinham mais a ver com a estrutura da sociedade do que com a vontade de alguns atores. Lindert escreveu um livro antológico sobre gastos sociais e crescimento econômico no mundo desde o século XVIII. *Growing Public* [Cada vez mais público], publicado em 2004, tenta estabelecer o que há de comum entre a criação e universalização de políticas sociais em 21 países, inclusive o Brasil. Quando o tema é massificação do acesso a escolas, Lindert encontrou uma relação clara: democracias com sufrágio amplo tiveram mais crianças e adolescentes mais cedo na escola e desenvolveram uma população mais educada. Baixa participação política — o caso de regimes não democráticos ou de democracias oligárquicas, dominadas por uma pequena elite — teria uma profunda relação com subdesenvolvimento de capital humano no fim do século XIX e começo do século XX. Outros economistas, como Kenneth Sokoloff e Stanley Engerman, também haviam levantado essa hipótese antes, mas sem a mesma riqueza de detalhes que Lindert oferece em seu livro.[24]

De fato, verdadeiras democracias ofereceram mais educação primária à população, com frequência paga por impostos cobrados dos mais ricos. Assim, estabeleceram um sistema automático de redistribuição e justiça social. A maior parte da explicação de Lindert está no fato de os Estados Unidos, a Alemanha e a França terem sido os primeiros países a se aproximarem da universalização na educação primária, ainda no final do século XIX, enquanto o país mais rico do mundo naquela época, o Reino Unido, demorou décadas para alcançar as mesmas taxas de matrículas que esses países. A explicação: os primeiros eram democracias de fato e a Grã-Bretanha era uma democracia de elite, a exemplo da Holanda e da Suécia, que também universalizaram educação básica com atraso — menos de 40% da população adulta votava nesses países. Essa explicação pode servir também para esclarecer por que em 1920 o Brasil tinha 147 de cada mil crianças na escola e o México tinha 231, o Chile 422, a Argentina 548 e os países anteriormente citados já haviam ultrapassado setecentas.[25]

A questão é que apenas 11% da população total do Brasil tinha direito ao voto na década de 1870 — naquela época, votava-se para eleger senadores e deputados. Após a proclamação da República, a representatividade caiu ainda mais: para 2,2% no final do século XIX. A Constituição de 1891 proibia que analfabetos votassem, o que vigorou por quase cem anos, até 1986, e certamente contribuiu para que o analfabetismo aos poucos diminuísse (por um remendo constitucional, os analfabetos votaram pela primeira vez em 1986, mas o direito só foi assegurado de fato na Constituição de 1988). Naquela época, a simples exclusão dos analfabetos significava deixar 85% dos brasileiros de fora do processo eleitoral. Em 1930, na eleição em que Getulio Vargas perdeu para Julio Prestes, a participação eleitoral se restringia a 5,6% da população adulta. O nível de representatividade da década de 1870 só foi alcançado novamente em 1945.[26]

Além disso, um dos retardatários do mundo no número de crianças na escola era, ainda nas primeiras décadas do século XX, Portugal (219 de cada mil crianças estavam na escola em 1920!). O desprezo do país que nos colonizou pela educação pode ajudar a explicar as motivações culturais para que o Brasil tenha tratado o tema como secundário por tantos anos. Afinal, a falta de democracia não explica tudo.

Há, sem dúvida, uma penca de outros fatores que podem ter contribuído para que houvesse uma lenta e gradual expansão do acesso à educação básica por aqui. Mas a premissa de Lindert parece caber como uma luva no caso do Brasil — onde a verdadeira democracia é tão recente quanto o acesso universal ao ensino fundamental. Tanto é assim que estudiosos da história da educação, como o educador Romualdo Portela da Oliveira, da Universidade de São Paulo, e o economista André Portela, da unidade paulista da Fundação Getulio Vargas, reconhecem que a Constituição de 1988 foi um marco no processo de aumentar a oferta de vagas nas escolas. A partir dela, analfabetos puderam enfim votar e influenciar a pauta dos políticos. Nessa época, quase todos os vizinhos já haviam aderido ao sufrágio universal. A Constituição de 1988 também descentralizou responsabilidades e recursos. E surgiu ainda a possibilidade de políticos serem punidos juridicamente se não oferecessem vagas em escolas no ensino fundamental, que em teoria abrange a faixa dos 7 aos 14 anos de idade.[27] Nos anos 1990, durante o governo Fernando Henrique Cardoso, veio o que faltava para atingirmos a universalização: o Fundo de Manutenção e Desenvolvimento do Ensino Fundamental e de Valorização do Magistério, também conhecido como Fundef.

O Fundef passou a reter 15% das transferências do governo federal para estados e municípios e redistribuí-los de acordo com o número de matrículas contabilizadas no censo escolar do Ministério da Educação, realizado anualmente (extinto pelo governo Collor, o censo foi retomado logo depois). O objetivo era garantir um gasto mínimo por aluno. Portanto, o valor por estudante matriculado cresceu substancialmente em estados mais pobres, como os da região Norte e Nordeste (subiu 46% e 89%, respectivamente, apenas no primeiro ano da política). A lógica de repasse dos impostos federais criada pelo Fundef também foi aplicada aos impostos estaduais, como o ICMS. Todo esse sistema, aprovado e regulamentado pelo Congresso em 1996, já havia promovido uma boa reorganização dos recursos em 1998. No ano seguinte, alguns ajustes criaram um incentivo ainda maior para que políticos locais ampliassem vagas no ensino fundamental: eles passaram a receber recurso extra por cada novo aluno matriculado. O resultado foi que, entre 1995 e 2002, a taxa de matrícula saltou de 86% para 94%, alcançando praticamente a totalidade da população-alvo. A taxa de conclusão do ensino fundamental até os 16 anos quase dobrou entre 1997 e 2007 — de 33,5% para 60,8%.[28] Uma das frases mais repetidas por especialistas em educação é que o Brasil universalizou o acesso, mas não a conclusão.

Mas isso significa que só agora teremos uma geração inteira de adultos que provavelmente passou pela escola. Espera-se que eles sejam pais que valorizem mais a educação de seus filhos. Afinal, os pais dos adultos que hoje estão no auge da sua vida produtiva eram ou são, frequentemente, analfabetos, ou tinham apenas parte da educação primária completa. Há exemplos disso na minha própria família, na família da minha esposa e na de vários dos meus amigos. Meu avô por parte de mãe não sabia ler e escrever. Minha avó não completou a educação primária e, portanto, sempre leu com dificuldade. Minha mãe só terminou o ensino médio depois dos 50 anos. O leitor provavelmente identificará exemplos semelhantes entre seus familiares e amigos.

O fato é que a escolaridade e a renda familiar têm efeito significativo no desempenho escolar das novas gerações. O economista Ricardo Paes de Barros, um dos idealizadores do programa Bolsa Família, documentou esse impacto em um estudo pioneiro de 1993, feito com o economista americano David Lam, da Universidade de Michigan, nos Estados Unidos. PB, como Paes de Barros é conhecido, foi tremendamente influenciado pelos estudos de Carlos Langoni sobre desigualdade social na primeira metade dos anos 1970. Mais de uma década depois de o próprio Langoni ter abandonado o tema, PB começou a escrever sobre as disparidades de renda entre os brasileiros — explicando como a educação era o que explicava a maior parte delas. Ele também fez um doutorado na Universidade de Chicago, depois passou um tempo como professor em Yale, mas dedicou a maior parte da sua carreira ao Instituto de Pesquisa Econômica Aplicada, o Ipea, órgão do governo federal, de onde publicou a maior parte de seus trabalhos. Esse estudo de 1993 mostra que um ano extra de estudo para o pai e a mãe está associado a 0,52 ano a mais de escolaridade para um adolescente de 14 anos no Nordeste e 0,40 em São Paulo. Para se ter uma ideia melhor, os dados de 1982 que PB usa no estudo mostram que, em média, os pais nordestinos tinham 2,6 anos de estudo, enquanto os pais em São Paulo, o estado mais rico do país, tinham 3,9. Ambos representam menos que o primário completo.[29]

Novos estudos, inclusive realizados por Ricardo Paes de Barros e Rosane Mendonça, economista da Universidade Federal Fluminense com quem PB foi casado, estimam o impacto ainda maior de um ano de estudo adicional para os pais na escolaridade dos filhos (1,3 ano).[30] Outras pesquisas também mostraram efeito dos anos de escolaridade dos pais desde o acesso dos pequenos à pré-escola até a renda e a colocação no mercado de trabalho dos filhos.[31,32] Hoje em dia, há uma farta literatura internacional, da qual o próprio PB é um conhecedor profundo, que mostra como a chave para a redução das desigualdades pode ser intervir cedo, para que os pais mais pobres e menos educados estimulem seus filhos do jeito adequado nos primeiros anos de vida.[33] O próprio PB ajudou a desenvolver e avaliar programas nesse sentido no município do Rio de Janeiro. Esses estímulos adequados — que envolvem boa nutrição, exposição a livros, passeios e conversas que estimulem a criatividade e expandam os horizontes etc. — podem ser determinantes para desenvolver bem os cérebros dos pequenos e dar a eles mais chances de serem bem-sucedidos na escola e depois na vida profissional, reduzindo a desigualdade de oportunidades. Há farta literatura acadêmica que mostra como os filhos de pais mais pobres e menos escolarizados chegam à escola, aos 6 anos de idade, ou até à pré-escola aos 4 anos, com um vocabulário muito menor que o de outras crianças de classe média.[34] Ou seja, se o percurso educacional fosse uma corrida, os mais pobres largariam bastante atrasados e depois ainda correriam mais lentamente que seus competidores. Quais seriam as chances de eles alcançarem crianças mais privilegiadas lá na frente?

Enquanto as pesquisas com as quais PB se envolveu mostram o efeito da escolaridade dos pais na vida dos filhos, um outro estudo, de junho de 2015, elaborado por alguns dos mais estrelados economistas do país, conseguiu isolar o efeito que indivíduos mais escolarizados tiveram nos anos de estudo e na qualidade da educação de comunidades inteiras no longo prazo. Os autores são Rodrigo Reis Soares, que em 2016 trocou a FGV de São Paulo pela Universidade Columbia, em Nova York, Cláudio Ferraz, titular da PUC-Rio que foi professor visitante no MIT (o Instituto Tecnológico de Massachusetts) em 2016, e Rudi Rocha, da UFRJ. O trabalho se aproveita do que os autores chamam de um "experimento natural". A política brasileira de atração de imigrantes europeus para o interior do estado de São Paulo, entre os anos de 1872 e 1920, criou 28 assentamentos com estrangeiros de várias nacionalidades, majoritariamente italianos e alemães, que eram alfabetizados, enquanto outras áreas, com características geográficas semelhantes, receberam trabalhadores analfabetos. A influência desses assentamentos fez com que os municípios que receberam os imigrantes escolarizados tivessem taxas de matrícula mais altas e número maior de professores durante todo o século XX. Os municípios que receberam esses assentamentos — como São Caetano do Sul e São Bernardo do Campo — também se industrializaram mais cedo e no censo de 2000 tinham renda per capita 15% maior que a média dos outros municípios paulistas.[35]

Ou seja, a história de baixo acesso a instrução no Brasil não ficou restrita ao passado distante. Ela influencia a educação, a renda e o bem-estar das novas gerações até os dias de hoje.

* * *

Antes de assumir o Ministério da Educação após a vitória de Fernando Henrique Cardoso nas eleições presidenciais de 1994, o economista gaúcho Paulo Renato Souza tinha trabalhado por quatro anos no Banco Interamericano de Desenvolvimento, em Washington, D.C. Sua experiência no órgão internacional e sobretudo nos Estados Unidos fez com que voltasse obcecado por avaliações e estatísticas educacionais. Para Paulo Renato, era fundamental medir o desempenho dos estudantes por meio de provas padronizadas e periódicas. O seu interesse por produzir estatísticas sobre a qualidade da educação no Brasil foi central para virar uma chave na forma como o governo federal encarava o ensino básico: finalmente, haveria políticas mais voltadas para a qualidade da educação básica do que apenas para o acesso. A tarefa de criar exames seria entregue ao Inep, mesmo órgão que foi dirigido por Anísio Teixeira. A educadora Maria Helena Guimarães de Castro, professora da Unicamp, recebeu a incumbência de presidir esse braço do ministério.

Durante a administração de Itamar Franco, o Brasil havia assinado um convênio de 790 milhões de dólares com o Banco Mundial para elaborar um bom sistema de avaliação dos alunos. Parte desse dinheiro havia sido usada para fazer a edição de 1993 das provas do Saeb, o Sistema de Avaliação de Educação Básica, criado em 1990. Mas o problema é que a metodologia não permitia comparar os resultados das duas provas. Na verdade, os resultados do Saeb de 1993 estavam engavetados quando a equipe de Paulo Renato chegou ao MEC. Maria Helena conta que um técnico do Inep mostrou a ela os arquivos com a papelada das provas do Saeb pegando poeira. A gestão do ministro anterior, Murílio Hingel, sequer se dera o trabalho de compilar os dados daquela edição do exame e divulgar as estatísticas. E a equipe de Paulo Renato só se deu conta de que havia recursos para tocar seu projeto original quando de fato ocupou o ministério — afinal, muito pouco dos 790 milhões de dólares havia sido utilizado. Paulo Renato costumava dizer que aquele convênio foi como um presente de Natal. Afinal, o que ele vislumbrava como impeditivo para estabelecer um bom sistema de avaliação era justamente a escassez de dinheiro.

Em 1995, a equipe do MEC fez uma nova edição do Saeb de um jeito completamente diferente. Maria Helena chamou a Fundação Cesgranrio, que concentra os maiores especialistas em avaliação no Brasil, como o estatístico Ruben Klein, e eles elaboraram uma nova versão da prova, que passou a ser aplicada na 4ª e na 8ª série, a cada dois anos, para uma amostra de escolas públicas. O teste avaliava competências em português e matemática. A grande inovação foi o uso da Teoria de Resposta ao Item para estabelecer as questões. Por essa metodologia, os resultados da prova de 1995 poderiam ser comparados aos das edições seguintes. Ou seja, pela primeira vez o Brasil poderia começar a medir a qualidade da sua educação básica ao longo do tempo e saber se ela aumentava, diminuía ou continuava na mesma. Durante os oito anos em que Paulo Renato foi ministro, sua equipe conseguiu pôr de pé alguns dos mais importantes programas para melhorar o ensino fundamental público que o Brasil tinha visto até então — além do Saeb, veio o Exame Nacional do Ensino Médio, Enem, e os Parâmetros Curriculares Nacionais, que serão explorados no capítulo 6 deste livro. Entretanto, esse período foi sombrio para as universidades públicas, que ficaram muito sucateadas. Os críticos dizem que isso se deve a uma convicção de Paulo Renato de que o ensino superior deveria ser privado e que, portanto, o papel do MEC era focar apenas na educação básica, mais especificamente no ensino fundamental.

De maneira surpreendente, ainda no primeiro mandato do presidente Luiz Inácio Lula da Silva, que foi eleito em 2002 com uma plataforma de oposição feroz à gestão de Fernando Henrique Cardoso, outro político foi alçado ao cargo de ministro da Educação com ideias que construíam em cima do que Paulo Renato havia deixado de legado: Fernando Haddad.

Em julho de 2005, depois de Lula ter tido dois ministros de Educação diferentes, o professor de Ciência Política da USP foi convidado para o cargo. Ex-secretário-executivo da pasta por poucos meses, durante a breve gestão de Tarso Genro, Haddad havia tido uma passagem anterior de quase um ano pelo Ministério do Planejamento. Ele convidou para o Inep o professor de economia Reynaldo Fernandes, da USP de Ribeirão Preto e então no Ministério da Fazenda. Os dois estavam em sintonia na decisão de resgatar uma pauta da gestão de Paulo Renato: o que ambos chamam de *accountability*. A palavra inglesa, sem tradução óbvia para o português, significa transparência e responsabilização por resultados. Na educação, é um tema bastante controverso, tanto aqui quanto em outros países que avançaram nessa pauta, como os Estados Unidos. Mas Haddad e Fernandes fariam do sistema de avaliação de estudantes do Brasil um dos melhores do mundo — ele chegou a receber visitas técnicas da equipe de educação do presidente americano Barack Obama.

A prova do Saeb foi complementada pela Prova Brasil, criada ainda em 2005 para avaliar não apenas uma amostra das escolas, mas todas as unidades educacionais do país, tanto no 5º ano (antiga 4ª série) quanto no 9º (antiga 8ª série), em português e em matemática. O resultado dos estudantes se juntou ao percentual de alunos aprovados ao final de um ano escolar para compor o Índice do Desenvolvimento de Educação Básica, o famoso Ideb. O Ideb é uma nota de 0 a 10 que mede a qualidade da educação de cada escola pública de ensino fundamental no país e cada rede municipal e estadual, de modo que um pai e uma mãe podem facilmente compreender que, se a escola de seu filho tem Ideb 4,0 e uma escola no mesmo bairro tem Ideb 6,0, provavelmente a segunda é melhor que a primeira. E a população também poderia cobrar dos políticos ao ver o Ideb de um município ou estado cair ao longo dos anos. Haddad resume a ideia do Ideb citando uma frase do educador mineiro Cláudio Moura e Castro, um crítico frequente das gestões do Partido dos Trabalhadores, à qual o ex-ministro é filiado: "O que vai melhorar o Ideb do Brasil é o próprio Ideb." Ou seja, a transparência gerada por um sistema de avaliação como esse, que oferece resultados confiáveis a cada dois anos, ajudaria a população a cobrar mais por qualidade educacional, antes um conceito etéreo, agora algo relativamente quantificável.

Já em 2006, o Fundef completava dez anos de existência e a lei aprovada em 1996 previa que ele fosse substituído por um outro mecanismo de redistribuição de recursos para o ensino. Reynaldo Fernandes vinha trabalhando num projeto para o pós-Fundef desde os tempos em que estava no Ministério da Fazenda. Quando migrou para o MEC, passou a ter que ir ao Congresso duas ou três vezes por semana negociar trechos da nova lei. No fim de 2006, após muita negociação com parlamentares, o Fundeb foi aprovado pelo Congresso (o EF de ensino fundamental seria substituído pelo EB de educação básica). O Fundeb foi um aprimoramento do Fundef, incluindo recursos para outros segmentos da educação básica, como creches e pré-escolas e também o ensino médio. O governo federal continuou com a função de complementar recursos do fundo para garantir que estados mais pobres — geralmente os do Norte e Nordeste — pudessem gastar o mínimo por aluno em cada segmento de ensino.

Embora fossem de partidos oponentes, as gestões de Paulo Renato Souza e Fernando Haddad se empenharam por causas determinantes para a melhoria da qualidade do ensino público: o financiamento e a avaliação. Elas não foram completamente equacionadas, é verdade. A Prova Brasil poderia incluir também avaliações em ciências, por exemplo, e o valor mínimo do Fundeb não parece ser suficiente para oferecer educação de qualidade, tanto que não coincide com os valores sugeridos no Plano Nacional de Educação, aprovado pelo Congresso e sancionado pela presidente Dilma Rousseff em 2014. Mas o avanço é inequívoco. Ambos os ministros estavam em sintonia, mantiveram uma equipe coesa por vários anos (Paulo Renato ficou oito anos no cargo e Haddad ficou seis anos e meio) e tiveram tempo de ver suas políticas amadurecerem. Deu certo. Há evidências claras de que as crianças passaram a aprender, em média, um pouco mais. O Brasil colocou milhões de jovens nas carteiras das escolas públicas ao longo dos últimos vinte anos e melhorou a qualidade dessas escolas. Note-se, por exemplo, que o país evoluiu em exames internacionais.

O físico alemão Andreas Schleicher, que criou o principal exame internacional da educação básica no mundo, o Pisa, não se cansa de ressaltar como acha impressionante que o Brasil tenha sido o país que mais avançou nas provas de matemática entre os 65 países que fazem o exame, enquanto ainda terminava de cuidar do problema de acesso à escola. Schleicher é o diretor de educação da OCDE, a Organização para a Cooperação e Desenvolvimento Econômico, órgão que realiza o Pisa (Programa Internacional de Avaliação de Alunos, na sigla em inglês) a cada três anos com adolescentes de 15 anos de cada nacionalidade. O Brasil participa deste exame desde 2000 — foram, portanto, seis edições. A nossa evolução na prova conta com clareza uma história com começo animador, mas continuação monótona. Nas primeiras edições, o país avançou rapidamente. Depois, estagnou. Na edição mais recente, começou a cair. Veja o gráfico seguinte:[36]

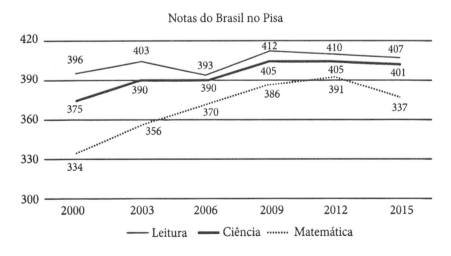

Mesmo com o salto em matemática, o país continuou entre os últimos colocados no ranking de participantes (de 2009 para 2012 até caiu uma posição, da 57ª para a 58ª de 65 nações). Na última edição do exame, todas as notas caíram e o Brasil foi para a 66ª posição de setenta países no ranking. O gráfico mostra que, após anos de avanço, estabilizamos em matemática e leitura em 2012 e passamos a cair na última edição da prova. A nota média dos países membros da OCDE, quase todos desenvolvidos, também não avança muito ao longo dos anos, mas está estabilizada perto de 500, o nível do Reino Unido em qualidade educacional. O primeiro pelotão de países está um pouco acima de 550. Mas não são só países ricos que conseguem um nível educacional de primeira. O ranking do Pisa está repleto de casos de sucesso que estão longe da Escandinávia. Vários desses exemplos estão na Ásia: Cingapura, Coreia do Sul e Hong Kong lideram o Pisa. O Vietnã, um país pobre, também está lá em cima. A Polônia é um dos mais impressionantes exemplos de melhoria da educação que o Pisa descortinou. Na verdade, quase todos os países que fizeram parte da antiga União Soviética estão bem na frente do Brasil, com destaque para os bálticos Lituânia, Estônia e Letônia. O Chile progrediu num ritmo parecido com o brasileiro, mas está na faixa dos 420 pontos em matemática, sete posições à frente do Brasil. E a Turquia está bem à frente do Chile.

O Ideb conta uma história parecida com a do Pisa, mas entre 2005 e 2015. Nos anos iniciais do ensino fundamental, o Brasil continuou melhorando e cumprindo as metas estabelecidas a cada edição do índice. A última nota média para as escolas públicas no 5º ano foi 5,3 de 10 — na primeira edição foi 3,6. Nos anos finais, o país também avançou: saiu de 3,2 para 4,2, mas não bateu a meta de 2013, quando a nota ficou praticamente parada em comparação com a edição de 2011. Também não alcançou a meta de 2015. Já o ensino médio está estagnado desde 2009 entre as vergonhosas notas 3,4 e 3,5.[37]

O Brasil também ainda é um dos países que mais reprovam no mundo. O relatório divulgado pela OCDE após o Pisa de 2015 mostra que 36% dos estudantes brasileiros foram reprovados pelo menos uma vez até chegar aos 15 anos.[38] Os relatórios de Schleicher destacam o quanto essa política é perversa, punindo desproporcionalmente os mais pobres, sem evidência de que um indivíduo aprenda mais quando refaz determinada série. Na verdade, há evidência de que a reprovação é sim muito danosa para os alunos, como mostrou o jornalista Antônio Gois em um post de seu blog no site do jornal *O Globo* em janeiro de 2016.[39] Gois cita um livro do pesquisador John Hattie, da Universidade de Auckland, na Nova Zelândia, que lista 138 estratégias educacionais e conclui que poucas são eficazes, mas apenas cinco são comprovadamente prejudiciais: reprovação é a pior delas.[40] Esse método é incomum entre os países que mais avançam em educação, onde o foco não é punir o estudante, como se ele não aprendesse porque não quisesse. O objetivo precisa ser oferecer apoio para que o aluno não fique para trás em relação a seus colegas. Punir com a reprovação deve ser o último caso, quando nenhuma outra alternativa der certo. Até mesmo por uma questão de desperdício de recursos. O pesquisador do Inep João Galvão Bacchetto estimou em um estudo de 2016 que o Brasil gasta com repetentes 9,2% dos recursos do Fundeb, portanto quase 9 bilhões de reais em 2012.[41]

O principal porta-voz dessa crítica à reprovação em massa tem sido o matemático e estatístico Ruben Klein, da Fundação Cesgranrio, já mencionado aqui. Voltaremos a esse tema no capítulo 8, mas Klein gosta de lembrar que a cultura da repetência é um resquício da bizarra política educacional que o Brasil implementou no século XX. Essa prática foi documentada pela primeira vez pelo advogado e estatístico Mário Augusto Teixeira de Freitas, idealizador do IBGE, ainda nos anos 1940. Os dados levantados por Teixeira de Freitas mostram que, no início dos anos 1930, o Brasil reprovava quase sete de cada dez estudantes no 1º ano.[42] Nos anos 1980, praticamente seis alunos de cada dez que cursavam a 1ª série eram reprovados — ou seja, crianças de mais ou menos 7 anos de idade. Em 1990, o número tinha caído, mas para uma retenção de quatro a cada dez. Nas séries seguintes, as escolas reprovavam entre dois e três de cada dezena de estudantes. Hoje, a situação é muito menos absurda, mas ainda assim preocupante: o Brasil praticamente não reprova mais nos dois primeiros anos do ensino fundamental, mas, em 2014, 7% das crianças cursando até o 5º ano foram reprovadas ou abandonaram os estudos; as que estavam no segundo ciclo do fundamental foram 15%; e, entre os adolescentes do ensino médio, 20%.[43]

As melhorias na educação brasileira nos últimos anos precisam ser encaradas como apenas o primeiro passo. Klein diz que é como se tivéssemos acendido a luz e uma farra estivesse acontecendo. Rapidamente as pessoas se ajeitam e dão uma pequena organizada no recinto. Mas, para ficar bom mesmo, será preciso mais trabalho. Com a transparência, houve um rearranjo para melhorar os aspectos mais fáceis relativos à escola pública — pegamos os frutos mais baixos na árvore, para usar outra metáfora. Mas os dados revelam que há um risco de termos estabilizado cedo demais, com uma educação pública ainda muito precária.

Como este capítulo mostra, a pauta da qualidade da educação pública é muito recente. Trata-se de uma tremenda falácia a célebre frase: "no meu tempo, a educação pública era de qualidade." O fato é que, por boa parte do século XX, acesso a educação básica era para poucos. O historiador José Murilo de Carvalho, membro da Academia Brasileira de Letras e autor do livro *Cidadania no Brasil: o longo caminho*, destaca nessa obra a persistente diferença entre direitos e privilégios. Educação foi um privilégio pela maior parte do século XX, não um direito. A escola era muito mais excludente do que inclusiva, como mostra a política da repetência. Por sua vez, as provas de seleção para o ginásio garantiam que só os melhores alunos (ou os mais ricos) conseguissem avançar, fazendo assim uma verdadeira peneira. Para termos escolas públicas de qualidade e para todos, será preciso coragem. Felizmente, há evidências científicas e empíricas sobre o que dá certo. Nos próximos capítulos, veremos alguns aspectos cruciais para que o Brasil dê um salto em qualidade da educação. São os pilares de qualquer reforma educacional que vise a excelência e a equidade. O primeiro e mais importante desses aspectos é o professor.

3

*A diferença que faz um bom professor
(ou A arte de fazer um estudante falar
"Até me esqueci do celular!")*

Imagine um escritor português rico e solitário que passou a maior parte da vida adulta em Paris, como diplomata, depois de também morar em Cuba e na Inglaterra. Aí, em seus últimos anos, ele se vê acossado pela culpa de não ter dedicado mais do seu tempo à própria pátria, que enfrentava uma grave crise econômica na década de 1890. Então, volta às origens e passa a escrever sobre a vida módica do interior de Portugal. Esse foi Eça de Queiroz, o grande autor lusitano — um dos vários que estudantes em preparação para o vestibular em São Paulo precisam estudar. Numa terça-feira ensolarada do mês de junho de 2015, assisti a uma aula sobre a terceira e última fase da obra do escritor português num curso preparatório para o vestibular. A professora Maria de Lourdes Cunha, a Lu, entremeava informações sobre os livros de Eça com detalhes da sua vida, que por si só era intrigante. Ela humanizava a sua figura, fazendo dele próprio um personagem. Os alunos pareciam interessados.

Lu conta aos estudantes que a terceira fase de Eça é marcada pela preocupação com o futuro de seu país. É um período em que ele faz duras críticas ao que considerava ser as causas da crise econômica portuguesa do fim do século XIX. Mas o jeito de a professora explicar traz a linguagem para o cotidiano da garotada. "O Eça de Queiroz critica, mas ele fundamenta a sua crítica. Não é como vocês, que colocam na pesquisa do colégio que o professor é ruim e na justificativa dizem: 'Porque ele é corintiano'. Meu, assim não dá!", brinca ela.

Quando Lu entra na gigantesca sala de aula do curso preparatório para o vestibular localizado na Avenida Paulista, em São Paulo, os mais de cem alunos presentes costumam recepcioná-la cantando uma canção que eles mesmo compuseram em sua homenagem. A letra da música rima "puta que pariu" com "a Lu é a melhor professora do Brasil". Pode parecer um exagero dedicar o predicado à professora. Mas o elogio até que faz sentido.

Ela ensina português e literatura no colégio Objetivo Integrado, que, pelo segundo ano consecutivo, havia alcançado a melhor média nacional no Enem em 2015 (divulgada em 2016). Isso certamente não significa que esta é a melhor escola do Brasil. O colégio lança mão de um expediente nada justo para obter as melhores notas no exame. Ele é a vitrine de uma extensa e heterogênea rede de colégios e cursos preparatórios para o vestibular, com 350 mil alunos e mais de quinhentas filiais. O Objetivo Integrado, localizado na sede da empresa, faz uma peneira e seleciona os melhores alunos das unidades espalhadas por todo o país — principalmente as do estado de São Paulo. Entre o 1º e o 2º ano do ensino médio, as turmas são separadas em duas metades. É a metade com notas melhores que compõe a tropa de elite que faz as provas do Enem e dá nota alta ao colégio. Em geral, menos de cinquenta alunos representam o Objetivo Integrado no Enem. Há diversas escolas de elite pelo país que fazem esse tipo de seleção, focada em obter pontuações extraordinárias e depois aparecer nas páginas dos jornais — é o caso de quase todos no topo da lista do Enem. Afinal, alcançar essa posição é uma boa forma de obter propaganda gratuita. Em 2017, o MEC parou de divulgar tal ranking. Mas, entre essa elite educacional um tanto quanto artificial, o Objetivo Integrado se destacava porque tinha uma média bem maior em língua portuguesa e literatura do que seus competidores. É nesse campo que os alunos se destacam a ponto de levar o colégio paulistano ao topo. Lu é uma das professoras responsáveis por esse desempenho fora da curva.

De volta às suas estratégias na sala de aula, Lu diz que Eça de Queiroz adquiriu um certo nacionalismo em sua terceira fase. Para explicar, ela evoca o famoso poema de Gonçalves Dias, "Canção do exílio": "O nacionalismo do Eça não é aquele tipicamente romântico, como em 'nossos céus têm mais estrelas, nossas várzeas têm mais flores'. Ele não quer dizer que tudo nosso é melhor, mas sim algo na linha de 'nossa terra é muito boa, mas também está cheia de problemas'."

O jeito com que Lu descrevia os romances *A ilustre casa de Ramires* e *A cidade e as serras* despertava um genuíno interesse pelas obras mesmo entre os alunos normalmente menos atraídos por literatura, por serem mais aptos a exatas do que a humanas — lembre-se de que esta é a turma preparatória para cursos como engenharia. No caso do primeiro romance, ela conta que Eça descreve a vida de um homem que também estava escrevendo um livro. Em certas partes o autor reproduz trechos do que o personagem Gonçalo Mendes Ramires supostamente escrevia. "Imaginem o Eça descrevendo o momento em que o personagem dele chega em casa pensando na vida e aí pega a pena e retoma a escrita de um capítulo do seu próprio livro. Neste momento, o leitor passa a ver trechos do que o próprio Gonçalo escreve. Aí vamos supor que alguém chama o Gonçalo e ele para de escrever. Nesse ponto, o leitor volta a acompanhar o dia a dia do Gonçalo", explica Lu, enquanto anda de um lado para o outro na frente da classe silenciosa.

A obra permite fazer uma boa comparação entre o realismo e o romantismo, já que os dois estilos são reproduzidos. O livro de Eça é realista, enquanto o de Ramires é romântico (e ruim, já que Eça descreve o fracasso de Ramires como escritor). Ela também usa uma analogia ótima para explicar como o autor usa os antepassados da família Ramires para contar a história de Portugal: "É como se fosse um romance sobre a família Silva no Brasil. Nele, o Silva mais velho chegaria aqui no tempo das caravelas, outras gerações participariam da Conjuração Baiana ou da Inconfidência Mineira, um deles também estaria presente na Independência em 1822 e assim por diante..." Por fim, o último membro da família Ramires, que é Gonçalo, está falido, justamente porque Portugal está falido: então, no romance, a história pessoal dos membros da família serve como representação da história nacional.

Algumas das melhores táticas de Lu estão na descrição do segundo livro. *A cidade e as serras* traça um paralelo entre a Paris do final do século XIX e a cidade fictícia de Tormes, na zona rural de Portugal. O personagem principal é Jacinto de Tormes, um típico membro da elite portuguesa do fim do século XIX que vai morar em Paris para viver em um lugar mais "civilizado". Acontece que Jacinto resolve visitar a casa da família no campo e se apaixona pelo local. O narrador é um amigo dele. Após contar um pouco da história do livro de um jeito teatral, Lu desenha uma tabela no quadro branco e pede para os alunos falarem de ideias e sentimentos que Jacinto atrela a Paris e a Tormes. A capital francesa ficou com vocábulos como civilização, tecnologia, progresso, artificialismo e falsidade (os amigos de Jacinto em Paris não eram lá muito sinceros, digamos). Embaixo do nome Tormes, desenhado com caneta preta, havia natureza, pobreza, felicidade, autoconhecimento, generosidade (Jacinto foi bem recebido pelos locais e passou a ajudá-los financeiramente). Esses esquemas ajudam a fixar ideias importantes do livro, que serão testadas na prova do vestibular.

Lu ainda sugere que os estudantes visitem o site da Fundação Eça de Queiroz, localizada numa propriedade chamada Quinta de Tormes, no antigo bairro de Santa Cruz do Douro. Foi nessa região que Eça se inspirou para descrever Tormes em seu último romance. Ali, ele possuía uma casa de veraneio onde se estabeleceu a fundação que leva seu nome. Lu conta aos estudantes que, embora não exista um lugar com o nome de Tormes, tudo que Eça de Queiroz descreve no livro pode ser encontrado em Santa Cruz — da vegetação à hidrografia, dos morros às construções. Segundo ela, o objetivo do livro era alertar as elites portuguesas que viviam em grandes cidades estrangeiras, como

Paris, de que a vida local era mais feliz do que a das metrópoles. Os jovens ouvem a professora em silêncio, interessados na descrição que ela faz. O sinal que indica a hora do almoço toca e ela faz um gesto com a mão para que esperem que conclua um raciocínio. Ninguém levanta nem interrompe. É fácil reconhecer pessoas concentradas.

"Eu nunca entrei numa sala de aula sem preparar o que ia ensinar", diz Lu na sala dos professores, após se despedir dos alunos. "Você não consegue enganar os estudantes por muito tempo. Se não sabe o conteúdo ou como passar a matéria, não fica no emprego." Lu relê os principais livros que aborda ao longo do ano letivo a cada dois anos. Quando o romance *Terra sonâmbula*, do escritor moçambicano Mia Couto, passou a figurar na lista de leituras para o vestibular da Universidade de Campinas, ela não só leu o livro com atenção como pesquisou a cultura, a política e curiosidades da vida em Moçambique. Lu acha que para ser um bom professor é preciso gostar de estudar. E ela sempre gostou. Mas, curiosamente, não conseguiu entrar na Universidade de São Paulo em 1982, um dos vestibulares para o qual prepara seus alunos hoje.

Lu queria ter feito jornalismo. Acabou indo estudar Letras na Faculdade Moema, uma instituição de pouco prestígio na capital paulista. Em 1986, tornou-se professora. Mas aos trancos e barrancos. Seu pai foi morto num assalto em 1984, quando ela ainda estava na faculdade. Foi um baque: primeiro, pela tristeza óbvia de perder o pai, depois pela queda brusca na renda familiar, que não tardou a acontecer. Ela ficou sem dinheiro para pagar o curso e decidiu abandoná-lo. No momento em que foi trancar a matrícula, começou a chorar descontroladamente. Antes que pudesse se recompor, um padre que administrava a faculdade ficou sensibilizado e conseguiu uma redução de 50% na mensalidade. Apertando aqui e ali, ela conseguiu pagar. Logo depois de formada, Lu ingressou no Objetivo e nunca mais saiu. Durante a carreira, fez mestrado e depois doutorado, ambos na Pontifícia Universidade Católica de São Paulo. Hoje, reconhece que esses dois títulos ajudaram pouco ou quase nada a melhorar seu desempenho na sala de aula — estudos de economistas como Eric Hanushek, cuja história será contada ainda neste capítulo, mostram como esses títulos acadêmicos muito focados em pesquisa têm efeito diminuto na melhoria da qualidade das aulas dos professores e constituem um investimento com retorno baixo para Secretarias de Educação.[1] "Ninguém me ensinou isto, mas o professor precisa ter um pouco de carisma e de simplicidade para se aproximar dos alunos. É preciso falar na língua deles. Ao mesmo tempo, não me conformo de ver novos professores que não dominam o conteúdo que vão ensinar. Isso é uma deficiência gravíssima", diz ela. Após assistir à aula de Lu, fica claro que suas maiores virtudes são o vasto conhecimento dos temas que ensina, o que lhe permite falar com confiança sobre eles, e uma boa dose de criatividade para atrair a atenção dos seus alunos.

Depois de pegar o metrô na estação Trianon-Masp, bem perto da escola, fiquei pensando como seria bom se aulas com professores como a Lu não fossem um privilégio para estudantes de famílias ricas que podem pagar mensalidades de até 3 mil reais ou para quem tem a sorte de, na loteria das escolas públicas, encontrar alguns dos profissionais excepcionais que também estão lá. Por que não é possível que todos tenham aula com professores como Lu o tempo inteiro? Esse benefício deveria estar disponível sobretudo para os alunos mais pobres, que mais precisam de motivação para reduzir a desvantagem que a desigualdade socioeconômica lhes impõe desde o berço. Depois liguei para Lu e sugeri levá-la para dar aula no ensino médio noturno de uma escola estadual na periferia de São Paulo.[2] O objetivo era ver a reação dos estudantes após assistir a uma aula fora da curva como a dela. Eles ficariam mais empolgados? Demonstrariam mais interesse em estudar? Ela topou e marcamos para o final de agosto daquele ano.

* * *

Em 1964, o Congresso americano aprovou e o então presidente Lyndon B. Johnson sancionou a primeira Lei dos Direitos Civis — a outra viria em 1968. Aquele foi um marco na luta por igualdade racial nos Estados Unidos. A imagem de Johnson assinando o documento na frente do reverendo Martin Luther King virou símbolo das conquistas do movimento negro nos Estados Unidos, ainda que a lei tenha deixado brechas que permitiram que alguns estados americanos continuassem a segregar minorias na hora de votar e acessar serviços públicos básicos, como educação. Mesmo assim, o ato acabou gerando um fruto surpreendente: um amplo estudo para investigar o que causava a diferença de desempenho escolar entre negros e brancos. O Congresso determinou que, dois anos após a sanção da lei, o governo deveria entregar essa avaliação. Esperava-se que ela então sinalizasse caminhos sobre quais políticas públicas adotar para diminuir a desigualdade de oportunidades entre os mais jovens. Após um começo de pesquisa errático, sem que o escritório de educação do governo federal soubesse exatamente o que fazer com a incumbência (não existia uma Secretaria de Educação nos Estados Unidos nessa época), o sociólogo James Samuel Coleman foi escalado para liderar a pesquisa. Ele era professor da Universidade Johns Hopkins e havia escrito em 1961 o livro *The Adolescent Society* [A sociedade adolescente], pesquisa que mergulhou no universo das escolas de ensino médio americanas nos anos 1950 e concluiu que elas estabeleciam normas contraproducentes para o aprendizado.

Coleman se apressou e entregou a pesquisa encomendada pelo Congresso dentro do prazo, em 1966. Seu título original era *Equality of Education Opportunity* [Igualdade em oportunidades educacionais], e tinha 737 páginas. Depois, ficaria conhecida como *Coleman Report*. Esse era o mais completo estudo realizado em escolas americanas até então, e trazia dados de 645 mil estudantes respondendo a questionários administrados por cerca de 20 mil professores em 4 mil escolas públicas. A equipe do sociólogo fez várias constatações, mas a principal foi que nada influenciava mais o desempenho de um estudante do que sua origem familiar, isto é: cor, escolaridade dos pais, acesso a livros, enciclopédias e jornais em casa e expectativas depositadas sobre ele desde o berço. A pesquisa aponta que apenas 20% da variação nas notas de alunos negros ou de outras minorias se devia à diferença de qualidade entre as escolas. Entre alunos brancos, a qualidade da escola respondia por 10% da variação nas notas.[3] Ou seja, se um estudante é negro, pobre e vem de uma família pouco escolarizada num estado qualquer do sul dos Estados Unidos, apenas um quinto de seu desempenho escolar pode ser melhorado ou piorado de acordo com a qualidade dos seus professores, do material didático, dos equipamentos escolares, da habilidade do diretor... Todo o resto da variação seria causado por fatores externos à escola.

A constatação colocava em xeque o esforço americano de elevar gastos com educação pública justamente com o objetivo de aumentar o aprendizado e reduzir as desigualdades. Nos anos que se passaram, o trabalho de Coleman passou a influenciar de forma determinante o estudo da sociologia da educação, uma área do conhecimento que ocupa boa parte do currículo de formação de professores no mundo inteiro. O sociólogo virou uma celebridade do mundo acadêmico, influenciando estudos de educação inclusive no Brasil. Até hoje.

Enquanto as conclusões de Coleman ganhavam destaque na imprensa e no Congresso, um jovem economista passou a questionar o que o relatório dizia. Seu nome era Eric Hanushek. Aos 24 anos, ele era 17 anos mais novo que Coleman e fazia doutorado no renomado Massachusetts Institute of Technology, perto de Boston, quando soube do relatório pelo noticiário. Até ler sobre o estudo, ele não tinha ideia sobre o que escrever em sua tese. Mas, logo que leu, ficou desconfiado: "será possível que os professores e a escola influenciem tão pouco o aprendizado?", pensou ele na época. Hanushek não se conformava com a interpretação determinística que muitas pessoas faziam daquela pesquisa — a de que estudantes que vinham de famílias pobres e pouco escolarizadas dificilmente conseguiriam fugir do destino de aprender pouco. Afinal, mudar as características familiares era uma tarefa para gerações. A escola haveria de ser o vetor pelo qual as novas gerações de americanos aprenderiam o suficiente para viver uma vida melhor que a de seus pais. Hanushek resolveu estudar o tema mais a fundo e em dezembro de 1968 entregou uma tese intitulada *The Education of Negroes and Whites* [A educação de negros e brancos].

O doutorando do MIT utilizou os dados da pesquisa liderada por Coleman em sua tese, mas fez críticas contundentes às informações coletadas por ele. A principal deficiência da pesquisa, segundo Hanushek, era a ausência de dados sobre o histórico de cada aluno. O material de Coleman permite ver que a nota média da escola X é maior do que a da escola Y, mas não permite saber se a nota média dos alunos de uma evoluiu mais nos últimos anos do que a da outra. Isso tem particular importância para se entender o quanto de conhecimento um colégio é capaz de adicionar a um estudante — e é isso que o torna uma escola de qualidade, afinal. Pela crítica de Hanushek, o material de Coleman podia fazer com que uma escola que recebe alunos que já sabiam bastante, mas não adiciona muito mais ao conhecimento deles, fosse considerada melhor que outra, que recebe adolescentes com um nível baixo de aprendizado e consegue levá-los a um patamar de conhecimento alto, porém um pouco mais baixo que o da primeira instituição — ou seja, a segunda escola evolui muito mais. Em suma, o relatório de Coleman mostrava a fotografia, e não o filme. "Esse problema é particularmente grave em anos mais avançados da educação básica, como o ensino médio e o fim do ensino fundamental, quando as escolas tendem a ter estudantes que vieram de um leque bastante heterogêneo de instituições educacionais", escreveu Hanushek em sua tese.[4] Por essas limitações, o economista conseguiu mostrar que havia evidência suficiente para afirmar que o efeito da escola no aprendizado é bem maior do que o sugerido pelo relatório.

Logo após o doutorado, Hanushek recebeu uma bolsa da Rand Corporation, uma das patrocinadoras do relatório de Coleman, e conseguiu dados da rede pública de Los Angeles que lhe permitiram seguir a trajetória de mais de mil estudantes entre o 1º e o 3º ano do primário. Daí surgiu o estudo *The Value of Teachers in Teaching* [O valor dos professores no ensino], publicado em 1970.[5] Nele, Hanushek mostra que alguns professores sistematicamente adicionavam muito mais conhecimento aos seus alunos do que outros. A partir do momento em que um estudante começava a frequentar a escola, nenhum outro fator explicava tão bem a diferença de desempenho em comparação a outros alunos do que os professores que eles pegavam pelo caminho. Nem o tamanho das turmas, nem a infraestrutura da escola, nem o nível médio de conhecimento dos colegas de classe. Se um aluno tivesse a sorte de estudar com um dos melhores professores em um ano, ele poderia ter, em média, um desempenho 50% melhor do que se tivesse caído numa turma com um educador menos hábil.

Hanushek não ignorava o efeito do ambiente familiar e das condições socioeconômicas, que costumam ser melhores para alunos brancos do que para negros ou latinos. Esse tema é importante e foi explorado por economistas, sociólogos e educadores ao longo da segunda metade do século XX — também no Brasil, como pudemos ver no capítulo 2. Hanushek apenas resolveu focar seus estudos nas características que podem ser modificadas com políticas públicas. E mostrou que, ao contrário do que o *Coleman Report* sugeria, o impacto da qualidade do professor na aprendizagem é muito significativo. Ou melhor, *o* mais significativo.

Enquanto Hanushek continuava o percurso que o levaria ao estrelato acadêmico e faria dele o economista que mais influenciou políticas educacionais nos Estados Unidos, seus estudos quase que anuais confirmavam as intuições que o levaram a dedicar a carreira à educação. Em 1986, ele cunhou a expressão "valor adicionado pelo professor", embora desde o início dos anos 1970 já estivesse usando o conceito. Hanushek pegou emprestado da economia industrial a ideia de que cada professor adiciona conhecimento aos alunos, como uma peça de Lego a uma pilha. Alguns adicionam várias peças, outros adicionam quase nada ou nada, alguns chegam até a tirar peças com o seu desempenho sofrível. Hanushek também se tornou um defensor da ideia de que os recursos utilizados em educação não eram escassos nos Estados Unidos: eles só eram mal aplicados. Eficiência do gasto se tornou uma obsessão para o economista, que virou professor da Universidade Stanford no início dos anos 2000.

Em uma conversa por telefone em julho de 2015, ele reconhece que a maior preocupação com a alocação de recursos em educação se deu justamente por influência da pesquisa de James Coleman, mas talvez pelas razões erradas. A interpretação mais comum do relatório era a de que investir em melhorar a escola era bobagem porque o problema mesmo era a origem familiar. O que o economista de Stanford defende é um uso mais racional das verbas, focado em variáveis que comprovadamente influenciam o aprendizado. Várias de suas pesquisas tentam mostrar que reduzir o número de alunos em sala de aula ou contratar professores com mestrado não tem efeitos significativos no que os estudantes demonstram saber em testes.[6] Além disso, Hanushek considera que a má interpretação dos estudos de Coleman ofereceu uma desculpa para que muitos professores e diretores pudessem se esforçar menos para fazer com que alunos mais pobres — e sem dúvida mais difíceis de ensinar — aprendessem o suficiente para sair da sua condição socioeconômica.

Hanushek não passou imune a críticas, naturalmente. Uma delas refere-se às propostas de política pública sugeridas por ele — como a de medir o valor agregado por cada professor a seus alunos e demitir os 10% com pior desempenho. Algumas cidades e estados americanos, como a capital Washington, D.C., passaram a medir a efetividade dos professores seguindo as sugestões de Hanushek, mas enfrentaram brigas duras com sindicatos de professores e até agora obtiveram resultados aquém do esperado. Logo surgiu o questionamento por parte da academia. Alguns economistas começaram a indagar se era justo usar cálculos de valor agregado por um professor para determinar sua qualidade. As dúvidas eram basicamente duas:

(1) esse indicador é de fato capaz de demonstrar causalidade entre a melhoria das notas de um estudante e a qualidade do professor? (2) mesmo que haja causalidade, será que o professor realmente consegue produzir benefícios duradouros para esse estudante ou ele apenas o prepara bem para uma prova? Três jovens economistas americanos resolveram responder essas questões e, em 2014, publicaram dois grandes artigos científicos, "Measuring the Impacts of Teachers I and II" [Medindo o impacto dos professores I e II].

Raj Chetty e John N. Friedman eram dois economistas de Harvard (Chetty mudou para Stanford e Friedman para Brown em 2015) quando tiveram acesso a uma das maiores bases de dados da Receita Federal americana que pesquisadores já viram. A partir dos dados, fizeram vários estudos sobre o que determinava diferenças de renda na idade adulta. Mas eles não tinham tradição na literatura de economia da educação. Então, convidaram Jonah Rockoff, professor da Universidade Columbia e pesquisador do tema, para participar da produção de um estudo que conseguisse voltar décadas no tempo e relacionar educação e renda de forma inovadora — afinal, muitos outros já haviam demonstrado como mais anos de estudo resultam, em média, em uma renda maior. Rockoff negociou com a rede pública de Nova York, a maior dos Estados Unidos, e conseguiu dados sobre o desempenho escolar de 2,5 milhões de alunos desde 1989. Cruzando informações de uma base de dados com a outra, chegaram a conclusões esclarecedoras.

O trio estimou o valor agregado por cada professor tirando a média de cada uma de suas turmas ano após ano. Com a média, determinavam que profissionais proporcionavam maior evolução no desempenho de seus alunos ao longo do tempo. Depois, avaliaram se havia algum tipo de vício na alocação de alunos para cada professor: por exemplo, se os professores com maior valor agregado sistematicamente pegavam estudantes com renda familiar mais alta ou com pais mais escolarizados. Isso colocaria em xeque o valor da pesquisa de Hanushek porque sinalizaria que os professores que ele considerava serem os mais efetivos nada mais eram que sortudos: eles pegavam os alunos mais ricos. Esse vício não foi constatado por Chetty, Friedman e Rockoff. Os professores que mais geravam aprendizado estavam espalhados aleatoriamente pela rede nova-iorquina. Hanushek estava a salvo.

Os três economistas foram ainda mais longe e conseguiram evidências de que estudantes que pegavam bons professores sistematicamente tinham mais chances de cursar o ensino superior e ganhavam salários maiores até os 28 anos — idade máxima até onde o estudo seguiu os indivíduos. Um professor bom em vez de um ruim estava associado a um aumento de renda anual da ordem de 1,5%. Parece pouco, mas imagine quantos professores um estudante tem ao longo da vida escolar. Se ele completa o ensino médio, são pelo menos quarenta das disciplinas mais tradicionais. Os três economistas também quebraram outro paradigma: eles mostraram que a variação na qualidade dos professores é maior dentro de uma mesma escola do que entre escolas diferentes, o que reforça a tese de que a existência de professores excepcionais em determinados lugares é, com frequência, apenas fruto da sorte. O trabalho de pesquisadores como Hanushek e Rockoff (com a ajuda de Chetty e Friedman) produziu evidência mais do que clara de que o professor é um poderoso agente de mudança na realidade dos estudantes. A dimensão do impacto de bons educadores fica clara quando observamos uma professora excelente como Lu em ação numa sala de aula repleta de alunos desmotivados.

***

"Os três maiores poetas da língua portuguesa são Luís de Camões, Fernando Pessoa e Carlos Drummond de Andrade. Hoje vamos falar sobre um deles: Pessoa." Assim a professora Lu inicia sua aula para os alunos do 3º ano do ensino médio de uma das piores escolas estaduais de São Paulo, de acordo com as provas padronizadas aplicadas pela Secretaria de Educação. Ela está localizada ao pé de uma favela violenta, figura fácil no noticiário policial da capital paulista. "Fernando Pessoa e seus heterônimos" costuma ser um dos temas mais difíceis da lista de conteúdos de literatura do vestibular para as universidades públicas — em especial o da Universidade de São Paulo. Passar esse conteúdo é uma tarefa complicada em qualquer escola, principalmente porque o conceito de heterônimos nem sempre fica claro para os alunos. Para aquele grupo, parecia um desafio ainda maior. A turma estava matriculada no horário noturno, cujas aulas começam às 19h, mas já passava de 19h20 quando os alunos começaram a chegar à sala — a mais moderna da escola, com um projetor novinho em folha. O diretor explica que eles sempre se atrasam nas classes da noite. A justificativa principal é que muitos vêm do trabalho. Mas o tempo de aula é de cinquenta minutos. Começar a aula às 19h25, como aconteceu com Lu naquela terça-feira do mês de agosto de 2015, significa perder metade do período.

Nesse dia, Lu teve dois tempos de aula para ensinar sobre Fernando Pessoa. Afinal, era uma ocasião excepcional. Logo depois da frase introdutória, ela faz uma ressalva: "Gente, ao falar desse autor vai parecer que estamos falando de vários poetas diferentes. Fernando Pessoa tinha mania de incorporar personagens enquanto escrevia. Eles são os seus heterônimos."

Quando ela falou a palavra "heterônimos", certamente vários alunos não entenderam o seu significado. Afinal, esse não é um vocábulo do dia a dia dos adolescentes. Lu sabe que o termo pomposo causa confusão. Se o seu significado não ficar claro naquele comecinho de aula, todo o resto pode ir ladeira abaixo. Mas logo em seguida ela iniciou uma encenação engraçada e didática para explicar o conceito. Lu saiu da sala e quando voltou tinha um tom de voz diferente. Falava baixinho e emitia uma risadinha sem graça, estereótipo de uma pessoa tímida. E daí ela lançou: "Agora meu nome é Lá!" Os alunos riram. A professora sai da sala novamente. E volta como Lê, uma pessoa supostamente neurótica, que fala tudo muito rápido. Sai de novo e retorna como Li, uma professora um pouco vulgar, que sensualiza com os estudantes da primeira fila. A turma se diverte com as interpretações caricatas. A próxima é a Ló, uma professora um pouco grosseira, que começa a falar sobre o tema da aula num tom de impaciência. Por fim, volta a Lu, do seu jeito normal, e explica: "Cada uma dessas pessoas que imitei tinha um nome diferente e um temperamento diferente. Por isso são heterônimos. Se eu só mudasse o nome e mantivesse as minhas características originais, seria um pseudônimo. Eu imitei esses personagens imaginários para vocês aqui na sala, mas Fernando Pessoa fazia a mesma coisa no jeito de escrever. Ele imitava outras pessoas, sujeitos imaginários, que são os seus heterônimos. Fernando Pessoa tinha vários 'eus' diferentes."

Lu relembra, em tom de gozação, quando comprou um livro em formato de dicionário com todos os milhares de heterônimos já usados por Fernando Pessoa. Mas quando chegou em casa descobriu em um site de notícias de Portugal que mais um heterônimo havia sido descoberto por pesquisadores de uma universidade local. O que ela fez? Imprimiu a notícia e colou na última página do livro. "Eu queria ter todos!" A história ajuda ainda mais a descontrair a turma e sedimenta na cabeça dos alunos a ideia de que Pessoa escrevia sob a perspectiva de vários personagens.

Enquanto Lu conta a história da vida do próprio Fernando Pessoa, observo que todos os 38 estudantes estão com os olhos grudados na professora. Sem exceção. Sem conversas paralelas. A turma está genuinamente compenetrada. Quando a professora faz uma pergunta ou uma brincadeira, os jovens interagem. Por exemplo, quando está falando sobre o grande amor da vida de Pessoa, sua noiva Ofélia, Lu faz piada. "Fernando teve uma ideia genial para fugir do casamento com Ofélia. Ele propôs que vivessem em casas separadas e disse: 'Ofélia, meu amor, ofensas do dia a dia podem até ser perdoadas, mas nunca são esquecidas. Para que morar juntos?' Naquele tempo, não tinha essa de ser casado e morar em casas separadas. Ofélia deu um pé na bunda do poeta e foi procurar outro amor. Mas hoje em dia pode funcionar, hein! Vocês podem usar esse argumento com a namorada ou namorado e ver se cola." A maioria da turma dá risada. Dizem em voz alta que vão usar a desculpa engraçadinha do poeta português.

Antes de falar dos três principais heterônimos de Pessoa, Lu esbanjou ainda mais conhecimento sobre a vida do escritor. Contou do café onde ele costumava se embriagar diariamente e de sua morte prematura, aos 47 anos ("Ele parecia muito acabado para alguém com quarenta e poucos anos", diz ela). Também compartilhou detalhes sobre o Mosteiro dos Jerónimos, onde está o corpo de Fernando Pessoa. Essas pequenas informações parecem engajar a turma na narrativa porque humanizam o escritor. E são genuinamente interessantes: eu mesmo me surpreendi ao descobrir que, quando os restos mortais de Pessoa foram transportados para o Mosteiro dos Jerónimos, em 1985, descobriu-se que seu corpo não tinha entrado em estado de decomposição e permanecia intacto, mesmo cinquenta anos após sua morte. A causa mais provável é uma rara combinação química do lugar onde estivera enterrado até então, que acabou "mumificando" o corpo do poeta. O novo túmulo de Pessoa tem como lápide um grande pedaço de mármore retangular. Em cada lado do monumento há uma placa com nomes diferentes. Uma é Fernando Pessoa mesmo. As outras três são Álvaro de Campos, Ricardo Reis e Alberto Caeiro, os três heterônimos mais conhecidos do autor e justamente os que caem na prova do vestibular. É com essa historinha que ela começa a falar das características de cada um desses personagens.

* * *

Após ensinar sobre Fernando Pessoa na escola estadual, Lu se despediu da turma e saiu da sala. Eu permaneci para conversar com os alunos e distribuir um questionário com nove perguntas. Eram questões de múltipla escolha com um espaço para justificativa. As duas últimas eram assim:

8) A aula de hoje foi diferente das aulas normais?

a. Sim
b. Não
Por quê?

9) Você gostou desta aula?

a. Sim
b. Não
Por quê?

Todos os 38 estudantes responderam sim para as duas perguntas. Mas o melhor está nos comentários, como: "Aprendi sem perceber, [até me] esqueci do celular", "A professora se envolveu na aula", "[Ela] não deixa o aluno perder o foco", "Ela não espera o aluno perguntar, ela já explica", "Nós deveríamos ter professores assim sempre", "Foi uma aula mais dinâmica, com curiosidades, e não só concentrada no que está no livro", "Cativante", "Os alunos participaram mais e prestaram mais atenção", "Realmente aprendi sobre a matéria sem sentir sono ou ficar entediado e desinteressado", "Foi bom demais! Aprendi coisas que eu vou levar para a minha vida".

Lu ensinou os alunos na linguagem deles. No meu bate-papo com os adolescentes, muitos comentavam sobre o tipo de vocabulário durante a aula. Ela chama os personagens de "cara", usa a gíria "meu" quando fala com um rapaz da turma e instituiu um momento da aula chamado "minuto fofoca" para contar uma curiosidade sobre o autor. Essas curiosidades, aliás, são muito eficazes em prender a atenção dos estudantes. Eles citam essa estratégia frequentemente nos questionários. Lu faz isso com maestria. Ela contou que Fernando Pessoa um dia foi convidado para fazer um slogan para a Coca-Cola, que iniciava suas vendas em Portugal naquela época. Pessoa fez o seguinte slogan: "Primeiro estranha-se, depois entranha-se". A Coca-Cola nunca usou.

Mas uma pessoa não ficou feliz com a aula: a professora de português e literatura original dos alunos. Ao final da apresentação, enquanto preenchiam as fichas, ela reclamava que eles costumavam ser relapsos, nunca prestavam atenção e, como é comum ouvir por aí, "não queriam nada". E disse isso na frente dos próprios estudantes, sem pudores. O que impressiona é que esses mesmos alunos tinham acabado de assistir a uma hora e trinta minutos de aula sobre Fernando Pessoa e durante aquele tempo interagiram com sua substituta e prestaram atenção do início ao fim. Não havia quem estivesse envolvido em outra atividade que não ouvir Lu. É evidente que o contexto foi diferente do normal. Aquela aula era uma novidade. A professora do Objetivo não vive no dia a dia as dificuldades que esse colégio impõe ao trabalho do professor. Durante essa aula, inclusive, o diretor chamou a polícia para tirar da porta da escola duas mães que tiveram os filhos suspensos e estavam revoltadas. Uma delas, acompanhada de um marmanjo, tentava arrombar a porta de entrada do colégio. Um dos alunos havia sido suspenso por botar fogo numa lixeira. A outra porque mandou uma professora tomar no... E a mãe questionava: "Mas é só por isso que ela foi suspensa?"

Mesmo levando-se em conta que Lu teve condições mais favoráveis que os professores que dão expediente no dia a dia dessa escola, é muito nítido que sua capacidade de dar uma boa aula muda a relação dos estudantes com os estudos. Eles ficam mais motivados e se empolgam com a lição. Como os economistas comprovaram nos Estados Unidos, esses efeitos podem ser duradouros. Professores inspiradores podem mudar a vida dos alunos. E exemplos de profissionais que conseguem dar aulas como essa estão espalhados pelas redes públicas do Brasil. O problema é que eles são a minoria, como reconhece qualquer estudante de escola pública com quem conversei para este livro. Mesmo nas boas escolas particulares eles são raros. E isso ocorre por falta de preparação e motivação. A profissão tem uma tremenda dificuldade de atrair gente bem motivada e capacitada para a difícil missão de ensinar. O tema do próximo capítulo é justamente a atratividade da carreira de professor.

4

Quem quer ser professor?

O mais concorrido vestibular do país é a Fuvest, que seleciona os futuros universitários da Universidade de São Paulo. Há mais de vinte anos, ele segue um padrão: as carreiras menos disputadas são justamente as que formam professores. A lanterna entre as 52 opções oferecidas na capital paulista costuma ser a licenciatura em matemática/física. No vestibular de 2015, por exemplo, só havia três candidatos por vaga nessa carreira. Somente o curso de geociências foi menos disputado. Letras também teve procura baixa, se considerada a abundância de vagas: quatro candidatos por cadeira. Pedagogia teve cinco no campus principal da USP e três no campus de Ribeirão Preto, no interior. O contraste com outros cursos é grande. Em direito, foram 18 inscritos para cada vaga no vestibular de 2015. No de 2016 foram 24,5. Carreiras com menos oferta de assentos, como jornalismo e relações internacionais, passam de trinta. Psicologia ultrapassa quarenta. Medicina beira os sessenta candidatos por vaga.[1]

Para passar nos cursos mais disputados é preciso ter notas altas. Isso não é necessariamente verdade com os cursos que formam professores para a educação básica. No vestibular de 2015, era preciso ficar com média final de 34 pontos para passar em pedagogia ou matemática e 39 para letras. É mais difícil passar em terapia ocupacional (mínimo de 40) ou fisioterapia (mínimo de 49). Quem quer entrar em direito precisa de um mínimo de 60 pontos. Assim como na psicologia. Engenharias têm nota mínima acima de 70 e medicina acima de 80, de um total de 100.[2]

O padrão se repete em outras universidades públicas do país. Na Universidade Federal do Rio de Janeiro, há somente dois candidatos concorrendo a cada vaga em matemática. Na Universidade Federal da Bahia, a maior do Nordeste, a nota mínima para entrar em pedagogia ou letras é mais baixa do que a de arquivologia, museologia, zootecnia, biblioteconomia e ciências contábeis. O fenômeno não está restrito às instituições públicas. A procura por licenciaturas é cada vez menor nas redes de universidades privadas, que captam estudantes com desempenho escolar mais fraco do que as instituições públicas. Na Kroton, maior rede de faculdades privadas do planeta, com mais de 1 milhão de alunos, nem sequer existe licenciatura em física. O curso de química é o que tem menor entrada por ano. O Censo de Educação Superior, publicado anualmente pelo Ministério da Educação, mostra uma queda constante no número de matrículas para os cursos de graduação que formam professores de português, matemática, física e biologia desde 2010.[3]

O problema mais óbvio é a escassez de professores que esse desinteresse pela docência gera em algumas áreas. O Censo Escolar de 2015 revela que 68,7% dos professores que dão aulas de física não têm licenciatura na área. Dos que ensinam matemática, 51,3% não foram formados para tal. E até em língua portuguesa há dificuldade de achar gente com a formação adequada: 42% dos professores não têm licenciatura em letras.[4]

Mas, para além desse problema, temos outro tão ou mais grave: o perfil médio de quem vai para as licenciaturas não é adequado. A escolha de quem se torna professor no Brasil é feita de forma muito menos criteriosa do que a de quem vira advogado, engenheiro, enfermeiro ou médico. Se o objetivo é ter uma educação básica de qualidade, esse talvez seja o maior símbolo de como ainda não acertamos o caminho. Pesquisa patrocinada pela Unesco em 2009 mostrou que metade dos matriculados em graduações que levam à docência não queriam ser professores.[5] Repito: um a cada dois inscritos em cursos feitos para formar professores não pretendiam seguir a carreira. Mais de 20% do total escolheram o curso "para ter uma opção se não conseguir exercer outro tipo de atividade". Já que as notas de corte para pedagogia, letras e matemática são baixas nas universidades públicas, e os mesmos cursos nas universidades privadas costumam ser baratos, eles se tornam escolhas fáceis para quem quer um diploma qualquer. Claro que não se trata de uma generalização. Ainda há quem genuinamente deseje ser professor e batalhe por isso. Mas é fato que há algo de muito errado na forma como preparamos e selecionamos nossos educadores.

O estudo da Unesco que traça um perfil do professor de educação básica foi conduzido pela pesquisadora paulistana Bernardete Gatti. Ela tem uma formação incomum: é uma pedagoga com interesse e treinamento pesado em estatística. Depois de fazer pedagogia na Universidade de São Paulo entre 1959 e 1962 e dar aulas no ciclo da alfabetização, acabou indo trabalhar no Colégio de Aplicação da USP. A escola vinculada à universidade era uma referência em experimentação. O que dava certo lá era posteriormente expandido para outras escolas do estado de São Paulo. Mas em 1968 veio o Ato Institucional nº 5 e a escola acabou sendo fechada numa represália a profissionais da instituição que seriam "subversivos". O ambiente intelectualmente produtivo do colégio de aplicação estimulou Bernardete a se interessar pela pesquisa, e ela partiu para um doutorado em psicologia na França, onde melhorou de maneira substancial suas habilidades com números e dados. Quando voltou, se tornou professora do Instituto de Matemática e Estatística da USP e logo depois pesquisadora da Fundação Carlos Chagas, um centro de pesquisa em educação localizado no bairro do Butantã, em São Paulo.

Desde os anos 1980, quando começou a garimpar os dados do IBGE, ela se debruça sobre a formação de educadores. Em tantos anos como pesquisadora, identificou um fenômeno assustador. As licenciaturas falham no cumprimento do seu papel mais elementar: ensinar a ensinar. Em uma de suas pesquisas,[6] Bernardete mostrou que, em licenciaturas como letras e matemática, as didáticas específicas ocupam apenas entre 5% e 11% do currículo. Em pedagogia, menos de 4% do currículo era dedicado a teorias didáticas, enquanto mais de 22% das disciplinas obrigatórias e outros 20% das optativas eram sobre teorias educacionais de outra natureza, como as relacionadas com sociologia da educação e história da educação.[7] Bernardete observou também que as professoras primárias recém-formadas em pedagogia geralmente não sabiam como alfabetizar uma criança. Em algumas circunstâncias, ela distribuiu questionários para verificar os caminhos usados na alfabetização e se surpreendeu ao ver que os processos considerados mais adequados, sobre os quais há farta literatura, eram desconhecidos pelas professoras. É como se um médico aprendesse apenas disciplinas teóricas como história da medicina e sociologia da medicina na faculdade e depois fosse colocado numa sala de cirurgia para realizar uma operação.

A formação capenga, descolada da realidade de sala de aula, é uma reclamação frequente dos professores pelo Brasil. Homailson Lopes Passos é um deles. Homailson foi até o fim do curso de licenciatura em matemática no Centro Universitário Salesiano de São Paulo, a principal universidade do município de Lorena, no interior paulista. Dos 36 estudantes que iniciaram os estudos com ele em 2010, apenas seis se formaram. Portanto, ele já representa um espécime raro. Depois de trabalhar no quartel, Homailson conseguiu começar uma faculdade com bolsa do Prouni, programa do governo federal para estudantes que se saem bem na prova do vestibular — o Enem. A sua trajetória também pode ser considerada uma raridade porque ele não trabalhou durante boa parte dos três anos do curso, embora tivesse aulas à noite. Três em cada quatro universitários das licenciaturas trabalham enquanto estudam, como mostra a pesquisa da Unesco coordenada por Bernardete Gatti. Mas o que não é nada raro é a avaliação que ele faz do seu curso de graduação. Homailson não considera que foi preparado para ensinar matemática. Primeiro, ele não precisou ensinar ninguém enquanto estudava para ser professor. Embora o estágio seja obrigatório, ele considerou a experiência inútil. Para conseguir os créditos, bastou assistir a algumas aulas de um professor qualquer, em uma escola qualquer. Na prática, não é preciso interação alguma com o educador responsável por seu estágio além de "Você pode assinar esta guia, por favor?". Mas Homailson até chegou a conversar um pouco com o professor da aula que ele assistiu para cumprir a exigência. Ele se lembra de ter ouvido o seguinte: "Você está vendo que a realidade da sala de aula é difícil, né? Então, tem certeza de que quer essa profissão mesmo?" Homailson se formou em 2012 e hoje é professor da rede municipal de Lorena, cidade que tem 90 mil habitantes. Também já ensinou em uma escola particular da região. De vez em quando, recebe "estagiários", que se sentam lá no fundo, fingem assistir à aula e frequentemente saem sem trocar meia dúzia de palavras com ele.

As pesquisas de Bernardete mostram que é raríssimo que haja uma definição clara sobre o que os aspirantes a professor deveriam fazer durante seus estágios. A professora Maria da Assunção Calderano, da Universidade Federal de Juiz de Fora, em Minas Gerais, também estuda o tema. Uma de suas pesquisas mostra que pelo menos 25% dos alunos da UFJF acham que o estágio se resume à observação passiva do que acontece na escola — e essa é reconhecida como uma das melhores universidades do país.[8] Ela diz que há um abismo entre a academia e a educação básica. Os acadêmicos muitas vezes passam direto da graduação para o mestrado, depois para o doutorado, e aí se tornam formadores de professores sem que eles mesmos tenham tido experiência relevante no chão da escola.

Como tantos professores com quem conversei para escrever este livro, Homailson reclama que não aprendeu a manter os alunos focados, a elaborar provas ou a lidar com o frequente problema da indisciplina em sala de aula. Ele diz se lembrar de uma única matéria sobre o ensino da matemática durante a graduação. A aula estimulava os universitários a identificar qual era o modo de pensar da criança quando ela cometia um erro. "Mas didática de verdade eu só aprendi na prática", diz ele. O seu caso ilustra o tipo de formação incompleta contra a qual Bernardete tanto luta. Uma reforma efetiva das escolas de formação de professores permanece pendente. E, a cada ano que passa, o Brasil perde a oportunidade de começar a renovar os seus quadros com professores mais bem preparados.

* * *

Aqui, a história mais uma vez ajuda a explicar parte do nosso atraso. O modelo português de colonização do Brasil nunca deu a menor atenção à necessidade de desenvolver profissionais capazes de lecionar adequadamente. Do descobrimento ao século XVIII, os jesuítas eram o que havia de mais parecido com um professor no Brasil.[9] Mas eles foram expulsos do país em 1759 por decisão do marquês de Pombal, ministro de Estado português. Naquela época, os 670 membros da Companhia de Jesus eram os responsáveis por educar a elite brasileira. Já era um número diminuto, visto que o Brasil teve população de mais de 300 mil habitantes durante todo o século XVIII. Após a saída dos jesuítas, formou-se um vazio educacional na colônia. Foram pelo menos treze anos sem que houvesse educadores formais para ensinar os brasileiros.[10] E, quando algumas vagas de "mestre-escola" – nome que os professores recebiam – foram abertas, elas eram flagrantemente insuficientes. Por muitas décadas o Brasil teve algumas centenas de professores para centenas de milhares de habitantes.

Mesmo com a insistência de diversos governadores-gerais, a coroa portuguesa ignorava os pedidos por mais vagas para educadores. Nem sequer tínhamos como formar nossos próprios. Portugal proibiu a existência de universidades no Brasil até a vinda da família real para cá, em 1808. Já as colônias da Espanha na América tinham universidades desde 1521. Cerca de vinte delas foram inauguradas até o fim do século XVIII. A elite administrativa e política brasileira também pedia por instituições de formação superior desde muito cedo. Em 1658, a Câmara de Salvador, na Bahia, já solicitava à Coroa a abertura de uma universidade na região "para que assim se criem sujeitos capazes de servir a V. Majestade". Nunca foi respondida.[11]

O Brasil só começou a formar seus professores de fato em 1835, com uma escola normal fundada em Niterói, na província do Rio de Janeiro. Mas ela foi um fracasso. Nos quatro primeiros anos de sua existência, formou apenas catorze professores de educação primária. Não chegou a sobreviver até o final da década de 1840. Nessa mesma época, outras escolas de formação foram constituídas, mas também duraram pouco e formaram apenas algumas dezenas de pessoas capacitadas a ensinar. Olhando em retrospectiva, parece óbvio que o modelo era falho. Nessa época, as escolas normais não permitiam, por exemplo, a entrada de mulheres nos cursos, quando em todo o mundo ocidental elas já ocupavam a maior parte das vagas.[12]

Ao longo do século XIX, a escassez de professores era tamanha que os melhores alunos das classes, muitas vezes com a idade de apenas 12 anos, se tornavam os instrutores dos mais novos. "O recrutamento fazia-se quase por acaso. Bastava saber ler e escrever e ter noções das operações básicas de matemática. O professor sabia só um pouco mais que o aluno", escreve a historiadora Maria Luiza Marcílio, da Universidade de São Paulo, em seu livro *História da escola em São Paulo e no Brasil*.[13] Sem qualificação, sem material didático e sem escolas propriamente ditas, a maioria dos professores dava aula em suas casas, com bancos e cadeiras improvisadas, e dificilmente conseguia ensinar vários estudantes ao mesmo tempo. Ou seja, os alunos eram instruídos um a um, e não agrupados por séries. As turmas tinham estudantes de 8 a 26 anos. Enquanto o professor ensinava um deles, os outros ficavam praticamente sem fazer nada. Aqueles que não ficavam calados enquanto esperavam a sua vez sofriam castigos físicos.

Em 1890, o médico Antônio Caetano de Campos iniciou em São Paulo um processo de reforma educacional que não pôde levar adiante, pois morreu no ano seguinte. Mas ele conseguiu deixar como legado, entre outras coisas, a escola normal que depois levaria seu nome — hoje, é o prédio onde está localizada a Secretaria Estadual de Educação de São Paulo, na praça da República. Esse modelo de instituição formadora de professores acabaria se propagando pelo país nos anos posteriores, dessa vez com muito mais sucesso que o de Niterói. A Escola Normal Caetano de Campos oferecia um curso mais longo do que os anteriores (quatro anos), tinha uma escola-modelo no prédio anexo — como cursos de medicina têm um hospital universitário —, também requeria a realização de uma prova para a admissão e depois ainda ganharia um curso de ensino superior para formar professores do ginásio e de outras escolas normais. Ao longo dos primeiros anos do século XX, estados de norte a sul do país (como Mato Grosso, Santa Catarina, Ceará, Goiás etc.) reorganizaram o ensino seguindo os passos iniciados por Caetano de Campos em São Paulo. Ao final da Primeira República, em 1930, o estado já tinha 49 escolas normais. Minas Gerais tinha 21. Elas seriam 546 no país inteiro em 1951, e metade estaria nesses dois estados. A partir da década de 1930, algumas das principais universidades do país, como a Universidade do Distrito Federal, que depois viraria a Universidade do Brasil e depois ainda a Universidade Federal do Rio de Janeiro, anexariam escolas normais e criariam seus Institutos de Educação.

Os cursos normais variavam de qualidade, mas eram muito práticos. Por serem uma espécie de curso técnico, feito durante o ginásio, eram voltados a capacitar o estudante para, imediatamente após a formatura, entrar em salas de aula de educação primária e ensinar o conteúdo de forma eficaz. Até os cursos de ensino superior, que formavam professores especialistas, como Homailson é em matemática, tinham essa mesma vocação para a objetividade.

Em 1939, nasceu o primeiro curso de pedagogia, na Universidade do Brasil. Ele deveria servir para formar técnicos da educação e formadores de professores nas escolas normais. Tanto que três dos quatro anos de sua duração eram focados em fundamentos da educação e apenas um ano era voltado à didática propriamente dita. A pedagogia decerto não preparava seus estudantes para a tarefa de ensinar crianças e adolescentes. Seu propósito era formar pensadores da educação. Mas, silenciosamente, esse curso também foi crescendo, em paralelo à expansão das escolas normais. Em 1968, quando decidiu empreender uma reordenação do ensino superior, o regime militar exigiu uma pequena adaptação do currículo do curso de pedagogia e despejou nele a formação de todo e qualquer profissional da educação. Os Institutos de Educação e as escolas normais foram, pouco a pouco, sendo esvaziados. Esses cursos primeiro pararam de atrair os melhores estudantes, e depois começaram a fechar por pura e simples falta de demanda. Em São Paulo, por exemplo, partes instrumentais importantes para a formação docente foram excluídas do currículo de quem estudava para se tornar professor, como metodologia do ensino da matemática.[14] Mas, afinal, o que tudo isso tem a ver com o professor Homailson, lá em Lorena?

Ao longo dos anos 1970, 1980 e 1990, os cursos de licenciatura específica (em matemática ou biologia, por exemplo) e de pedagogia tomaram rumos opostos. Mas nenhum privilegiou o que acontece na sala de aula na prática. O primeiro passou a focar demais no conteúdo das disciplinas (seja matemática, literatura, biologia ou história) e muito pouco em como ensiná-las. Já a pedagogia dava como certo que os estudantes dominavam os conteúdos de matemática, português, ciências e humanidades (porque os tinham aprendido no ensino médio). Também partia do pressuposto de que os universitários aprenderiam a ensinar na prática e, portanto, focava sobretudo em discussões mais teóricas.

Em 1996, surgiu uma oportunidade para corrigir o erro dos militares com a Lei de Diretrizes e Bases, que foi aprovada naquele ano. Sua relatoria estava com o senador Darcy Ribeiro. Entre outras medidas, o texto previa a criação das escolas normais superiores. Ela tiraria a prerrogativa dos cursos de pedagogia de formar os professores e criaria Institutos Superiores de Educação, que assumiriam esse papel. Dentro desses institutos haveria a escola normal superior, responsável por formar profissionais para o ensino infantil e o primeiro ciclo do ensino fundamental. A pedagogia cuidaria da "formação de profissionais [...] para administração, planejamento, inspeção, supervisão e orientação educacional para a educação básica",[15] não professores.

Os institutos também seriam responsáveis pela formação continuada dos professores, injetando um pouco das demandas do dia a dia nessa instituição acadêmica. Esses centros seriam parecidos com o de vários outros países, como a França e o Canadá — escolas completamente focadas em preparar profissionais para a sala de aula. Esse trecho da lei foi negociado em pessoa por Darcy Ribeiro na fase final de aprovação da LDB como forma de enterrar o equívoco do período militar. Mas o Conselho Nacional de Educação, órgão vinculado ao MEC, adiou em anos a regulamentação dos cursos de pedagogia. Quando o fez, seguindo relatório de 2002 elaborado por um grupo de especialistas contrários aos Institutos Superiores de Educação, devolveu à pedagogia a prerrogativa de formar professores.[16] O relatório é recheado de jargões e exageros ideológicos como "a docência no interior de um projeto formativo e não numa visão reducionista que a configure como um conjunto de métodos e técnicas neutros, descolado de uma dada realidade histórica". Por fim, os parágrafos sobre formação de professores continuam na Lei de Diretrizes e Bases até hoje, mas viraram letra morta. O status quo permaneceu. Nada mudou.

* * *

Em seu gabinete no Palácio do Anhangabaú, colado ao viaduto do Chá, o então prefeito de São Paulo, Fernando Haddad, listou o que considera suas principais realizações ao longo de mais de sete anos como ministro da Educação. Era uma quarta-feira de agosto de 2015. Antes de completar três minutos de conversa, ele disse, sentado no sofá onde geralmente recebia as visitas: "Mas sabe o que faltou? Se eu ficasse mais tempo como ministro, eu me dedicaria à formação de professores." Naquele dia de agosto de 2015, Haddad falou de algumas medidas que tentou implementar, mas não conseguiu: 1) fixação de nota mínima no Enem para o ingresso nas licenciaturas, sobretudo pedagogia; 2) prova docente para avaliar professores; 3) condicionar a adesão de universidades a programas com financiamento do MEC à reforma curricular das licenciaturas. Todas essas medidas enfrentaram resistência. Logo no início da sua gestão, ele promoveu mudanças pontuais no currículo dos cursos de pedagogia e a reação foi rápida e violenta. Pouco mais de cem estudantes vinculados a movimentos estudantis apedrejaram a fachada do MEC durante um protesto contra a mudança nas regras em maio de 2006. Outras entidades, como a Associação Nacional de Pós-graduação e Pesquisa em Educação, também demonstram resistência velada a qualquer tentativa de modificar os cursos que formam professores. "Os que se opõem à reforma das licenciaturas acreditam que discutir didática específica é uma questão menor, que isso nivela os professores por baixo. Se você for ao site da Amazon e procurar *how to teach maths*, encontrará centenas de títulos. Se buscar por livros nessa linha em português, não encontrará quase nada. Existe um preconceito claro!", diz Haddad. Depois da nossa conversa, eu fiz o teste. *How to teach maths* traz 1.026 resultados de livros no site da varejista americana Amazon. A pesquisa por "Como ensinar matemática" no site da Livraria Cultura, a de maior acervo online no país em 2015, oferecia apenas 11 resultados.

Para Haddad e a maioria dos estudiosos de reformas educacionais pelo mundo, a transformação das próximas gerações de professores só será possível com o seguinte tripé: melhor seleção de quem entra nas licenciaturas, maior qualidade no que vai ser ensinado nesses cursos e maior atratividade da carreira. O complicador é que esses três processos precisam acontecer juntos — afinal, o tripé é uma estrutura que não se sustenta sem uma das pernas.

A ideia do ex-ministro — que ele não implementou quando teve a oportunidade — é que o maior rigor na seleção das licenciaturas comece pelo menos no curso de pedagogia, que tem o quarto maior número de matrículas no ensino superior, apenas atrás de direito, administração e engenharia civil, de acordo com dados do Censo do Ensino Superior de 2016. A premissa é que, afunilando o acesso à pedagogia, o Brasil elevaria o nível de conhecimento dos professores dos primeiros anos da vida escolar no médio prazo. Mas de onde vem essa ideia?

A estratégia já foi testada antes com sucesso. Os exemplos mais impressionantes de reformas educacionais no século XX adotaram caminhos muito diferentes entre si. O que há de comum entre eles é justamente a maneira rigorosa como selecionam quem vira professor. Estou me referindo a Cingapura, Finlândia e Coreia do Sul. Esses três países estão entre os mais bem colocados em todos os exames internacionais recentes, com destaque para o Pisa, realizado pela OCDE a cada três anos. A prova avalia os conhecimentos de adolescentes de 15 anos em mais de sessenta países.

Nos anos 1980, Cingapura passou a exigir que apenas estudantes entre os 30% melhores de suas classes no colegial pudessem entrar nos cursos de ensino superior que levavam à docência.[17] No Pisa de 2012, Cingapura só ficou atrás da cidade de Xangai, cujos estudantes fizeram a prova representando a China. Portanto, trata-se do país mais bem colocado em matemática no mais importante teste internacional. Como Cingapura é um país minúsculo e o regime local não é democrático, é fácil rechaçar suas soluções como particulares demais. Mas a Finlândia, o mais celebrado exemplo de reforma educacional do planeta, tornou o ingresso em cursos de formação de professores tão seletivo quanto Cingapura.

Em 1952, quando a capital Helsinque sediou as Olimpíadas, a Finlândia tinha um sistema educacional do mesmo nível do de países em desenvolvimento como Malásia e Peru, segundo escreve o professor da Universidade de Harvard e da Universidade de Helsinque Pasi Sahlberg em seu livro *Finnish Lessons* [Lições finlandesas].[18] Uma das medidas mais dramáticas para revolucionar a educação no país foi mudar a preparação dos professores, que até os anos 1960 era feita por cursos curtos, com dois a três anos de duração, e de qualidade questionável. A partir de 1978, a formação de professores passou a ser de seis anos — equivalente a uma graduação e um mestrado —, e apenas oito universidades finlandesas podiam ministrar as aulas. Afunilar a entrada na profissão contribuiu para torná-la desejada entre os mais jovens. Ser aprovado em um processo de seleção desses é uma grande conquista para os finlandeses. Hoje em dia, apenas um em cada dez inscritos consegue uma vaga. O processo de seleção inclui uma prova escrita baseada em bibliografia sobre educação, que é disponibilizada três meses antes do teste, e uma entrevista.

A Finlândia é um caso excepcional. O país tem dimensões completamente diferentes do Brasil. Suas características culturais colaboram para que o professor seja mais admirado do que um advogado, um médico ou um arquiteto. Sahlberg explica que a profissão é historicamente vista como um compromisso moral, descolado de grandes ambições materiais — algo que talvez seja muito particular da Escandinávia. Mas não se pode ignorar as lições dadas pelo país que tem os estudantes mais criativos e com maior capacidade de resolução de problemas entre os que a OCDE avalia pelo Pisa. Os finlandeses são pouco mais de 5 milhões, nem 3% da população do Brasil. Anualmente, as universidades de lá abrem 6 mil vagas para a profissão de professor — e elas são disputadas a tapa. No Brasil, são mais de 170 mil vagas abertas todos os anos somente em pedagogia (sem contar os cursos à distância). Mas, aqui, pouco mais da metade dessas vagas são preenchidas.[19] Ou seja, a oferta é maior que a procura. Qualquer pessoa que queira ser professor no Brasil acaba conseguindo, independentemente de suas capacidades.

Tornar a entrada na docência mais competitiva pode ser uma medida com alto potencial de impacto na qualidade do corpo de professores no país, mas é evidente que não seria nada fácil implementá-la. Os desafios requerem políticas públicas bem desenhadas e, sobretudo, vontade política para enfrentar as resistências. Como lidar, por exemplo, com as mais de 100 mil vagas oferecidas pelas universidades privadas em pedagogia todo ano? Essas instituições vivem do lucro; portanto, quanto mais venderem, melhor — o que é legítimo, mas pode gerar incentivos para sacrificar a qualidade da educação oferecida. O Chile tem tentado lidar com esse impasse. Afinal, a exemplo do Brasil, esse é um dos países com alto número de instituições privadas no ensino superior.

O governo chileno adotou medidas que estimulam a entrada dos melhores alunos do colegial na carreira docente. Uma delas é um sistema de certificações com o objetivo de informar estudantes sobre a qualidade das faculdades de licenciatura que consideram escolher. Essa política começou em 2006, no primeiro mandato de Bachelet como presidente. De 2006 a 2010, o sistema de acreditação tinha mudado radicalmente a demanda. Antes, 77% das matrículas eram feitas em instituições não acreditadas. Em 2010, esse número já havia caído para 34%.[20]

Um dos programas mais inovadores desenvolvidos por lá se chama Beca Vocación de Profesor e foi lançado em 2011, no primeiro mandato do presidente Sebastián Piñera. Funciona assim: os alunos que somam mais de 600 pontos na prova do vestibular (de um total de mil) recebem uma bolsa que cobre a matrícula e a mensalidade do curso de pedagogia ou licenciatura, desde que escolham uma das instituições licenciadas pelo Ministério da Educação chileno. Se o aluno tira mais que 700 pontos, ainda ganha uma ajuda de custo mensal no valor de 80 mil pesos chilenos (o equivalente a 440 reais).[21] Se a nota é acima de 720, o estudante também tem direito a um intercâmbio de seis meses em uma universidade estrangeira. A contrapartida é que esses alunos precisam trabalhar em escolas públicas por no mínimo três anos depois de formados. Os resultados do primeiro ano do programa foram positivos. Até 2010, apenas 10,7% dos novos alunos que ingressavam nesses cursos vinham dos 30% com melhores notas no vestibular chileno.[22] Em 2011, foram 18,1%. Isso significa que estudantes com ótimo desempenho acadêmico que originalmente não iriam seguir a carreira docente decidiram trilhar esse caminho.[23] Em 2016, os primeiros a se formar com a bolsa chegaram às salas de aula da educação básica. Portanto, o programa estava começando a ser adequadamente avaliado quando este livro foi publicado.

Em seu segundo mandato, Bachelet reforçou a ideia de que a preocupação com a carreira de professor perpassa partidos à esquerda e à direita. Ela promoveu o que talvez seja a mudança mais significativa nessa seara no país andino. Trata-se da Ley de Carrera Docente, promulgada em março de 2016. A nova lei vai reformar completamente a carreira de professor até 2026.

Ela divide a carreira do educador em cinco faixas, com progressões de salário diferentes. Para avançar da faixa inicial para a preliminar ou da preliminar para a avançada, o professor é submetido a avaliações. Uma delas resgata a primeira grande lei chilena a impactar a carreira docente após o período Pinochet: a chamada Docente Más. Essa política avaliava o professor de diversas formas, mas com um peso maior para as aulas que eram filmadas e analisadas por uma banca de especialistas em didática. Os professores sabiam qual aula seria gravada com 12 semanas de antecedência, de modo que pudessem se preparar. A política não teve grande resistência de sindicatos porque foi negociada não como forma de punir ou demitir professores, mas como um mecanismo fundamental de mostrar a eles onde precisam melhorar na sua prática. E os profissionais acharam bem-vindo receber esse *feedback* construtivo e personalizado. Onze anos após a implementação da Docente Más pela administração do ex-presidente Ricardo Lagos, avaliações semelhantes serão usadas como um dos componentes para definir se os professores podem ou não mudar de faixa na carreira.

A lei é revolucionária porque tem o potencial de tornar a carreira de professor em algo mais meritocrático. Os professores que se saem melhor irão avançar mais rapidamente na carreira e terão remuneração melhor.

Mas a lei vai muito além disso. Quem estiver disposto a ensinar em escolas com nível socioeconômico majoritariamente baixo (mais de 80% de crianças pobres) terá adicionais no salário. Os educadores serão contratados por mais horas (37 ou 44 horas semanais), o que permitirá que fiquem mais tempo na mesma escola. As sessões de formação continuada tratarão de temas definidos por um comitê local formado por quem vive o dia a dia das salas de aula dos bairros em questão. E, é claro, há um cronograma para que os salários iniciais aumentem.

No longo prazo, uma outra medida dentro do pacote da Ley de Carrera Docente promete transformar de vez o professorado chileno. De 2017 a 2023, a escolha de estudantes para as vagas nas licenciaturas será cada vez mais seletiva. Nos primeiros dois anos da política, os estudantes aprovados precisam estar entre os 30% melhores de suas classes ou com nota acima do 50º percentil da prova de acesso ao ensino superior (ou seja, nota acima de pelo menos metade dos que fizeram o teste). Entre 2020 e 2022, a barra aumenta: 20% melhores e 60º percentil. A partir de 2023, sobe para 10% ou 70º percentil. O Chile quer ser a Finlândia da América Latina.

É verdade que eles ainda estão longe de ter elevado substancialmente o nível de seus professores. Desde 2008, o país promove testes anuais: a Prueba Inicia. Trata-se de uma avaliação feita com quem acaba de se formar na área educacional. Ela não é obrigatória. Essa talvez seja a sua maior fragilidade, porque não permite uma avaliação de todo o universo de formação de professores no Chile. Quando a Prueba Inicia foi lançada, em 2008, 38% dos profissionais elegíveis fizeram o teste.[24] Na edição de 2015, foram apenas 9,2%. E todo ano os resultados são desanimadores. Menos de um terço consegue desempenho superior a 75% da prova, que mede conhecimentos específicos do conteúdo que é ensinado e de didática.[25] Ou seja, material que esses profissionais deveriam saber bem. Com a Ley de Carrera Docente, uma versão semelhante à Prueba Inicia será obrigatória e usada nas avaliações para pular de uma faixa para outra.

Como já deve ter ficado claro para o leitor, a decisão de se engajar de forma tão radical em transformar a profissão de educador no Chile não foi uma medida isolada ou monopólio de um determinado partido. O país vem adotando uma série de medidas com o foco em melhorar a qualidade dos profissionais em sala de aula. Inclusive, há estratégias que vão além de apenas fazer novas políticas. Os chilenos estão preocupados também em como implementá-las e divulgá-las.

Desde 2009, o Chile tem uma organização financiada em parte pelo governo e em parte por empresas privadas cuja função é, basicamente, melhorar o reconhecimento social dos professores e convencer jovens talentosos a se inscrever nos cursos que levam à docência. A Elige Educar organiza campanhas em massa pela TV e mantém contato com "vestibulandos" para oferecer argumentos favoráveis à escolha das licenciaturas como carreira. No entanto, seu fundador, Hernan Hochschild, conta que em algum momento percebeu que sua organização "convidava estudantes a nadar em uma piscina sem água" quando tentava atraí-los para a docência. Foi aí que a Elige Educar passou a pressionar o governo para criar políticas como a Beca Vocación de Profesor e a Ley de Carrera Docente. Essas leis de fato surgiram por pressão da organização de Hernan e outras da sociedade civil chilena. "O Chile é o oposto do Brasil ou dos Estados Unidos quando se trata da substância das discussões públicas sobre educação. Pelos últimos oito a dez anos, educação esteve no centro da agenda de todos os principais candidatos à presidência do Chile e as pessoas se familiarizaram com discussões que em outros países podem parecer mais técnicas", diz Gregory Elacqua, economista-chefe da área de educação do Banco Interamericano de Desenvolvimento (BID). Elacqua é chileno, casado com uma brasileira e mora em Washington, D.C. Ele é um dos mais reconhecidos pesquisadores de educação da América Latina.

Em 2009, a equipe do Inep que cuida de avaliações e estudos no Ministério da Educação no Brasil começou a trabalhar na confecção de uma prova para avaliar os professores brasileiros — talvez a primeira indicação clara de que havia a intenção de mudar a qualidade do corpo docente. Mas o tema é polêmico e abre margem para infindáveis discussões ideológicas. Mesmo assim, pouco a pouco o projeto avançou. A União Nacional dos Dirigentes Municipais de Educação, conhecida como Undime, é o órgão que reúne os secretários de Educação de todos os 5.570 municípios brasileiros, e era provavelmente o maior aliado da chamada Prova Docente. Até mesmo porque o exame poderia substituir ou constituir uma fase preliminar do concurso público de professores em pequenos e médios municípios pelo país. O plano era criar um sistema, como o que existe hoje para o Enem, pelo qual os estudantes escolhem em que universidade entrar com base em sua nota. No caso, seriam os professores que procurariam redes municipais com vagas abertas que lhes parecessem atraentes.

Centenas de questões-teste foram elaboradas para a prova. A pesquisadora Bernardete Gatti, da Fundação Carlos Chagas, que participou da elaboração das questões, comentou todas as cinco vezes que conversamos antes da publicação deste livro sobre o quanto achava a prova promissora. Haddad, o ministro da época, fez um cuidadoso trabalho de costura com a Confederação Nacional dos Trabalhadores de Educação, sindicato vinculado à Central Única dos Trabalhadores, e com outras entidades de classe. Em parte, a Prova Docente funcionaria como o exame da Ordem dos Advogados do Brasil, que faz uma peneira entre os formandos em direito — o curso superior mais popular do país. A avaliação conseguiria também influenciar o que se ensina nas licenciaturas, porque esses cursos não poderiam ignorar a necessidade de incluir em seus currículos e no conteúdo de suas aulas os temas abordados pela Prova Docente. Depois que o exame estava pronto e já havia sido testado em municípios como São Bernardo do Campo, em São Paulo, cuja secretária de Educação, Cleuza Repulho, era a presidente da Undime na época, o ministro Fernando Haddad deixou a pasta para concorrer à prefeitura de São Paulo. Seu substituto, Aloizio Mercadante, decidiu engavetar o projeto.

Provas podem não ser o melhor meio de garantir que um profissional é capaz de dar conta do recado. Pesquisas recentes no Chile, por exemplo, não conseguem estabelecer uma correlação clara entre bom desempenho na Prueba Inicia e alto impacto nas notas médias de suas turmas.[26] Usar exames para melhorar a qualidade dos professores também não foi o caminho trilhado pela Finlândia ou por Cingapura para alcançar uma força de trabalho excelente na educação básica. Mas essas provas podem ser um caminho inicial para guiar o que se ensina na graduação, porque podem ter um forte efeito indutor nos cursos de formação de professores. Vejamos, por exemplo, o caso do Enade (Exame Nacional de Desempenho dos Estudantes no Ensino Superior), realizado por parte dos universitários de todos os cursos no primeiro e no último ano da graduação.

O Enade guia o conteúdo das graduações — pelo menos das universidades privadas. É a principal medida para mostrar a qualidade dos cursos de nível superior, embora muitos estudantes tenham o costume de boicotar a prova nas instituições públicas. Nas privadas, há um esforço gigantesco das faculdades para que seus alunos consigam se sair bem no exame. Afinal, os cursos podem ser fechados se o resultado for muito ruim. Então, muitas das aulas são voltadas especialmente para ensinar conteúdos cobrados no teste.

Como isso afeta a qualidade dos estudantes de pedagogia e das outras licenciaturas? Simples. O conteúdo cobrado no Enade é basicamente o que as instituições privadas mais se preocupam em ensinar, como confirmou o presidente de uma das maiores instituições de ensino superior privado do país em uma conversa que tivemos na sede do grupo, em São Paulo. Quem elabora as provas são especialistas oriundos de instituições públicas, muitos deles com uma predileção pelos conteúdos excessivamente teóricos que marcam os cursos que formam professores no Brasil. Uma espiada na prova permite compreender por que o que se aprende na graduação parece tão descolado da realidade da sala de aula. Observemos, por exemplo, a questão a seguir, do Enade de 2011, para o curso de pedagogia:

ENADE 2011

EXAME NACIONAL DE DESEMPENHO DOS ESTUDANTES

QUESTÃO DISCURSIVA 4

Até por volta do século XII, a arte medieval desconhecia a infância ou não tentava representá-la. É difícil crer que essa ausência se devesse à incompetência ou à falta de habilidade. É mais provável que não houvesse lugar para a infância nesse tempo.

ARIÈS, P. **História Social da Criança e da família**.
Tradução: Dora Flaksman. 2 ed. Rio de Janeiro: LTC, 1981, p. 50.

Considerando as ideias apresentadas no texto acima, redija um texto dissertativo acerca do seguinte tema:

A infância: sua representação e processo educativo.

Em seu texto, aborde os seguintes aspectos:
a) transformações do conceito de infância; (valor: 4,0 pontos)
b) compreensão da especificidade da infância; (valor: 3,0 pontos)
c) representação das crianças nas obras de arte do século XII. (valor: 3,0 pontos)

RASCUNHO
1
2
3

Ao testar futuros professores da educação infantil e do ensino fundamental, a preocupação está em perguntar sobre as representações da infância no século XII! Há também questões sobre o ensino na Grécia Antiga e filosofia da educação. Nada sobre práticas de ensino em educação infantil, por exemplo, quando uma parte substancial dos que fizeram essa prova devem ter ido trabalhar em creches e pré-escolas.

Uma discussão profunda sobre o que se ensina nos cursos de formação de professores é fundamental e precisa ser feita com as universidades públicas, principais difusoras de conhecimento na área em âmbito nacional. Mas mexer com a autonomia universitária no Brasil é um desafio que os ministros não têm se disposto a enfrentar. O filósofo Renato Janine Ribeiro, professor da Universidade de São Paulo, ficou apenas seis meses no cargo, durante o ano de 2015. Em minha entrevista com ele, quando ainda estava no cargo, perguntei se teria coragem de enfrentar as resistências dos acadêmicos para reformar a maneira como os professores são preparados. Ao ouvir a palavra coragem, ele arregalou os olhos. Por ser uma pessoa muito gentil, pode ter estranhado a palavra dura. Mas desviou o foco da pergunta. Depois disse que não apoiaria uma reforma a qualquer custo, apenas algo consensual.

O ex-ministro Haddad, ele mesmo um acadêmico da USP, tem suas mágoas com a mentalidade típica da universidade por conta das tentativas frustradas de avançar com uma pauta de reforma curricular nas licenciaturas. "Há uma má compreensão do conceito de autonomia no meio acadêmico. Criar um sujeito autônomo é o fim a que se destina o processo educacional. Não se refere aos meios. Qualquer discussão mais aprofundada sobre como ensinar e o que ensinar é vista como uma restrição ou um constrangimento por boa parte dos acadêmicos", diz ele, que também é crítico ao Enade.

A autonomia das universidades públicas dificulta qualquer tentativa do ministério de exigir mudanças curriculares ou no vestibular, mas o Conselho Estadual de Educação de São Paulo conseguiu fazer com que universidades estaduais como a USP, a Unicamp e a Unesp pelo menos adaptassem seus currículos. A regra que passou a valer em 2015 determina que pelo menos 30% da carga horária seja dedicada a "atividades didático-pedagógicas" (lembremos que os estudos de Bernardete Gatti, presidente do Conselho Estadual de

Educação em São Paulo, apontam que essas cargas horárias podem ser tão baixas quanto 5%). A regra ainda estava sendo implementada quando este livro foi lançado. Guiomar Namo de Mello, que fazia parte do conselho e foi secretária municipal de Educação durante o mandato de Mário Covas como prefeito de São Paulo, foi uma das que estavam na linha de frente da negociação com as universidades paulistas. Frequentemente, ela se deparava com uma disputa teórico-ideológica, em que alguns acadêmicos enxergavam a função do professor como apenas a de inspirar os estudantes, sem observar questões práticas relativas aos métodos de ensino.

Mas, afinal, de que adiantaria resolver a formação inicial de professores se a carreira continua atraindo poucos interessados entre os estudantes mais brilhantes? Por isso, vale a analogia que fiz algumas páginas atrás. O caminho para melhorar permanentemente a qualidade do professorado passa por um tripé. As duas primeiras pernas são 1) uma melhor seleção de quem entra nos cursos que levam à carreira docente e 2) uma maior qualidade do que vai ser ensinado nas licenciaturas. Tratamos esses temas acima. A última perna, igualmente fundamental, é ainda mais desafiadora e vem a seguir: 3) maior atratividade da carreira.

***

Agora imagine que, da noite para o dia, o Brasil passa a selecionar só os melhores estudantes para serem educadores. E além disso os cursos de formação de professores são reformulados e se tornam muito mais práticos. Ainda haveria uma questão primordial: quais entre os estudantes mais talentosos do ensino médio se interessariam por essa carreira de tão pouco prestígio? Durante as visitas a escolas para escrever este livro, distribuí questionários para algumas turmas dos últimos anos do ensino fundamental nas redes municipais de Teresina e Sobral e do ensino médio nas escolas estaduais do Rio de Janeiro, Goiás e Pernambuco. Não se trata de um estudo feito com o devido rigor metodológico, mas as respostas servem para confirmar intuições que imagino que muitos leitores compartilham. Ao todo, 359 estudantes responderam os questionários. A última das 11 perguntas era se gostariam de trabalhar como professores. Apenas 20,6% disseram que sim. Se retiro as respostas de Sobral do total, o percentual cai para 14%. A cidade é um ponto fora da curva porque talvez seja a melhor rede pública do país.

Bernardete Gatti liderou a equipe da Fundação Carlos Chagas em um estudo que perguntou a 1.500 estudantes do último ano do ensino médio, em oito escolas públicas e dez particulares espalhadas por todas as regiões do país, sobre a disposição de seguir a carreira de professor. Quando a pergunta era se eles chegaram a considerar a profissão em seu processo de escolha, 32% disseram que sim. Mas, na hora de fazer a inscrição para o vestibular, apenas 2% escolheram pedagogia ou uma outra licenciatura.[27]

Tanto nos meus questionários quanto na pesquisa que Bernardete publicou em 2010, a maioria dos estudantes que diz "não" para a profissão cita dois fatores-chave na justificativa: os salários não são atraentes e o trabalho requer características que eles dizem não ter — "não tenho paciência para criança danada", escreveu um deles numa escola em Teresina.

Realmente o salário do professor ainda está bem aquém do ideal. O pesquisador Rubens Barbosa de Camargo, da Faculdade de Educação da Universidade de São Paulo, estudioso de planos de carreira, mostra em um artigo de outubro de 2015 que o salário médio do professor com ensino superior está 33% abaixo do contracheque médio de outros profissionais com diploma (2.432 reais mensais contra 3.237).[28] Em 2015, uma reportagem especial do jornal gaúcho *Zero Hora* mostrou a dura vida de educadores da rede estadual do Rio Grande do Sul, que pagava o salário mais baixo entre todos os estados do país: 1.260 reais por mês pela jornada de quarenta horas semanais, 657 reais a menos que o piso nacional. Na reportagem intitulada "Profissão persistência", a repórter Luísa Martins resgata

48 profissionais que haviam sido aprovados num concurso de 2005 para saber como vivem dez anos depois. Apenas catorze deles continuavam na rede. "Outros dez abandonaram a profissão — viraram analistas, bancários, policiais", escreve ela.[29]

Mas a discussão sobre a valorização do professor não pode ficar restrita à pauta salarial. O fato é que os rendimentos têm melhorado substancialmente desde 2008, quando a Lei do Piso Nacional do Professor foi estabelecida. O colega Antônio Gois, um dos mais experientes jornalistas que cobre educação no país, compilou em seu blog no site do jornal *O Globo* dados da Pesquisa Nacional por Amostra de Domicílios, realizada pelo IBGE, que mostram exatamente isso. Segundo a Pnad e o cálculo de Gois, a diferença entre o salário de um professor do ensino médio entre 25 e 29 anos, portanto nos primeiros anos da carreira, e outros profissionais com ensino superior e com a mesma idade é, em média, de apenas 11%. Para quem trabalha no primeiro ciclo do ensino fundamental — em geral com formação em pedagogia —, a diferença em 2014 era de 28%. Esses números já foram muito mais altos: em 1995, o professor de ensino médio ganhava 39% a menos que outros no início da carreira, enquanto o pedagogo do ensino fundamental tinha salário 69% menor.[30] Ou seja, os salários iniciais melhoraram, inclusive em relação a outras profissões. A diferença entre o salário do professor e de outros profissionais diplomados começa a crescer no meio da carreira. Perto da aposentadoria (entre cinquenta e 54 anos), a média salarial de quem tem ensino superior fica 71% acima do salário médio de professores do ensino médio e 92% acima dos professores de ensino fundamental. Isso se explica porque o salário dos professores progride pouco e lentamente ao longo da carreira — uma carreira "achatada", como se diz no jargão de sindicalistas e administradores públicos.

O Plano Nacional de Educação, documento aprovado no Congresso e sancionado pela presidente Dilma Rousseff em 2014, estabelece vinte metas até o ano de 2024. Uma delas é que o salário médio dos professores seja equiparado ao de outras carreiras com ensino superior — ou seja, que o buraco de 33% apontado por Camargo seja fechado até 2024. É um bom objetivo. Mas reduzir a valorização da carreira a isso empobrece o debate. Salários iniciais atraentes são fundamentais, mas tampouco estão automaticamente associados a um bom desempenho dos estudantes. A rede municipal de Salvador ganhou o ingrato título de pior desempenho entre as capitais no Ideb de 2013, mas tem um dos maiores salários iniciais. Um concurso de 2015, por exemplo, oferecia vagas para pedagogos com salário inicial de 4.359 reais por quarenta horas semanais: mais que o dobro do piso salarial em 2015, que era de 1.917 reais.[31] No Distrito Federal, outra rede com desempenho medíocre em exames nacionais, o salário inicial passa de 4.500 reais.[32] A rede estadual do Maranhão, que também é uma das piores do país, paga quase 5 mil reais mensais, somando salário-base com gratificação.[33]

É um equívoco generalizar o chavão de que o professor das escolas públicas sempre ganha um salário indigno. Novamente olhando os dados da Pnad, Antônio Gois mostrou, em uma das reportagens que escreveu para *O Globo*, que o rendimento médio de um professor da rede pública no Brasil hoje supera em 6% a média salarial das escolas privadas. Em 2002, os professores da escola pública ficavam 18% atrás.[34] Em outro post no blog, Gois conta a curiosa história de um concurso para professor de matemática na rede municipal do Rio de Janeiro, com salário e benefícios que também somavam quase 5 mil reais. Eram 150 vagas e havia 2.826 candidatos inscritos, 19 para cada posição — um concurso, portanto, bem disputado. Mesmo assim, a secretaria não conseguiu preencher as 150 vagas porque apenas 109 profissionais foram aprovados.[35] A rede da segunda maior cidade do país tem um dos concursos mais rigorosos. Uma das fases, por exemplo, é fazer uma simulação de aula para uma banca de avaliadores — o tipo de prática que deveria ser padrão em qualquer processo de seleção de docentes. O caso do Rio mostra mais uma vez como é preciso, urgentemente, atrair gente boa para essa profissão. Mas como fazer isso?

Pesquisas na área de recursos humanos mostram que jovens talentosos não são apenas atraídos por um bom salário inicial, mas principalmente por uma promissora perspectiva de carreira.[36] Nesse caso, pesa a ideia de que o desempenho adequado será premiado com uma evolução profissional que prioriza competência frente à quantidade de anos de trabalho. Quem trabalha melhor é reconhecido e avança mais rápido. Esse conceito é completamente alheio aos planos de cargos e salários das redes públicas, que premiam apenas os anos de experiência e, em alguns casos, a aquisição de diplomas de mestrado e doutorado — que pesquisas mostram ter pouco efeito na capacidade de ensinar, como se pôde ver no capítulo anterior.

É evidente que uma multinacional do varejo e uma rede pública de ensino terão planos de carreira necessariamente distintos. A docência está ligada de forma inerente a uma ideia de responsabilidade social que se sobrepõe à ambição por avanços meteóricos na hierarquia. Mas não se pode esperar atrair gente boa sem premiar o esforço e o mérito — por mais que esta última palavra tenha adquirido uma conotação negativa no meio da educação por ser imediatamente associada a bônus salariais. Muitos desses bônus de fato não levam em consideração o contexto das escolas e simplesmente forçam os professores a aprovar alunos que não aprenderam, como acontece na rede estadual paulista. Isso não é premiar o mérito. Falta ao sistema público a capacidade de oferecer desenvolvimento constante das competências de seus profissionais e possibilidades claras de promovê-los com base nos resultados alcançados em sala de aula.

Todo ano, a consultoria Cia de Talentos faz uma pesquisa com jovens entre 17 e 26 anos para saber sobre seus interesses profissionais. A edição de 2015 tinha uma amostra particularmente grande: 67.896 jovens responderam os questionários. O resultado mostra que 94% deles deixariam uma empresa se sentissem que não são incentivados a se desenvolver em termos profissionais. Metade considera a existência de um "programa de aceleração de desenvolvimento" característica prioritária para que se sintam atraídos por uma organização. Isso basicamente significa boa formação continuada. Nenhum outro elemento foi tão bem votado quanto esse, e as outras opções incluíam "ter uma experiência internacional", "participar de projetos inovadores" e "obter altos salários". A categoria de desenvolvimento profissional lidera a lista de prioridades em todas as faixas de renda familiar. Os resultados da pesquisa são indícios de que o magistério precisa de muito mais do que bons salários para atrair os melhores. Ele precisa oferecer uma perspectiva de aprendizado no trabalho e promoção para os mais bem-sucedidos.

Vários lugares do mundo tentaram mudar a carreira do professor para premiar aqueles que se esforçam em melhorar o desempenho, e não apenas os mais experientes. A Polônia, que virou um caso emblemático de reforma educacional no fim da década de 1990 e início dos anos 2000, criou centros de formação de professores por todo o país e condicionou o avanço na carreira à participação com bom desempenho em programas de capacitação.[37] A rede de Xangai, na China, que liderou a edição de 2012 do exame internacional Pisa, envia seus melhores professores para dar aulas na periferia como condição para que avancem na sua trajetória. Há uma infinidade de modelos de valorização profissional na educação. Os dois que me parecem mais comuns envolvem uma capacitação frequente e de qualidade para o professor e mecanismos para efetivamente promover quem se sai bem em sala de aula — com novas funções, como a de tutor de outros professores, por exemplo. O próximo capítulo entrará em detalhes sobre esses caminhos, com especial atenção ao caso de municípios da Chapada Diamantina, na Bahia, e ao estado de Goiás. São experiências que ajudam a abrir a mente para como essa profissão pode se tornar mais prestigiada no imaginário popular, mudando o perfil das próximas gerações de docentes. Mas também lidam com a premente necessidade de orientar quem, hoje, está à frente das salas de aulas das redes públicas brasileiras.

5

"O professor não dá uma aula ruim porque quer"

A professora entrou na sala de aula com cópias de um texto nas mãos. O público era de crianças do 4º e 5º anos do ensino fundamental, entre 8 e 10 anos de idade. "Como nascem as estrelas?" era o título do que iriam ler. Tratava-se de um texto curto — cabia inteiro em dois terços de uma página. Sem comentários sobre o conteúdo da leitura, ela distribui uma cópia para cada um. E é dada a largada. Cada aluno lê um trecho, seguindo a ordem em que estão sentados. A fluidez da leitura varia enormemente. Um parece que não quer ser ouvido, de tão baixo que lê. Ele se retorce na cadeira, quase enfiando o rosto no papel. Impossível compreender o que diz. O próximo não consegue entender onde o colega parou. Uma das alunas articula as frases com clareza, alto e bom som. Já o próximo não toma conhecimento de sinais de pontuação enquanto recita suas frases. Depois de todos lerem em voz alta trechos do texto, a professora separa a turma em grupos e eles devem copiar a história no caderno. Essa é uma típica atividade para as aulas de leitura e compreensão textual na primeira metade do ensino fundamental. Mas ela está errada.

Quem diz não sou eu. É um grupo de 19 professores e coordenadores pedagógicos reunidos em uma sala na Biblioteca Municipal de Iraquara, município de 25 mil habitantes na região da Chapada

Diamantina, na Bahia. Eles fazem essa avaliação com base no estudo de algumas das teorias mais modernas e recentes da didática. Uma transcrição da aula acima foi apresentada ao grupo e eles deveriam apontar os problemas. Uma profusão de críticas e recomendações surgiram. "Ela não tentou instigar os alunos perguntando o que já sabiam sobre as estrelas", disse um professor. Sua colega à esquerda complementa explicando que as crianças se envolvem mais com a leitura quando discutem o tema antes de efetivamente começarem a ler. As reações de crianças são imprevisíveis, mas é verdade que no caso acima o assunto poderia ter sido introduzido com questões sobre o formato da estrela, quantas estrelas existem no céu ou para onde elas vão quando não está de noite. Os pequenos se divertiriam compartilhando suas visões e começariam a leitura mais engajados.

A teoria mostra que essa conversa introdutória não é bobagem. A compreensão de um texto depende muito dos conhecimentos prévios de quem está lendo. É assim que a pessoa faz associações que dão sentido ao conteúdo escrito. Foi exatamente isso que explicou a educadora Aline Novaes, que conduzia a reunião em Iraquara. Aline era a supervisora técnica da Secretaria de Educação, responsável por preparar as reuniões de capacitação dos profissionais que lidam com os alunos no dia a dia. Ela mesma já trabalhou como professora, coordenadora pedagógica e diretora em Iraquara. Estava no cargo havia três anos e cumpria bem o papel de garantir que essas sessões estivessem antenadas com o que acontece no chão da escola. Aline assiste a aulas, conversa com os professores e, nos seus cursos, atua de maneira direta onde vê erros mais recorrentes.

O processo de dissecar a aula continua. "A professora não deixou claro o objetivo daquela atividade com as estrelas", atenta uma das pessoas na reunião. Outro fator fundamental para aumentar a compreensão de um texto é saber para que ele está sendo lido. Além de dizer por que os alunos iam ler o texto, ela deveria ter contextualizado que texto era aquele, de onde ele saiu e por que seria lido pela turma. O consenso entre os presentes era de que a professora deveria ter dito aos alunos que a meta daquela atividade era, por exemplo, aprender mais sobre como nascem os corpos celestes. Portanto, uma mistura de aula de leitura com aula de ciências.

Outra ponderação: "Ela bota todos os alunos para lerem juntos, sem considerar que uns leem bem e outros não têm leitura fluida", comenta mais uma professora presente no curso. Os estudantes que não conseguem ler direito acabam ficando constrangidos quando são colocados para ler na frente de outros que sabem mais. A tendência é que aquele com deficiências na leitura fique mais para trás ainda. Outra pessoa lembra que depois os alunos são agrupados, mas novamente não há consideração sobre a diferença de nível entre eles.[1] Dois estudantes com nível mais próximo de conhecimento, no entanto, se beneficiarão caso sejam postos para trabalhar lado a lado. Afinal, eles se ajudam a vencer dificuldades comuns.

Outra atividade organizada por Aline foca nos itens que os estudantes mais erraram nos simulados da Prova Brasil — distribuídos a todas as escolas pela prefeitura. Aline seleciona alguns itens que testam conhecimentos básicos de matemática e conversa com os professores sobre como eles ensinam cada um daqueles temas. Durante o papo, os professores vão trocando dicas, sempre sob a mediação de Aline. As frações, por exemplo, quase sempre geram dúvidas nos alunos e professores, que costumam se enrolar para explicar o conceito. Enquanto assistia à reunião liderada por ela, senti uma enorme vontade de dar uma aula. Uma vontade completamente involuntária, fruto da curiosidade de testar aquelas premissas que ela ensina com tanta desenvoltura e paixão. O mesmo acontecia com os professores ali presentes, que demonstravam indisfarçável empolgação com o momento. Eles voltarão ao trabalho cheios de ideias sobre como ensinar melhor e com uma clara noção de quais táticas são mais eficazes.

Muitos daqueles educadores, enquanto participavam da discussão sobre os erros da aula apresentada, provavelmente pensavam que às vezes cometem os mesmos equívocos. "Esse é o padrão.

Os professores se reconhecem nessas sessões de reflexão sobre a prática. E se lembrarão disso quando voltarem para a sala de aula", diz a ex- secretária de Educação de Iraquara, Cláudia Rocha. Ela também lecionou na rede municipal e hoje é uma das responsáveis por coordenar a atuação da ONG Instituto Chapada de Educação e Pesquisa nesses pequenos municípios da Chapada Diamantina. O Instituto apoia profissionais como Aline Novaes na elaboração de cursos de formação personalizados para atender os problemas mais recorrentes das salas de aula daquele local.

A origem da atuação do Instituto Chapada está nos anos 1990, quando a baiana Cybele Amado começou um movimento para aumentar a qualidade do ensino na região, famosa pela natureza singular, mas também pela pobreza. "O professor não dá uma aula ruim porque quer. Quando isso acontece, ele vai para casa cabisbaixo, com um sentimento de que não cumpriu o seu dever. Mas frequentemente ele não encontra as ferramentas para fazer uma aula melhor", diz Cybele Amado em nosso encontro em Salvador. O que o Instituto Chapada fez e faz é simples: leva essas ferramentas para o interior da Bahia.

* * *

Hoje em dia, a viagem de Salvador a Palmeiras, um dos 24 municípios da Chapada Diamantina, leva seis horas. Podia até ser mais rápida se a estrada estivesse em melhor estado. Mas, quando Cybele foi pela primeira vez até lá, em 1991, o trajeto demorava mais de dez horas — a maior parte em estrada de terra. Naquele comecinho da década de 1990, tinha 24 anos e estava fazendo uma pós-graduação na tradicional Faculdade de Educação da Bahia. Em Salvador, Cybele trabalhava na criação de uma escola que empregava técnicas modernas de didática para a época. A viagem para o distrito de Caeté-Açu, em Palmeiras, deveria ser apenas um momento de descanso no meio do carnaval, de cujo agito ela nunca gostou. Mas a história daquela jovem pedagoga e de toda a Chapada Diamantina foi modificada pelo que ela viveu ali.

O vilarejo em que Cybele ficou hospedada se chama Vila do Capão e é conhecido pela aura esotérica misturada com natureza magnífica. Por isso, atrai turistas do mundo inteiro. Alguns acabam ficando por lá e passam a viver do trabalho com o turismo — o típico caso de paraísos escondidos pelo Brasil. Mas não foi o charme e a excentricidade do lugar que impressionaram Cybele. Foram as escolas. Conversando com locais, ela contou dos seus estudos na área de educação. Imediatamente, foi convidada a visitar as salas de aula e talvez dar alguns conselhos a professores e diretores sobre como melhorar as condições dos alunos. O convite não era apenas fruto da hospitalidade e simpatia dos baianos da Chapada. Eles estavam desesperados. Aquelas escolas realmente precisavam de ajuda e isso estava evidente até para o menos educado dos moradores da região.

Quase todos os alunos, inclusive os mais velhos, não sabiam ler ou escrever. Eles só copiavam sem entender o significado das palavras escritas no quadro. Fingiam que aprendiam, e os professores fingiam que ensinavam. No fim do ano, praticamente metade da turma era reprovada. A evasão escolar era de 70% nos primeiros anos do ensino fundamental — quando as crianças deveriam ter até 10 anos de idade. Havia gente de todas as idades nessas séries, até adultos. O município, que ainda em 2017 tinha menos de 10 mil habitantes, era símbolo da educação pública no Brasil nos anos 1990 e, em casos extremos, até hoje: o aluno repetia, repetia e repetia e depois abandonava a escola. Pela justificativa do professor, do diretor e do governo, a culpa era sempre do pobre coitado, que era desinteressado, desatento, bagunceiro. E assim o ciclo de pobreza e ignorância atravessava gerações. Em Palmeiras, as escolas eram todas estaduais. A falta de aprendizado tinha tudo a ver com a carência de professores na região. Nenhuma escola tinha coordenador pedagógico, e os educadores faltavam impunemente. As unidades também estavam abandonadas. Várias salas tinham buracos nas paredes. Cybele voltou para Salvador arrasada. E não parou de pensar no que podia fazer para ajudar. Alguns dias depois, lendo o jornal, descobriu — Um anúncio trazia a lista com dezenas de municípios para os quais o governo do estado da Bahia faria concurso de professor do ensino fundamental. Palmeiras estava entre eles. Funcionava assim: as provas aconteciam nas cidades onde havia vaga. Cybele, portanto, prestou o exame em Palmeiras. Mas se espantou ao notar que só havia ela na sala. O motivo: ninguém mais se inscrevera para aquela cidade. Concorrendo consigo mesma, virou professora de língua portuguesa. Colocou suas roupas numa mala de mão roxa e encheu três caixas com livros e discos. Ali estavam cópias de obras dos teóricos do construtivismo, mas também literatura do seu tio-avô Jorge Amado. A música de Caetano Veloso e Gilberto Gil também iam para Palmeiras na mala de Cybele. Assim ela partiu para uma temporada que duraria 23 anos na Chapada Diamantina.

O que separa a aventura de Cybele no início dos anos 1990 do modelo inovador de treinamento de professores que acontece hoje em Iraquara, ou Novo Horizonte, ou Seabra, todos municípios na Chapada Diamantina com os melhores indicadores de desenvolvimento da educação básica da Bahia? Com embasamento teórico muito robusto, pouco a pouco Cybele passou a compreender o que impedia cada aluno com quem convivia de aprender. Ela faz questão de ressaltar como a pobreza do interior baiano é fulminante para os planos de qualquer educador, por mais talentoso e preparado que seja. Até muito recentemente, os estudantes e suas famílias passavam fome e sofriam com doenças infecciosas das mais elementares. Mas ela reconhece que boa parte do problema está na interação entre professor e aluno. Em uma das salas de sua casa, recebia as crianças com mais dificuldade de aprender. Notava que a maioria não aprendia com o método de alfabetização que sua professora utilizava. E, assim, acabavam ficando para trás — muitas vezes para sempre. O caso da própria Cybele foi parecido durante a infância. Ela tinha dificuldade de aprender aos 7 anos e chegou a repetir de ano. Mas deslanchou quando seus pais e professores descobriram a parte da alfabetização em que fazia confusão: a hora de juntar as letras. Eles focaram as explicações nessa fragilidade e ela avançou.

A Cybele professora percebeu que os alunos eram repreendidos quando cometiam erros naturais durante a alfabetização. Se a professora pede para escrever a palavra boneca e o aluno escreve "oea", isso é um erro? À primeira vista, é. E os professores em Palmeiras e na Chapada como um todo o corrigiam imediatamente. Mas podia também se tratar de um baita avanço. A criança está em processo de aprendizado, e, para ela, sair do momento em que fazia um rabisco e dizia que tinha escrito boneca para o ponto em que escrevia "oea", que tem som próximo ao da palavra verdadeira, é um tremendo passo adiante. Se ela continuar no processo de aprender a ler e escrever, em algum momento o "oea" vira "boea" ou qualquer outra coisa começando com a letra B. Outra vitória. O aluno já estará associando o desenho da letra B com o seu respectivo som. Até chegar em "boneca" de verdade é um trajeto que pode ser curto ou longo, mas isso precisa ser entendido pelo professor em detalhes. Se o profissional rechaça os avanços iniciais só porque eles chegam semanas ou meses depois de outra criança, é provável que esse estudante fique cada vez mais para trás e não aprenda a ler com fluência.

Foi com esse diagnóstico em mãos que Cybele resolveu, já em 1997, montar um projeto de alfabetização de crianças que recebeu o nome de Projeto Chapada. Logo de cara, 12 municípios aderiram. O analfabetismo entre os jovens era assustador em partes da Bahia nos anos 1990, a Chapada incluída. No final do ensino fundamental I, cerca de 65% das crianças dos municípios da Chapada não sabiam ler nem escrever. Cybele passou a exigir que os municípios tivessem coordenadores pedagógicos que ela treinaria e que repassariam os conhecimentos adiante. Assim, ela desenvolveu formadores locais, capazes de dar capilaridade à tarefa de fazer com que os professores efetivamente conseguissem alfabetizar suas turmas. No final dos anos 1990, um apoio da Fundação Abrinq permitiu a expansão do projeto. Todo mês, Cybele se encontrava com cada uma das dezenas de equipes de coordenadores e diretores, que repassavam o que aprendiam para os professores na ponta. E o risco de as informações se perderem no caminho? De tempos em tempos, havia reuniões com os professores também, como a descrita no começo deste capítulo.

Em 2006, Cybele Amado fundou o Instituto Chapada e abandonou o cargo de professora. Nessa altura, sua atuação na região ia muito além da alfabetização. O Instituto passou a organizar grandes eventos, reuniões que envolviam todos os prefeitos e secretários. Alguns projetos foram para o semiárido baiano, outros para cidades maiores em Pernambuco, como Jaboatão dos Guararapes, que tem 650 mil habitantes e fica na região metropolitana de Recife. Depois, até para a capital baiana: Salvador.

* * *

"Quando eu aprendo algo novo, fico tão ansiosa para chegar à sala de aula e aplicar o que aprendi que mal consigo dormir." Todo professor deveria ser como Marineide Silva e Souza, que ensina as crianças dos primeiros anos do primário a ler e escrever na Escola Municipal Professora Maria Marcolina Xavier, em Ibitiara, município de 16 mil habitantes na Chapada Diamantina. A empolgação com que fala sobre sua profissão é exemplar. Há 14 anos, ela dá aulas na rede municipal. E, pelo que descreve, já foi uma profissional bem despreparada.

Ainda no final da adolescência, Marineide começou a ensinar crianças e adultos no povoado de Lagoa do Dionísio, que tem algumas centenas de habitantes. Depois, foi para uma escola estadual no centro de Ibitiara. Com mais ou menos vinte alunos, Marineide não sabia em que estágio de aprendizado cada um estava. Também desconhecia ao certo o que fazer para ensiná-los a ler e escrever. Embora formada em pedagogia, ela ensinava as crianças com base em pura intuição — ela mesma reconhece que fez uma faculdade muito fraca no interior da Bahia. E, pela sua intuição, a esmagadora maioria das crianças era simplesmente burra demais para aprender. Quando Marineide pedia para um aluno escrever sapo, ele desenhava várias bolinhas. O outro, ao seu lado, escrevia o próprio nome, achando que escrevera "sapo". Um terceiro usava as letras do seu próprio nome em ordens diferentes e achava que tinha escrito "sapo". Essas crianças estavam em estágios diferentes da alfabetização. Mas, para todas elas, Marineide oferecia a mesma resposta: "Está errado!" Ela "resolvia" o problema escrevendo a palavra corretamente no quadro e mandando a turma copiar.

Kátia Xavier, que costuma dar aulas para crianças do 4º e 5º anos do ensino fundamental, está há 15 anos na rede pública de Ibitiara. Ela fazia as mesmas coisas que Marineide. E lembra que sua maior dificuldade era trabalhar os textos com as crianças. Como despertar o interesse delas? O mais comum era fazer a molecada ler até memorizar. Discussão sobre o que foi lido? Raramente. Afinal, ela estava ali para ensinar, e não para debater. E sua concepção de ensino envolvia repetição exaustiva. Nada de bater papo. O pior é que não ensinava nada. Tanto Marineide quanto Kátia reprovavam quase metade das suas turmas. Eram crianças com dificuldades normais, que qualquer menino de família de classe média na região Sudeste enfrenta e supera. A diferença é que os do interior da Bahia ficavam para trás.

Marineide e Kátia hoje fazem parte do sofisticado sistema de preparação dos professores que a maioria das cidades da Chapada Diamantina adotou. Em Ibitiara, funciona assim: todo fim de ano, os alunos da rede municipal fazem provas iguais de português e matemática. A equipe da Secretaria de Educação, formada por uma dezena de ex-professoras, avalia os resultados e traça um plano do que deve ser reforçado na preparação dos educadores no ano seguinte. Cada grupo de duas ou três escolas possui um coordenador pedagógico, que se reúne com cada professor semanalmente para ajudá-lo a preparar as aulas da semana seguinte. Em alguns momentos do ano, os coordenadores chegam a gravar as aulas dos professores para discutir o desempenho deles nas reuniões. O trabalho desse coordenador também é passar para os professores um pouco do que ele mesmo aprende em reuniões quinzenais com formadores do Instituto Chapada. Esses encontros abordam os temas combinados no início do ano, segundo as fragilidades observadas nas provas do ano anterior. As formações têm modelo parecido com as que acontecem em Iraquara. Além disso, uma ou duas vezes por ano, todos os professores se reúnem por um dia inteiro com algum especialista que vem a Ibitiara especialmente para passar técnicas educacionais à equipe. No ano anterior ao da minha visita a Ibitiara (2014), os professores ouviram uma palestra do educador Vasco Moretto, um especialista em ensinar como elaborar uma boa prova. Em Ibitiara e em outros municípios da região da Chapada Diamantina, os educadores utilizam um terço da sua carga horária para preparar as aulas. Neste momento, são substituídos por professores que ficam a postos para ocupar o lugar dos titulares quando estes se encontram no meio de atividades como a preparação das aulas com o coordenador pedagógico.

A existência desse período é uma determinação da lei do piso nacional do professor, de 2008, julgada constitucional pelo Supremo Tribunal Federal em 2011. Poucos estados e municípios cumprem a determinação de que o professor deve dedicar um terço da jornada à preparação das aulas. Em diversos casos, o profissional usa esse tempo para outras atividades, como o deslocamento entre escolas. Mas na Chapada, não. O foco lá é em melhorar a atuação de quem comanda o show na sala de aula. E planejar o que fazer é fundamental para a aula dar certo.

"Agora, enquanto eu ensino as crianças a ler, observo quem não está acompanhando. Em algum momento das aulas eu dedico mais tempo a alunos individualmente para saber a necessidade específica de cada um", diz Marineide Silva e Souza. "Hoje eu sei que o erro é uma descoberta, e me oferece a oportunidade para trabalhar em cima da necessidade de cada criança. O erro me diz muito sobre o que aquele aluno sabe, não sabe e sobre qual deve ser o meu próximo passo." A forma como o Instituto Chapada estimula os professores a ensinar segue os preceitos do construtivismo, rótulo que gera muita confusão. A desinformação sobre o que significa de fato o construtivismo fazia com que professores como Marineide e Kátia pensassem se tratar de uma verdadeira anarquia: o aluno faz o que quer. Esse é um equívoco gigantesco.

O construtivismo, basicamente, é uma concepção de ensino baseada no entendimento de que o aprendizado não é passivo. Ou seja, não basta o professor cuspir a teoria para a turma, esperar que todo mundo decore e faça a prova usando a memória. Mais importante do que isso é o estudante analisar o objeto estudado e testar as próprias hipóteses, como fazem os cientistas ou os adultos na vida real quando precisam resolver um problema. Acadêmicos e especialistas em alfabetização travam uma disputa eterna sobre qual é a melhor forma de ensinar uma criança a ler e escrever: o método construtivista ou o fônico. Mas ambos se mostram efetivos dependendo do contexto. O fundamental é que o professor esteja preparado para usar a ferramenta que julgar mais adequada.

Outra professora da Escola Municipal Professora Maria Marcolina Xavier, em Ibitiara, explica usando de uma das estratégias de ensino que aprendeu recentemente — seu nome é Zélia Cavalcanti. Ela costuma usar o título dos livros para trabalhar a memorização das sílabas. Zélia gasta um bom tempo analisando a palavra "chapeuzinho", da fábula Chapeuzinho Vermelho. Ela quer que seus estudantes lembrem de outras palavras que têm a sílaba "cha". Ela escreve essas palavras no quadro e pede para as crianças indicarem semelhança entre o título e o vocábulo na lousa. Depois faz o mesmo com "peu", com "zi" e com "nho". Uma parte substancial da alfabetização tem a ver com a memorização dos símbolos e o reconhecimento desses em "contextos" diferentes, formando palavras novas.

O sistema de apoio ao trabalho docente empolga educadores como Marineide, Zélia e Kátia. Esta última diz se sentir mais valorizada por notar que houve um esforço das administrações municipais para lhe oferecer ferramentas que lhe permitissem melhorar em classe. Marineide diz que trabalha com mais paixão porque agora consegue ver o avanço das crianças com clareza. Todas as professoras e professores com quem conversei na região da Chapada Diamantina se dizem mais orgulhosos da profissão. Os seus salários variam enormemente. Em média, giram em torno de três salários mínimos. Mas, passado um certo patamar salarial que permita viver dignamente nessas cidades que têm baixo custo de vida, os educadores parecem se preocupar mais com as condições de trabalho do que com o quanto ganham. O tipo de formação profissional que é oferecido em Ibitiara melhora e muito as condições para que Marineides, Zélias e Kátias consigam cumprir sua missão: ensinar bem.

* * *

A 1.200 quilômetros de distância de Ibitiara está Trindade, cidade da região metropolitana de Goiânia conhecida como a segunda que mais atrai turismo religioso no país. Fica atrás apenas de Aparecida, em São Paulo, onde está o maior templo católico do Brasil e o segundo maior do mundo. O que atrai romeiros a Trindade são as festividades no entorno da Igreja da Matriz do Divino Pai Eterno e da Basílica Santuário do Divino Pai Eterno, que foi elevada à categoria de basílica menor em 2006 pelo papa Bento XVI e passava por obras de expansão em 2015. A tradição é tão forte que a rodovia GO-060, que liga Goiânia a Trindade, tem uma faixa lateral que se estende por 17 quilômetros dedicada apenas aos romeiros que se aventuram a andar da capital do estado a Trindade pelo menos uma vez por ano. O centro da cidade não difere muito do típico cenário de município do interior. Quase todas as ruas são estreitas e de paralelepípedos, com calçadas onde mal cabem um pedestre indo e outro voltando.

Prédios quase nunca são mais altos do que três andares. A maioria das pessoas mora em casas. O entorno de uma praça principal concentra a maior parte das atividades comerciais. Nada de shoppings. Aqui o comércio se dá na rua e o lazer, na praça. É justamente nela que fica a Igreja da Matriz. Na praça são realizadas festividades religiosas e eventos de toda sorte — de comícios políticos a festas juninas. A vida costuma ser pacata, mas parece confortável.

O cenário é completamente diferente do outro lado da rodovia, onde está localizado o distrito de Trindade II. Lá, a pobreza é escancarada. As ruas são de terra, a esmagadora maioria das casas tem a alvenaria exposta e o transporte é intermitente. Depois de passar uma manhã inteira no bairro, não vi um único ônibus rodando. Os moradores dizem que isso é "normal", passa pouco transporte mesmo.

O colégio Alfa e Ômega tem uma estrutura tão capenga quanto a do distrito Trindade II, onde está localizado. A unidade recebe mais de mil estudantes do ensino médio e do segundo ciclo do fundamental. Essa era uma escola particular que foi crescendo na base do puxadinho. Era mantida pelo antigo dono quase que por caridade, pois a maioria das famílias não pagava as mensalidades. Em 2011, foi incorporada à rede estadual de Goiás. O pátio é o antigo quintal de uma casa do bairro, com chão de concreto. No meio do espaço há uma caixa d'água. A sala dos professores também não tem piso. As salas de aula são pequenas e quentes. A da diretora e da coordenadora pedagógica é, na verdade, a sala de estar de uma das casas que compõem a escola. O cômodo tem um vazamento atrás do sofá e isso inunda o local algumas vezes por dia. Não é fácil trabalhar nem estudar ali. Por esse conjunto de adversidades, é surpreendente notar o alto nível de parte da equipe da escola.

Vejamos o caso de Ligianne dos Santos Pinto Sousa, coordenadora pedagógica que tinha 31 anos em 2015. Sua história é sintomática dos potenciais e das limitações típicas da carreira de professor da rede pública. Ligianne estudou na escola Alfa e Ômega quando ainda era particular. Depois, cursou letras na Faculdade Padrão, em Goiânia. Essa é uma das piores instituições de ensino superior do estado de Goiás, de acordo com o Índice Geral de Cursos divulgado pelo Ministério da Educação em 2014. Isso não a impediu de se tornar uma professora competente. Em 2012, ela passou a dar aulas de língua portuguesa na escola onde estudou. Foi admitida com um contrato temporário, com todos os outros educadores da Alfa e Ômega. Mas seu desempenho foi extraordinário desde o início. Ela demonstrou ser atenciosa com os alunos e rigorosa na hora de cobrá-los por resultados.

Também é verdade que Ligianne contou com uma grande ajuda. Entre 2011 e 2014, as escolas estaduais do município de Trindade passaram a ter um acompanhamento diferente por parte da Secretaria de Educação. Surgiu uma figura chamada tutor pedagógico de área. Trata-se de um ótimo professor de português ou de matemática cuja função é visitar um punhado de escolas e acompanhar as aulas dos colegas que ensinam a disciplina, dando dicas sobre como cada um pode melhorar. À primeira vista, pode parecer uma inspeção, mas não é. O único objetivo dessa figura é entender as angústias do seu par que está em sala de aula e passar a ele estratégias para melhorar seu desempenho. Esses tutores passaram por uma longa formação com a equipe da Fundação Itaú Social, que ajudou a bolar o programa com a Secretaria de Educação do estado de Goiás. Conversei com professores de Trindade que receberam a tutoria — alguns deles hoje fazem parte de uma equipe da Secretaria Municipal responsável por levar o programa às escolas administradas pela prefeitura. Eles foram unânimes em dizer que adoravam.

Ligianne explica os motivos que tornaram o programa tão popular entre seus colegas. "O tutor me ajudou muito porque ele vai bem na ferida", diz ela. "A faculdade não me ensinou a planejar aulas, nem a avaliar meus estudantes. Eu aprendi isso aqui, como professora desta escola." Assim como na Chapada Diamantina, uma prática comum era a gravação das aulas. A diretora do colégio Alfa e Ômega, Núbia Rosária Morais, foi tutora da área de matemática por dois anos. Em cada ano, ela cuidou de cinco escolas. Uma delas foi justamente a que dirige hoje. Núbia conta como achava incrível que, ao assistirem a si mesmos, os professores fossem capazes de apontar a maior parte dos erros que cometiam. "A tutoria faz toda a diferença porque incentiva o professor e melhora a nossa motivação", diz a professora de matemática Suelma Franciellen Campos, que foi tutorada por Núbia. Suelma costumava levar para a sala de aula uma lista de exercícios que ela mesma resolvia no quadro, sem notar que os alunos ficavam extremamente entediados. Isso ficou mais claro quando assistiu a uma gravação da aula, que ela mesmo achou chatíssima. Em pouco tempo, Suelma e Núbia adaptaram esse tipo de atividade e as aulas melhoraram substancialmente.

Quando Núbia virou diretora da Alfa e Ômega, em 2015, convidou Ligianne para assumir o cargo de coordenadora pedagógica. Embora o programa de tutoria de área tenha sido extinto pela secretária de Educação que assumiu após a reeleição do governador Marconi Perillo, Ligianne continuou a se beneficiar de uma versão mais barata desse mesmo programa — a tutoria pedagógica de acompanhamento ao coordenador. A responsável pela escola Alfa e Ômega é a tutora Lucivalda Maria Gonçalves, professora da rede estadual há mais de vinte anos. Quando Núbia escolheu Ligianne para ser coordenadora, queria justamente que ela assistisse as aulas dos outros professores para dar o tipo de retorno que o tutor conseguia oferecer. Mas como dizer a um professor que os alunos não suportam uma aula inteira apenas fazendo os exercícios no quadro? Ligianne pode pedir ajuda a Lucivalda, sua tutora, que tem mais experiência na função de coordenadora pedagógica. A função de Lucivalda é orientar coordenadoras pedagógicas mais inexperientes como Ligianne sobre como agir diante de situações sensíveis como essa. E uma delas havia acontecido justamente dias antes de minha visita à escola, em agosto de 2015. Um grupo de alunos marotos, revoltados com o descaso de um professor, entregaram um trabalho cujo conteúdo era uma baboseira qualquer que não tinha nada a ver com a matéria. Receberam nota 10. Ou seja, o trabalho nem sequer foi lido. Revoltados, os estudantes denunciaram a barbaridade durante a reunião do conselho de classe. Reclamaram, entre outras coisas, que "os professores ofereciam tudo pronto para eles", não estimulavam a criatividade e pouco interagiam. Ligianne precisou administrar a situação, pressionando os professores para ouvirem as demandas dos seus estudantes.

Lucivalda também ajuda Ligianne na tarefa hercúlea de fazer com que os pais se envolvam mais na educação dos filhos — um desafio até para escolas particulares de ponta em cidades como Rio de Janeiro e São Paulo. A maior parte dá pouca atenção à escola. Acham que os filhos adolescentes no ensino médio são suficientemente grandes para se virar. E a verdade é que Trindade II tem uma população pobre e pouco educada, para quem a escola é uma instituição misteriosa e impenetrável. Nas conversas entre tutora e tutorada surgiu a ideia de trazer o pai de um dos alunos mais indisciplinados para assistir a aula com ele por alguns dias. E deu certo. O menino parou de fugir para fumar maconha durante o horário da aula e passou a se dedicar mais. Afinal, o pai estava cobrando mais em casa. E o menino confessou que nunca mais gostaria de passar pela vergonha de ter que assistir à aula vigiado por ele.

Agora pensemos em qualquer outro ambiente profissional que não uma escola pública num bairro pobre de uma cidade média goiana. Uma profissional recém-formada se destaca em seu trabalho, aproveita bem o programa de qualificação disponível e recebe uma promoção após três anos na "casa". Ela passa a gerenciar um grupo de outros profissionais e sua tarefa é ajudá-los a cumprir suas funções tão bem quanto ela cumpria as dela. Qualquer jovem talentosa e esforçada gostaria de ver seu trabalho reconhecido do modo como o de Ligianne foi. Ela claramente estava avançando na carreira. A diferença é que, como coordenadora pedagógica, trabalhava mais e ganhava o mesmo salário. Esse salário era de 1.400 reais para vinte horas semanais (em 2015). "Quando eu trabalhava numa loja de móveis durante a faculdade, ganhava melhor até nos meses menos movimentados", diz Ligianne. Como os professores da escola são admitidos no esquema de contrato temporário, eles têm menos direitos que os professores concursados. Não podem ganhar bônus por desempenho como o resto da rede, por exemplo. E o salário era cerca de metade. O processo burocrático dificulta contratações. Quando um professor é admitido, demora cerca de três meses para receber o primeiro salário. Em casa, o marido de Ligianne a pressionava para que mudasse de trabalho e recebesse um salário melhor. Mas ela sempre dizia que gostava do que fazia e sentia poder alcançar posições ainda mais altas na estrutura da rede estadual.

No início de 2016, enfim, Ligianne teve que ceder. A escola Alfa e Ômega, como todas as outras da rede estadual, precisou demitir os profissionais com contratos temporários que estivessem trabalhando havia mais de 36 meses. Ligianne acabou indo trabalhar numa escola particular em Goiânia e a rede pública perdeu não só o seu talento, mas toda a preparação que ela acumulou com as formações que recebeu.

* * *

Em 2013, o estado de Goiás se tornou o primeiro colocado do país no Ideb para o ensino médio. A nota, é verdade, não é muito animadora: 3,8 de 10. Mas o estado saiu do 16º lugar em 2011 para o primeiro em 2013. Nesse período, a taxa de evasão escolar no ensino médio também caiu de 15,9% para 6,1%.[2] Ou seja, Goiás tem proporcionado mais aprendizado aos seus jovens e mantido um número maior deles em sala de aula — não é o único estado a fazer isso, mas foi um dos que melhor fizeram. Políticas como a tutoria têm papel central na melhoria dos indicadores educacionais de lá. E essas transformações foram aceleradas na gestão de um jovem político goiano que ficou três anos à frente da pasta.

Thiago Peixoto iniciou reformas arrojadas na Secretaria de Educação quando assumiu o cargo, em 2011. Ele foi convidado pelo então governador recém-eleito Marconi Perillo após ter feito oposição a sua eleição. Peixoto tinha 36 anos e acabara de ser eleito deputado federal pelo PMDB, partido do ex-governador Íris Rezende, que perdeu a eleição para Marconi Perillo em 2010 (e de novo em 2014). Peixoto teve que trocar de legenda e abandonar seu grupo político original para assumir a pasta. Fez um cálculo político e achou que valia a pena. Mas chegou disposto a conseguir resultados rápidos. Ambicioso, viu na Secretaria de Educação a oportunidade de criar uma vitrine. Logo contratou a consultoria americana Bain & Company e fez uma varredura da rede em busca de problemas. Encontrou a já famosa má preparação dos professores no topo da lista. E a grande aposta para melhorar esse calcanhar de aquiles foram os trezentos tutores contratados para preparar coordenadores pedagógicos em todas as escolas de Goiás — os tutores especializados em áreas eram só trinta e esse programa era piloto porque, embora pudesse ter efeito maior, também custava mais caro.

Um sujeito em particular ajudou a moldar a estratégia da tutoria: o ex-professor de química Raph Gomes Alves, que virou superintendente pedagógico na gestão de Peixoto. O químico, que deu aulas na rede municipal de Goiânia e na estadual de Goiás, notava que, de modo geral, o coordenador pedagógico fazia de tudo, menos cuidar da formação do professor. Mas essa é a sua principal tarefa. Raph sabia que era rara a prática de analisar os planejamentos de aula, por exemplo. Assistir aos professores em ação, então, era raríssimo. Na impossibilidade orçamentária de se fazer tutorias focadas como a que se viu no projeto-piloto de Trindade, Raph e Peixoto apostaram em pelo menos melhorar o coordenador pedagógico — e garantir que ele cumpra o papel de apoiar o professor. O efeito é o mesmo que ter um tutor específico de cada área guiando os professores? Não. Mas os resultados vieram.

Na gestão posterior à de Peixoto, quem passou a cuidar do programa foi justamente uma ex-tutora: Lidiane Rodrigues da Mata, que era professora de geografia e matemática em Trindade. Formada em matemática na Universidade Federal de Goiás, ela passou dez anos como professora do Colégio Estadual Padre Pelágio, que tem um desempenho médio baixo na Prova Brasil e no Enem. Mas Lidiane se destacava. Os alunos gostavam da suas aulas e não faltavam. Em 2012, ela participou de um processo de seleção para ser tutora pedagógica porque sentia que merecia algum tipo de promoção pelo seu bom trabalho na sala de aula — inclusive lecionando geografia, uma disciplina que não havia estudado na graduação. Primeiro, ela foi tutora de professores de matemática e depois dos coordenadores. Realizou bem esses trabalhos e em 2015 passou a chefiar o núcleo de formação dos tutores.

Durante os dois dias anteriores à minha visita, Lidiane liderava a terceira de quatro reuniões anuais onde todos os trezentos tutores recebem um curso preparatório. Eles são instruídos sobre quais serão os próximos temas que deverão tratar com os coordenadores pedagógicos de suas escolas. Nesse encontro, que ocorreu na histórica Pirenópolis, a tropa de educadores estudou os formatos mais adequados para testar se uma turma aprendeu ou não um tópico. Falaram sobre as técnicas de tabular as notas de cada estudante e produzir estatísticas simples sobre quantos conseguiram entender um assunto, como análise combinatória em matemática, por exemplo, e quantos ficaram boiando. Esse método, que será visto outras vezes neste livro, é fundamental para identificar problemas cedo e evitar que os alunos que apresentam dificuldade fiquem para trás.

Ainda hoje, alguns dos que se destacam na sala de aula, como foi o caso de Lidiane, podem conseguir uma promoção: dias antes de eu visitar a cidade, em agosto de 2015, a regional de Trindade tinha acabado de elevar dois professores ao cargo de tutor. Os profissionais que ocupam esses cargos também ajudam diretores das escolas a escolher, entre os professores das unidades, quem pode virar coordenador pedagógico. O coordenador é outra dessas posições que tem o potencial de premiar o professor que trabalha bem (como ocorreu com Ligianne). Pode-se argumentar que esses cargos de tutores e coordenadores pedagógicos representam uma fatia muito pequena dos funcionários da rede estadual (menos de 3%). E é natural. Não se pode ter muito cacique para pouco índio. Mas um caminho para a valorização da carreira docente está no desenvolvimento de um sistema que estimule a vontade de avançar — tanto com um plano de carreira inteligente quanto com posições desejadas pelos professores, cargos que permitirão ao bom profissional propagar seus conhecimentos e ter efeito na vida de um número ainda maior de adolescentes.

Por um lado, um programa bem estruturado de tutoria auxilia quem está na escola a desenvolver seus conhecimentos. Por outro, posições como a de tutor criam um mercado de vagas para bons professores que podem ajudar outros colegas a ensinar mais e melhor. Essa fórmula foi utilizada em outros lugares do mundo com sucesso.

Um dos estudos mais influentes sobre políticas públicas em educação foi feito pela consultoria McKinsey & Company em 2010.[3] A pesquisa mostrou a trajetória de melhoria de indicadores educacionais de vinte sistemas públicos de ensino — estaduais, provinciais ou nacionais. Minas Gerais apareceu como único exemplo na América Latina (esse caso será tratado no último capítulo deste livro). Uma das intervenções que os consultores da McKinsey encontraram como recorrente entre os casos de maior sucesso é o que chamam de "colaboração profissional entre pares". Isso é o que se vê, por exemplo, no emblemático caso da província de Ontário, no Canadá, frequentemente citada como bom exemplo em estudos internacionais — como o da McKinsey e os da OCDE.[4]

As unidades de governo canadenses têm mais autonomia que as do Brasil. As suas "secretarias", por exemplo, são chamadas de "ministérios". Em 2003, o Ministério da Educação de Ontário, sediado em Toronto, criou uma divisão inteira encarregada de achar professores e diretores com histórico de melhorar o desempenho dos alunos. Os critérios de avaliação são muito claros, como percentual médio de avanço das notas em exames padronizados. Esses educadores são deslocados para uma das sete unidades regionais da província e lá passam três anos empenhados em ajudar outras escolas com desempenho mais fraco. A cada ano, cerca de 120 profissionais que se destacam em suas escolas são escolhidos para espalhar boas práticas por toda a rede. A vice-ministra de Educação de Ontário, Mary Jean Gallagher, considera a política uma das mais importantes no salto que sua província deu de 2003 para cá. Naquele ano, 54% dos estudantes tinham uma nota média que atendia aos parâmetros de qualidade estabelecidos pelo governo local. Em escolas frequentadas por filhos de pais pouco escolarizados, como bairros de imigrantes em Toronto, menos de um terço dos estudantes alcançavam pontuação satisfatória. Em 2015, 72% alcançaram as notas mínimas de aprendizado adequado e apenas 67 escolas entre mais de 4 mil unidades têm mais da metade dos alunos abaixo da média exigida pela província.

Programas parecidos também foram adotados no Reino Unido, onde um órgão público — o Ofsted (Office of Standards in Education) — visita periodicamente as escolas para avaliar a qualidade das aulas e explicar o que falta melhorar. O Reino Unido também criou uma escola de formação de lideranças educacionais, que podem ser diretores ou professores interessados em fazer parte da gestão pedagógica. A instituição leva os líderes em formação para visitar e acompanhar aulas com o objetivo de melhorá-las depois.[5] E essas duas iniciativas tiveram colaboração dos sindicatos de professores locais, geralmente refratários a medidas que tragam padrões e responsabilização para as salas de aula.

Tanto em Ontário quanto no Reino Unido, há um processo contínuo de valorização da imagem pública do professor. Parece conversa fiada, mas é algo muito sério. A gestão do ex-primeiro ministro Tony Blair na Grã Bretanha, entre 1997 e 2007, foi marcada por um foco inédito no que se passava no mundo do ensino. Eventos de premiação dos melhores professores passaram a ocupar parte importante da agenda dos líderes políticos e ganharam espaço no horário nobre do canal de TV estatal BBC. Aumentos de salário fizeram parte do pacote, enquanto as cobranças por resultados também cresceram. Ser professor se tornou uma profissão mais valorizada, mas também mais difícil. Em Ontário, o premier Dalton McGuinty (chefe do governo provincial) foi eleito em 2003 com uma plataforma que o descrevia como o candidato da educação. Ele esteve pessoalmente envolvido na elaboração e divulgação das intervenções que levaram Ontário ao patamar de exemplo internacional de reforma na área.

Goiás até começou bem, criando um modelo sofisticado de formação e iniciando as bases para um mercado de posições na área educacional. Mas a gestão de Marconi Perillo acabou falhando no modo de tratar a carreira como um todo. O caso da escola Alfa e Ômega, cuja coordenadora pedagógica teve de deixar o cargo e foi trabalhar numa escola privada, é emblemático. Várias escolas se veem repletas de professores temporários, como é o caso desse colégio em Trindade. Isso significa que eles não têm um plano de carreira e ficarão no máximo dois anos na função. No início de 2015, 10 mil temporários tiveram que ser dispensados porque, por lei, não poderiam ter seus contratos renovados. Ao longo daquele ano, outros 5 mil foram contratados para substituí-los. Mas há ampla evidência na literatura acadêmica de que a alta rotatividade de professores é prejudicial para o aprendizado.[6] Esse tipo de situação neutraliza qualquer plano para melhorar a atratividade e o prestígio da carreira de professor. Em 2016, o governo goiano não fazia concurso público para professor havia sete anos. A decisão de só contratar temporários era parte de uma estratégia do governo local de passar a administração das escolas para organizações sociais privadas, em um modelo semelhante ao que já acontece na saúde. Essas organizações fariam a contratação dos professores diretamente. O primeiro chamamento público feito pelo governo goiano não deu certo. Todas as cinco concorrentes foram desclassificadas por não atingirem a pontuação mínima no certame. Um efeito colateral da estratégia foi, sem dúvida, a desvalorização da carreira do professor — mesmo que em seu primeiro mandato a gestão tenha promovido inovações que ajudaram a levar Goiás ao primeiro lugar no Ideb. Infelizmente, Goiás não incorporou à carreira dos professores as novas funções de tutoria e propagação de boas práticas, como fizeram países como Canadá e Reino Unido.

* * *

A economista americana Barbara Bruns trabalhou por 34 anos no Banco Mundial, em Washington, D.C., até se aposentar em 2015. Desde o começo dos anos 1990, ela visita regularmente o Brasil para avaliar projetos de educação. Num jantar que tivemos em março de 2015, em Fortaleza, Barbara se recordou de sua primeira viagem à capital cearense. Naquela ocasião, em 1991, ela ainda conhecia pouco o Brasil, mas o suficiente para ficar um pouco decepcionada com as lideranças políticas que conheceu — carcomidas e desinteressadas por educação. Quando esteve em Fortaleza pela primeira vez, porém, ficou surpresa com a atitude despojada do então governador do Ceará, Ciro Gomes. Durante a conversa que tiveram sobre projetos no estado, Ciro abriu uma Coca-Cola, colocou os pés que calçavam tênis All-Star sobre a mesa do escritório e começou a falar, em inglês fluente, sobre seus planos para o estado. O governador havia estudado economia em Harvard, nos Estados Unidos, e representava uma nova geração de políticos. Apesar do cartão de visitas no mínimo excêntrico, Barbara se empolgou com as possibilidades que se descortinaram para o Banco Mundial ajudar a melhorar a educação no país. Para ela, a mentalidade de políticos jovens e em ascensão como Ciro Gomes aumentava as chances de que seu trabalho tivesse um efeito prático real no bem-estar dos brasileiros. Os projetos com Ciro serviram para melhorar um pouco a gestão de recursos humanos da secretaria, que era um cabide de empregos que pouco ou nada tinham a ver com a educação. Não foi uma revolução, mas era mais do que ela tinha alcançado trabalhando na região desde 1987. Mas, a partir dali, sua divisão esteve por trás de algumas das principais reformas educacionais do país, por meio de financiamento e assessoria técnica. Exemplos são o estado de Minas Gerais, Rio de Janeiro e o próprio Ceará, na gestão do irmão de Ciro, o ex-governador Cid Gomes. Barbara aprendeu a falar português e se debruçou sobre as questões mais prementes para dar um salto em qualidade educacional no país — e também em toda a América Latina, região que cobria como economista-chefe para a área de educação no Banco Mundial.

Nos últimos anos, ela resolveu transformar muitas das suas impressões sobre o ensino na região em livros, baseados em pesquisas detalhadas a respeito das políticas que demonstram maior efetividade na sala de aula. Em 2011, ela publicou *Achieving a World Class Education in Brazil: the Next Agenda* [Alcançando uma educação de classe mundial no Brasil: a agenda do futuro], e em 2014 lançou o livro *Professores excelentes: como melhorar a aprendizagem dos estudantes na América Latina e no Caribe*, que tem versões em inglês, espanhol e português.[7] A mensagem que Barbara procura enviar com essas pesquisas e em todas as entrevistas e palestras que dá sobre a educação no Brasil é a seguinte: para elevar substancialmente o nível da educação básica no país, é imprescindível transformar o professor. "Não há nenhum país onde os alunos aprendam mais do que seus professores são capazes de lhes ensinar", escreveu ela em um artigo para a edição especial da revista *Exame* em agosto de 2015. E nisso ela acha que o Brasil vem falhando.

Nesse mesmo texto, ela faz uma dura crítica a gestores públicos e políticos brasileiros, num contraste com o entusiasmo do início dos anos 1990. Barbara reclama que mesmo os governos mais modernos e progressistas têm se mostrado relutantes em desafiar o status quo e modificar a carreira do professor.[8] Bons programas de formação, como o que o Instituto Chapada promove na Bahia ou que a cidade de Sobral, no Ceará, desenvolveu (e que foi descrito no capítulo 1), ainda são pontuais. Eles não estão articulados com o plano de carreira dos professores como acontece na Coreia do Sul ou em Cingapura. Estratégias de aperfeiçoamento da atividade profissional são escassas e muitas vezes contraditórias, como o caso de Goiás mostra. Embora já exista ampla evidência de que é possível medir o desempenho individual de professores na melhoria das notas dos estudantes, como acontece nas principais cidades norte-americanas, como Washington, D.C., Nova York, Los Angeles e Houston, nenhuma prefeitura ou governo estadual no Brasil iniciou esse tipo de mensuração. Esse pode ser o caminho para premiar os melhores professores, avaliar com rigor os que estão em estágio probatório e oferecer apoio personalizado aos que têm mais dificuldade. E, no caso de profissionais que persistem entre os que adicionam menor conhecimento a seus estudantes por vários anos, oferecer a dispensa. A maior parte dos gestores que decidem iniciar reformas educacionais ousadas recorre a bônus de até um salário extra entregues a uma escola inteira — quando é sabido que a qualidade dos professores varia enormemente mesmo entre duas salas de aula divididas por uma parede. Também quase não há cheiro de iniciativas focadas em levar os melhores para ensinar nas turmas mais desafiadoras, como é o caso das unidades educacionais em periferias, por exemplo. A praxe é que os professores menos experientes trabalhem com as classes mais difíceis — seja pela defasagem no conhecimento dos alunos, pela indisciplina generalizada ou por ambos.

Este livro se propõe a mostrar que há muitos exemplos de experiências louváveis de política pública em educação no Brasil, mas o desenvolvimento de professores de alto nível revela-se o grande desafio dos governos hoje. Após décadas de olhar treinado para comparar o Brasil com o resto do mundo, Barbara Bruns é precisa na avaliação de que mesmo os nossos melhores exemplos têm dificuldade de romper com o corporativismo. Sindicatos e acadêmicos ultrapassados ou com viés ideológico aguçado ainda influenciam demais as políticas em educação. Falta coragem para seguir políticas públicas potencialmente polêmicas, como selecionar melhor quem se torna professor — ainda que elas demonstrem resultados pelo mundo.

O que se discute nos gabinetes, porém, é frequentemente bobagem. Na entrevista que fiz com o ex-ministro Renato Janine Ribeiro, um acadêmico que chegou ao Ministério da Educação sem amarras políticas que justificassem se dobrar a corporativismos, ele insistia que seria fundamental para a valorização dos professores se a TV Globo exigisse que esses profissionais fossem descritos de maneira mais elogiosa nas telenovelas. Até faz sentido, se isso vier acompanhado das políticas públicas propriamente ditas para tornar a carreira mais atraente. Mas Janine deu a entender que reformar a carreira e os cursos de formação docente não eram tão prioritários quanto convencer a TV Globo a mudar a forma como os professores eram retratados. Ao final de nossa conversa, ele ainda perguntou para uma auxiliar: "Aliás, vocês conseguiram marcar aquele encontro com um dos irmãos Marinho para falarmos sobre isso?"

Cada um a seu modo, os exemplos da Chapada Diamantina e da rede estadual de Goiás expressam sementes de uma transformação mais profunda na carreira de professor. Há muitos outros pelo Brasil. Mas Barbara está certa ao dizer que, embora precisem ser levadas aos quatro cantos do país, várias dessas experiências não mexem com o status quo como é preciso para revolucionar a qualidade do ensino público. É preciso ainda mais.

O livro *Professores excelentes*, uma espécie de despedida de Barbara do Banco Mundial, envolveu outros oito pesquisadores da organização multilateral. Trata-se da maior pesquisa feita em salas de aula latino-americanas até hoje. Entre 2009 e 2013, a equipe liderada por ela assistiu a mais de 15 mil aulas em 3.015 escolas diferentes. Ao todo foram sete países, mas as maiores amostras eram as do Brasil e do México. Por aqui, os pesquisadores observaram escolas de Pernambuco, Minas Gerais e da cidade do Rio de Janeiro — redes que apresentaram melhorias expressivas nos últimos anos, mas que, como o livro deixa claro, têm muito mais a avançar. Algumas revelações são impressionantes. A pesquisa mostra que, em média, os professores no Brasil utilizam apenas 64% do tempo de aula para ensinar. O resto é gasto com atividades como fazer a chamada, distribuir folhas de papel, limpar o quadro-negro, chamar a atenção por indisciplina e até se deslocar de uma sala de aula a outra. O tempo adequado de instrução seria 85%, de acordo com os parâmetros de Stallings, uma métrica internacional amplamente reconhecida, feita com base nas observações de aula da pesquisadora em educação Jane Stallings, que faleceu em janeiro de 2016. Isso significa que, na melhor das hipóteses, perde-se 20% do tempo disponível para instrução no Brasil. É o equivalente a um dia da semana a menos de aula. Esse é o tipo de tema que deveria ser central em boas políticas de formação de professores. Segundo Barbara Bruns, ele não é tratado dessa maneira.

Toda a discussão que este livro fez até aqui sobre como atrair as melhores mentes para a docência tem relação com o que Barbara Bruns defendeu nas diversas conversas que tivemos enquanto escrevi sobre educação para a revista *Exame*. Mas me parece que ela deixa escapar um tema fundamental para dar mais prestígio a essa carreira: simplesmente dar mais ouvido ao que dizem os professores que estão hoje na frente de batalha. Apenas com um bom canal de comunicação com esses profissionais será possível moldar as táticas de qualificação para impactar as dificuldades reais e práticas dos alunos. Uma pesquisa de 2015 feita pelo Ibope Inteligência por encomenda da Fundação Lemann revela que os professores não se sentem ouvidos. Frente à pergunta "A Secretaria de Educação leva em conta a opinião dos professores sempre, algumas vezes ou nunca?", a resposta de 25% dos professores é "nunca" e a de 61% é "só algumas vezes". Quando a pergunta é sobre o Ministério da Educação, 40% dizem "nunca" e 55% dizem "só algumas vezes".[9] Nessa mesma pesquisa, os professores dizem que as condições de trabalho e o desempenho escolar dos alunos seriam os mais impactados caso fossem ouvidos na formulação de políticas públicas. E eles provavelmente têm razão.

Com frequência, as condições de trabalho são de fato vergonhosas para educadores no Brasil. No Rio de Janeiro, visitei uma escola chamada Ayrton Senna, que fica em Bangu, zona oeste da cidade. Diante da escola está a favela Vila Aliança, foco frequente de operações policiais contra os traficantes que dominam o local. Os professores afirmam que há tiroteios na região entre duas e três vezes por semana. Quando visitei a escola, o período era atípico: fazia duas semanas que não havia troca de tiros. Os alunos, entre o 1º e o 5º ano do ensino fundamental, têm histórias na ponta da língua sobre a violência do entorno. Mesmo assim, a escola é uma das que têm as melhores notas na rede municipal — 6,8 de 10 no Iderio de 2014, índice semelhante ao Ideb, porém feito nos anos pares, aqueles em que o índice nacional não é calculado. Boa parte dos professores migraram para a unidade durante o programa Escolas do Amanhã, criado em 2009, que pagava um bônus salarial para que profissionais fossem dar aulas em unidades com desempenho abaixo da média e próximas a áreas conflagradas. Além disso, essas escolas recebem mais investimentos do governo municipal, a maioria deles canalizados para aulas de reforço com os alunos que têm mais dificuldade — um segredo da melhoria de diversas redes municipais pelo Brasil. Mas o programa perdeu fôlego depois de 2013. O bônus para trabalhar nas Escolas do Amanhã deixou de existir e alguns programas que faziam parte do pacote também, como o Cientista do Amanhã, que levava material para fazer investigações científicas, como minhocas e bulbo, exemplos de rochas ou microscópios. Os professores da Ayrton Senna conseguem alcançar bons resultados em ambientes difíceis, mas sempre que podem insistem no retorno de programas como o Cientista do Amanhã, que era fundamental para instigar os alunos. Ninguém os ouve.

A rede municipal de Salvador, na Bahia, está tentando erguer os indicadores assustadores do município dando mais ouvidos aos professores. Um dos parceiros nesse trabalho é o Instituto Chapada. Cybele Amado voltou a morar em Salvador e hoje trabalha desenvolvendo material didático próprio da rede local e programas de formação baseados nesses livretos inéditos. Quando lhe prestei uma visita, em agosto de 2015, ela estava apresentando o projeto a um grupo de educadores de uma das gerências regionais que participariam das discussões. Para mim, ficou claro que o trabalho não seria fácil. Enquanto Cybele contava sobre os indicadores nos municípios da Chapada — onde 89% das crianças estão alfabetizadas ao final do 1º ano do ensino fundamental —, alguns presentes franziam o cenho. Ao meu lado, um professor repetia baixinho frases de descrença como "isso aí não existe" ou "quero ver isso funcionar na miséria em que vivem nossos alunos". Durante a apresentação, uma professora questiona: "Teremos realmente como participar das decisões? Com frequência, os diretores deixam de repassar informações sobre atividades importantes aos professores." Um pouco sem jeito, Cybele tenta ter jogo de cintura e conquistar os presentes. Aliás, esse é um bom conselho para qualquer um que queira reformar as escolas públicas: conquistar os professores é fundamental. É preciso combater os corporativismos, mas, se os professores não abraçarem as políticas, elas não serão implementadas da maneira adequada. E provavelmente deixarão de existir com mudanças de administração, que fazem parte da democracia. Afinal, os profissionais das escolas ficam. Os políticos passam. Para Cybele, pode valer muito a pena o desafio de fazer uma reforma educacional participativa em Salvador, no modelo que conseguiu fazer na Chapada. Se ela conseguir ajudar a dar jeito na pior rede municipal entre as capitais brasileiras, o que começou na Chapada Diamantina pode ganhar o Brasil.

Mas o desafio aqui tem um agravante: ao trabalhar na confecção de um novo material didático, Cybele entra em outro território. Após um longo histórico de aperfeiçoar o "como" o professor deve ensinar, tema desses últimos três capítulos, sua fundação está entrando no campo do "que" deve ser ensinado e "quando". Esse é o foco do próximo capítulo.

6

O que ensinar e quando?

Digamos que um professor de matemática tenha três tempos por semana com uma mesma turma. Dado que um ano letivo tem mais ou menos duzentos dias de aulas, ou cerca de quarenta semanas, esse professor tem, por alto, 120 tempos ao ano. Se forem cinquenta minutos por aula, como é o padrão, ele dispõe de cerca de 6 mil minutos ou cem horas anuais com essa turma. Com que conteúdo o professor deve preencher esses tempos de aula? Pode parecer uma pergunta óbvia, mas não é. Nem sempre ele ou ela sabe com clareza o que ensinar às suas turmas. Nem quando. E não é por culpa do profissional, não. É porque frequentemente não há um currículo claro para a educação básica — e esse problema, como a qualidade dos professores, afeta escolas públicas e privadas.

Uma saída frequente é seguir os livros didáticos. Há ampla evidência científica de que esse apoio ajuda os estudantes a aprender mais e organiza os conteúdos de uma disciplina ao longo do ano letivo.[1] O Brasil tem o maior programa público de distribuição de livros didáticos do planeta. Em 2016, o Programa Nacional do Livro Didático (PNLD) custou mais de 1 bilhão de reais aos cofres públicos e distribuiu 128 milhões de exemplares aos professores e alunos de escolas do governo. O modelo brasileiro permite que, salvo algumas exceções, cada professor ou grupo de professores escolha o livro de sua preferência para as turmas que vai ensinar.[2] Isso gera uma movimentação das editoras para levar amostras ao maior número possível de escolas. Quando chega o meio do ano, período de escolha dos livros do ano seguinte, os corredores que ligam as salas de aula ficam abarrotados de amostras. Em algumas regiões, o material é definido pela rede municipal ou estadual inteira ou ainda por cada coordenadoria regional, que cobre várias escolas — mas isso é mais a exceção do que a regra. O normal é cada unidade ter liberdade para escolher que livro usar. E isso cria uma confusão danada, com alunos do mesmo ano e do mesmo bairro aprendendo assuntos completamente diferentes apenas porque não assistem às aulas com o mesmo material didático.

Em outros países, como Chile e México, só uma editora produz todos os livros. Sai mais barato, mas é menos plural. O problema brasileiro é que cada uma das 19 editoras organiza os temas a seu modo. Então, é possível que o aluno que utilize a coleção Matemática, da Editora Moderna, aprenda frações no 3º ano do ensino fundamental, enquanto os alunos de um professor que ensina sua turma com a coleção Projeto Ápis, da Editora Ática, aprenda essa forma de representação dos números dois anos depois. Fração é um conceito fundamental para entender outras matérias da matemática, como porcentagem e probabilidades. O aluno que migra de uma escola para outra pode simplesmente deixar de aprender esse conteúdo basilar e ser exposto repetidas vezes a um outro tópico, como sólidos geométricos. A rotatividade de professores também pode fazer com que o plano estabelecido inicialmente por um profissional não seja seguido por outro. E essa rotatividade é muito mais comum do que se pode imaginar — em algumas redes, mais de um terço dos professores que começam o ano letivo não terminam.

A discrepância de conteúdos entre municípios, bairros, escolas e até salas de aula tem uma razão: até 2017, o Brasil não tinha um currículo nacional que determinasse em que ano cada tema deve ser abordado. O Brasil tinha, é verdade, os Parâmetros Curriculares Nacionais, instituídos no final dos anos 1990 como meras sugestões de temas a serem desenvolvidos na sala de aula. Eles deveriam servir como esboço de um currículo, mas na prática são vagos demais. Não há especificação do que deve ser aprendido em cada um dos anos, por exemplo.

Em diversas visitas que fiz a escolas pelo Brasil, pude reunir um grupo de professores e conversar sobre os desafios para fazer com que alunos aprendam mais nas escolas públicas. Mas nenhum foi tão numeroso quanto os 53 professores da escola municipal Paulo Rolim Loureiro, em Cidade Nova São Miguel, na zona leste de São Paulo. Eles representavam metade dos que dão aula naquela unidade e estavam todos reunidos na biblioteca para uma sessão de formação profissional. Entre outros temas, conversamos sobre o currículo paulistano. Ali estavam profissionais que lecionavam todas as disciplinas, do 1º ano do ensino fundamental até o último. O começo da nossa conversa tratou da reorganização promovida pela prefeitura de São Paulo depois que Fernando Haddad assumiu o cargo de prefeito, dividindo o ensino fundamental em três ciclos de três anos — em vez de dois de quatro anos, como em geral ocorre. A ideia era principalmente diminuir o impacto da transição entre o 5º e o 6º ano, quando estudantes deixam de ter apenas um professor e passam a ter vários. Os professores deram suas opiniões sobre o modelo. Alguns demonstraram esperança em vê-lo funcionar. Outros estavam céticos e reclamaram que, quando a administração mudasse, a reorganização seria cancelada — o que não aconteceu. Mas um comentário me chamou a atenção por dar dois passos atrás nessa discussão e olhar um problema muito maior e mais importante.

A professora Angélica Batista, de geografia, disse que aquela não era a discussão primordial. A organização em ciclos era uma boa ideia, mas não tocava no cerne da questão curricular: "O problema é que as orientações curriculares que recebemos são amplas demais." Como assim, Angélica? "O currículo da cidade de São Paulo não especifica bem o que vamos ensinar. No 6º ano, por exemplo, o currículo de geografia prevê que eu ensine clima para os meus alunos. Mas que parte do clima? Isso é vago demais", questiona ela. O currículo que ela descreve foi elaborado durante a gestão do ex-prefeito Gilberto Kassab e não foi modificado pelo seu sucessor. O secretário de Educação da gestão Kassab, Alexandre Schneider, voltou ao posto quando Haddad perdeu a reeleição para o tucano João Dória. Logo no começo da gestão, realizou uma reforma curricular. Mas os parâmetros vigentes quando conversei com Angélica eram os de 2007 e diziam o seguinte no trecho sobre o 6º ano, em geografia:

> A partir do trabalho com os conteúdos geográficos, os conceitos, os eixos e os temas e de práticas metodológicas, espera-se que os estudantes possam:
>
> - Desenvolver noção inicial de tempo e clima
> - Interpretar os fenômenos ligados ao clima[3]

Para ela, esse trecho não oferece a menor clareza sobre o que deveria ensinar. Por exemplo: Angélica poderia ensinar sobre as zonas climáticas da Terra ou sobre as camadas da atmosfera e seus efeitos no tempo e no clima. Poderia tratar ou não de altitude, relevo e vegetação.

O pior é que a cidade de São Paulo ainda era privilegiada por ter um currículo. Não há levantamento sobre quantos dos 5.570 municípios dispõem de um, mas sem dúvida são pouquíssimos, sobretudo as capitais estaduais e algumas ilhas de excelência como Sobral, no Ceará. Os municípios frequentemente usam o currículo estadual ou não usam currículo algum. Entre os estados, apenas dois dos 26 não tinham currículo em 2015. Pesquisa da ONG Cenpec com a Fundação Victor Civita revelou que, entre 2009 e 2014, 15 estados renovaram seus currículos, demonstrando uma onda maior de preocupação com o tema.[4] Mas, mesmo com a renovação, entre os currículos existentes, não há clareza sobre o nível de conhecimento exigido dos alunos em conteúdos fundamentais. Assim, o nível de dificuldade fica abaixo do necessário — ou seja, exige-se pouco nos temas presentes nos currículos.

A título de exemplo, voltemos ao caso das frações. A pesquisadora da Universidade Stanford, Paula Louzano, provavelmente a principal especialista em currículos do país, com um mestrado em Stanford, doutorado em Educação em Harvard e pós-doutorado na USP, costuma incluir nas suas apresentações o seguinte exercício de matemática do 4º ano do ensino fundamental. Se o leitor tem filhos com dez anos de idade ou um pouco mais, é provável que reconheça esse tipo de atividade no material didático que ele ou ela usam:[5]

FRAÇÃO DE UM TODO

Escreva a fração que indica a parte rachurada de cada figura.

Respostas: A – 1/2; B – 6/8; C – 2/6; D – 2/4; E – 3/9; F – 1/6; G – 3/4; H – 5/6; I – 2/12; J – 10/25; K – 4/8; L – 3/5.

Fazer esses exercícios requer uma habilidade de baixa ordem. Eles poderiam ser feitos sem que o estudante entenda o conceito de frações. Basta ele pegar o macete de que o numerador é o número de partes pintadas e o denominador é o número total de partes em que a figura se divide. "Nessas atividades, não há necessariamente um conceito matemático na resposta da criança", diz Paula Louzano, que passou a dirigir a Faculdade de Educação da Universidade Diego Portales, no Chile, em 2017. Agora observemos uma atividade típica do novo currículo de matemática americano, o Common Core, traduzida para o português:[6]

Se ◇ = 2/3

Desenhe:

1/3 1 4/3 2
◁   ◇ ◇ ◇

Uma atividade como essa torna o ensino de fração mais complexo. Provavelmente, o leitor pensou por mais tempo antes de oferecer a resposta. A criança faria o mesmo. Mas essa tarefa proporciona um entendimento mais profundo e completo do conceito de frações, o que será fundamental para o desenvolvimento dos conhecimentos matemáticos dos alunos no futuro. Ao oferecer uma situação contraintuitiva (três losangos representam dois inteiros), o exercício estimula a abstração, que é a chave no entendimento de razões e proporções. Afinal, quanto mais avançada, mais abstrata é a matemática.

Esse nível de rigor deve permear um currículo nacional e, inclusive, influenciar a formação dos professores, já que ensinar frações desse jeito mais completo é bem mais difícil. A boa notícia é que o Brasil está muito perto de ter um currículo nacional, que promete nivelar por cima, e não mais por baixo, o que deve ser ensinado nas escolas: trata-se da Base Nacional Comum Curricular. O processo está só no começo, assim como o dos Estados Unidos, que começou a incutir esses conceitos nas suas escolas muito recentemente, com o Common Core. Portanto, ainda é cedo para comemorar, tanto no Brasil quanto nos Estados Unidos. Afinal, há uma miríade de problemas que podem tornar os currículos nacionais dos dois países em letra morta.

* * *

O prazo para entregar a primeira versão da Base Nacional Comum Curricular estava chegando, mas ela estava aquém do esperado. Em meados de 2015, o então secretário de Educação Básica do Ministério da Educação, Manuel Palácios, sabia bem disso. Após cinco meses de trabalho de 29 grupos compostos por quatro especialistas, cada um responsável direto pela redação do trecho de uma disciplina em cada ano escolar, ainda havia problemas sérios em várias partes do texto. História privilegiava a trajetória dos povos indígenas e africanos e substancialmente reduzia o espaço da história europeia, que ajudou a moldar o mundo ocidental como é conhecido hoje. Embora o ensino de história hoje seja eurocêntrico em excesso, essa versão do currículo exagerava na mudança das proporções. Em história brasileira também havia lacunas. Faltava, por exemplo, a Inconfidência Mineira. A parte de língua portuguesa tinha padrões muito baixos em gramática. As normas do português eram tratadas como algo lateral e quase não eram explicitadas nos parâmetros curriculares. O bloco sobre educação infantil colocava no mesmo balaio bebês de menos de um ano e crianças de seis anos de idade, quando a diferença entre eles é brutal. Não havia clara progressão nos temas de um ano para o outro. Enfim, um saco de equívocos. A atitude natural seria suspender a entrega e voltar ao trabalho para produzir um texto melhor, certo? Errado.

Palácios resolveu que o correto seria publicar o texto no site do MEC como a primeira versão do currículo, em caráter provisório. Ela seria aprimorada após novas rodadas de participação popular. Auxiliares próximos, especialistas em educação e representantes de fundações empresariais diziam a ele que aquilo era loucura. Com aquele texto, Palácios arriscava perder o emprego após a chuva de críticas públicas que receberia. Mas, mesmo sabendo das falhas graves no texto, ele estava convicto de que deveria torná-lo público. Seria o maior acerto da sua carreira.

O carioca Manuel Palácios, radicado em Minas Gerais, tem uma constante pitada de impaciência no modo de falar, algo atípico para os mineiros. Ele sem dúvida não é reconhecido por seu carisma. Em um debate com um professor da Unicamp, em 2015, Palácios disse que seu discurso ideologizado, pontuado por chavões como "privatização da educação pública", era "conversa de botequim". O professor, um popular blogueiro de educação chamado Luiz Carlos Freitas, ficou possesso.

O próprio Palácios é um acadêmico. Ele é professor da Faculdade de Educação da Universidade Federal de Juiz de Fora desde 1991. Porém, tem um estilo completamente diferente do que se espera de acadêmicos que dedicaram longos anos ao tema da educação em universidades públicas brasileiras. Palácios é objetivo e pragmático. Ele conhece o dia a dia das Secretarias de Educação pelo Brasil como poucos. É um sujeito mais prático que teórico.

Provavelmente, algumas dessas suas características são fruto das aulas de cálculo do curso de Engenharia de Telecomunicações no Instituto Militar de Engenharia, no Rio de Janeiro, onde se formou. O mestrado e o doutorado em Ciência Política e Sociologia foram feitos no Instituto Universitário de Pesquisas do Rio de Janeiro (Iuperj). Foi na pós-graduação que Palácios começou a fazer estudos sobre educação. Desde 1991, ele está na Faculdade de Educação da Universidade Federal de Juiz de Fora.

Em 1997, Palácios criou o Centro de Políticas Públicas e Avaliação de Educação na UFJF — que depois ficaria conhecido como Caed. O Caed tem ocupado posição de destaque em reformas educacionais no Brasil nas últimas duas décadas, ainda que não esteja frequentemente no noticiário. Quase todos os estados brasileiros que aplicam avaliações padronizadas regulares para medir aprendizado em português e matemática contratam o Caed para desenvolver e aplicar esses exames. Essa política se tornou uma tendência, sobretudo após a instalação do sofisticado sistema de avaliação do governo federal, ancorado na Prova Brasil e comunicado ao país como composto do Índice de Desenvolvimento da Educação Básica. Ao todo, dezessete estados contrataram o Caed, entre eles Rio de Janeiro, Pernambuco, Minas Gerais e Rio Grande do Sul. Palácios basicamente criou uma empresa dentro da UFJF. Essas avaliações servem para medir o progresso dos estudantes e são também uma espécie de prévia da Prova Brasil. Os seus resultados saem mais rapidamente que o exame nacional e possibilitam que gestores públicos adéquem as políticas educacionais com mais celeridade. Se não forem utilizadas em excesso, elas podem ter um bom efeito no aprendizado porque oferecem dados preciosos aos professores, gestores e aos próprios estudantes e suas famílias. Em sua posição de líder do Caed, Palácios interagia muito com esses estados e entendia sobre suas demandas e dificuldades. Assim, construiu sua forte convicção de que o país se beneficiaria de um currículo nacional.

Os sistemas de avaliação desenvolvidos pelo Caed deveriam existir junto com padrões de aprendizagem claros: ou seja, um bom currículo. Mas poucos estados ofereciam essa condição. Como mencionado antes, alguns nem sequer tinham currículos estabelecidos. Os que tinham, não contavam com currículos exatamente bons. O caso de Pernambuco, que havia estabelecido objetivos de aprendizagem bem organizados e ambiciosos, era o que mais impressionava Palácios. Mas por que o trabalho de convencer todos os estados e municípios a desenvolverem do zero bons currículos se isso poderia ser feito nacionalmente com apenas um complemento local para os temas que são particulares de cada região? Seria muito mais fácil garantir a qualidade desses padrões em escala nacional. Foi com essa ideia na cabeça que Palácios chegou ao bloco L da Esplanada dos Ministérios, em Brasília.

Após a reeleição apertada de Dilma Rousseff para a Presidência da República, o primeiro nome de ministeriável que começou a aparecer na imprensa foi o do então governador do Ceará Cid Gomes para o Ministério da Educação. Cid e seu grupo político revolucionaram o ensino na cidade de Sobral e melhoraram muito os níveis de aprendizado em todo o estado do Ceará, principalmente nos anos iniciais do ensino fundamental. O Ceará também havia sido cliente do Caed na elaboração de exames para todo o estado. E mais: a secretária de Educação de Cid Gomes, Izolda Cela, foi orientanda de Manuel Palácios em um mestrado que realizou na Faculdade de Educação da UFJF. Izolda seria um nome óbvio para compor a equipe de Cid Gomes na Educação, mas tinha acabado de ser eleita vice-governadora do estado na chapa que venceu a sucessão de Cid. Pelo menos uma das escolhas que Gomes fez para compor seu time seria influenciada por ela: a de Manuel Palácios para a Secretaria de Educação Básica (SEB) do Ministério da Educação.

A SEB cuida das políticas do Ministério da Educação da creche ao ensino médio. Portanto, o titular dessa secretaria exerce um cargo-chave na estrutura do MEC. Quando Palácios topou ocupá-lo, o combinado era que tocaria a criação do currículo nacional. Cid iria se envolver em rixas políticas que causariam a sua demissão do cargo menos de três meses após assumi-lo.[7] Mas os dois nomes que o sucederam nos meses posteriores mantiveram Palácios na SEB. E ele conseguiu deixar um legado.

Sob a coordenação de Palácios, o Ministério da Educação estabeleceu uma estratégia para a criação do currículo. Os especialistas dos 29 grupos que escreveriam a base curricular eram referência em cada uma de suas disciplinas nas universidades brasileiras. Também participavam da elaboração do documento representantes de cada um dos estados do país. Ao todo, 27 seminários estaduais foram realizados com a participação de mais de 9 mil pessoas, boa parte delas professores. Entre setembro de 2015 e março de 2016, o documento preliminar cheio de problemas que Manuel Palácios resolveu divulgar ficou em consulta pública no site do ministério. Mais de 12 milhões de contribuições foram feitas durante o período.

E as críticas de fato vieram de todos os lados. Até o ministro da Educação, Renato Janine Ribeiro, que havia sido trocado por Aloizio Mercadante dias antes da divulgação da primeira versão, criticou publicamente o texto em sua página no Facebook. Vários artigos foram escritos comentando o conteúdo do documento. Especialistas em educação davam depoimentos a reportagens de jornal criticando, entre outras coisas, a abrangência do currículo: amplo demais para o que se propunha tratar apenas do essencial.[8] Notáveis do debate público opinavam sobre o conteúdo de história, como é o caso do geógrafo Demétrio Magnoli[9] ou do jornalista Hélio Schwartsman.[10] Palácios assistia a essa chuva de notícias com certa satisfação. Eram sinais de que ele havia conseguido o que queria.

Para Palácios, era fundamental que a conversa mudasse de *se* haveria uma Base Nacional Comum para o *que* estaria nela. E foi exatamente o que aconteceu. Os debates deixaram de ser sobre a existência da base e passaram a focar no seu conteúdo, assumindo que a criação de um currículo era de fato necessária. "Por anos, no Brasil, nós discutimos insumos para a educação: temas como financiamento, infraestrutura escolar, salários dos professores etc. Eles são todos importantes, mas nada é mais importante do que o que as crianças devem aprender. E é essa discussão que a Base Nacional Comum proporciona", disse-me Palácios, em sua sala no MEC.

Havia realmente uma preocupação de que a Base Nacional Comum não passasse de uma ilusão. A parte final do trâmite para que o documento fosse aprovado e começasse a influenciar materiais didáticos, exames e a formação de professores dependia do Conselho Nacional de Educação (CNE). Esse órgão, dividido em Câmara de Educação Básica e Câmara Superior, deve funcionar de forma independente do governo na tarefa de formular e avaliar a política educacional do governo federal. Isso incluía dar um parecer favorável ou não ao currículo que o ministério elaborasse. Até o começo de 2016, o CNE estava repleto de conselheiros ideologicamente contrários à simples ideia de haver um currículo nacional. O mais poderoso deles era Luiz Roberto Alves, professor da Universidade Metodista de São Paulo, em São Bernardo do Campo, que presidia a Câmara de Educação Básica do CNE.

Em junho de 2015, encontrei Luiz Roberto Alves em um café próximo a sua residência, no bairro da Vila Mariana, em São Paulo.

Alves tem um jeito afável. Fala baixo e com frequência sorri enquanto divaga sobre sua compreensão da educação. O que Manuel Palácios tem de pragmático, Luiz Roberto Alves tem de verborreico. O jeito inicial afável não esconde suas posições incisivas. Mesmo sem eu ter perguntado especificamente sobre o tema nos nossos primeiros minutos de conversa, sua posição sobre a Base Nacional não tarda a aparecer: "Eu sou a favor de uma construção curricular concreta e não de uma feita pelo Diário Oficial, com uma lista de conteúdos." Para Alves, a escola precisa ter completa autonomia. "As escolas devem estabelecer a construção curricular individualmente. O CNE deve apenas publicar diretrizes. Se propuserem o conteúdo, será o fim da escola." O discurso me leva a perguntar sobre como a Câmara de Educação Básica do CNE deve tratar o tema. Ele diz: "O CNE acredita que publicar lista robotiza a escola." E completa: "Eu não vou me render ao fenômeno de quem publica listas." Luiz Roberto menciona pelo menos outros três conselheiros da Câmara Básica — de um total de 11 — que votariam, como ele, contra a Base Nacional Comum, independentemente de como o texto viesse. Ele argumenta ainda que boa parte dos outros conselheiros não pareciam totalmente favoráveis ao texto. "Para mim, esse debate é um ponto de honra. O caminho não é o da imposição de conteúdos. A escola precisa de amor. Hoje, ela é destratada. E, se continuar nesse caminho, esse currículo será boicotado ferozmente, porque oferece uma perspectiva neoliberal de educação." Ou seja, os esforços monumentais para criar um currículo que estavam sendo empreendidos pelo Ministério da Educação poderiam ser jogados água abaixo.

Semanas depois, Palácios me contou em seu gabinete em Brasília o que achava sobre o risco de a Base Nacional Comum não passar no Conselho. "Há de fato um receio em relação à Base no Conselho Nacional de Educação. O CNE não quer que a proposta seja isolada do conjunto de atores da educação. A Base precisa ser um movimento", disse ele. O fiel da balança seria a opinião pública e a receptividade na comunidade escolar — de professores, diretores, pais e alunos. Nesse sentido, um grupo de especialistas teve fundamental importância. Eles compunham justamente o Movimento pela Base Nacional Comum, que nasceu a partir de conversas na Universidade Yale, nos Estados Unidos.

* * *

Excelência com equidade. Esse é o lema da Fundação Lemann, braço filantrópico do bilionário Jorge Paulo Lemann, o homem mais rico do Brasil. Embora a Fundação já usasse essa máxima antes, a sua aplicação ganhou corpo com a chegada de Denis Mizne à diretoria executiva. Denis ficou famoso no terceiro setor após a ONG que criou com colegas de faculdade se tornar um dos pilares da campanha pelo desarmamento no Brasil no começo dos anos 2000. Trata-se do Instituto Sou da Paz — quem não se lembra do gesto de fazer uma pomba da paz com os polegares cruzados, símbolo daquela campanha e desse instituto? Denis nunca havia tido experiência com educação antes de receber o convite de Jorge Paulo Lemann para assumir sua fundação em 2012. Mas aceitou o desafio com a condição de ter autonomia. O Conselho de Administração da fundação permitiu que ele e sua pequena equipe refizessem o planejamento do que a organização deveria almejar. Estava claro para todos que não bastava fazer um monte de projetos pequenos e localizados que ajudam algumas centenas de crianças, mas não impactam o sistema educacional como um todo. O objetivo que estabeleceram, no entanto, era ambicioso: contribuir decisivamente para que todas as crianças brasileiras tivessem a oportunidade de acessar uma educação de alto nível. E "todas" é a palavra mais importante dessa frase.

Durante o processo de traçar uma estratégia, ficou claro que um dos primeiros pontos deveria ser estabelecer com clareza o que as crianças têm o direito de aprender em cada ano escolar. Senão, como cobrar excelência e equidade?

Àquela altura, a pauta do currículo nacional ainda era difusa. Estudos internacionais já demonstravam que padrões curriculares claros eram uma tendência dos países que se saíam melhor no Pisa, o principal exame de proficiência que permite a comparação entre nações. Um número cada vez maior de especialistas brasileiros, como ex-gestores públicos, eram a favor de algum tipo de currículo nacional, mas o tema ainda era tabu em boa parte da academia. A Associação Nacional de Pesquisa em Educação (Anped) sempre foi o bastião de resistência à ideia. Em 2000, quando o governo do ex--presidente Fernando Henrique Cardoso apresentou os Parâmetros Curriculares Nacionais, eles foram rechaçados pela academia. Os cursos de formação de professores os ignoraram. A influência maior foi sobre os materiais didáticos. Mas, por serem vagos, os PCNs (como são chamados) não foram suficientes.

Convicto de que um bom currículo era o caminho a seguir, Denis organizou um encontro de especialistas, deputados federais e secretários de Educação para tratar do assunto. Mas como convocar as pessoas para um debate que parecia interditado? Como disse um dos participantes do evento depois, o currículo nacional era como o vilão Voldemort, na saga juvenil *Harry Potter*: um nome que não se podia falar. A solução foi incluir o currículo como apenas um dos itens a serem discutidos no encontro. A agenda do evento trataria de políticas educacionais abrangentes, incluindo, por exemplo, a formação de professores. Mas havia uma expectativa de que, ao tratar do novo currículo americano, os convidados discutissem também a viabilidade de um processo semelhante no Brasil. E essa seria a deixa para tentar buscar alguns consensos.

Ao todo, 28 pessoas com as mais diversas (e por vezes opostas) convicções sobre educação foram convidadas para o evento Reformas Educacionais do Século XXI, que aconteceu em março de 2013. Ele foi realizado ao longo de quatro dias na Universidade Yale, em New Haven, nos Estados Unidos. No grupo, havia deputados de seis partidos diferentes. Estavam lá a então secretária de Educação de São Bernardo do Campo e então presidente da União Nacional de Dirigentes Municipais de Educação (Undime), Cleuza Repulho, mais ligada ao PT, e a especialista em formação de professores Guiomar Namo de Mello, historicamente ligada ao PSDB. Assim como o estatístico da UFMG Francisco Soares, que depois viria a ser presidente do Inep, órgão de avaliações educacionais do Ministério da Educação, e a ativista de tecnologia em educação Anna Penido. A presidente do movimento Todos pela Educação, Priscila Cruz, e o secretário de Educação de Santa Catarina e então vice-presidente do Conselho Nacional de Secretários de Educação (Consed) Eduardo Deschamps. Entre outros.

Durante a primeira metade do encontro, aquelas que eram algumas das pessoas mais influentes em educação no país ouviram palestras sobre a experiência do Common Core, a base curricular americana implementada durante o governo Obama. Nesses encontros, ouviram tanto sobre o que estava dando certo quanto sobre o que estava dando errado. Uma das palestrantes de que o público mais gostou foi a americana Susan Pimentel, fundadora da ONG Student Achievement Partners, cujo trabalho foi essencialmente buscar consenso entre grupos diferentes em torno do Common Core e escrever parte dos padrões de língua inglesa.

Na segunda metade do evento, os presentes discutiram quanto do debate curricular conseguiriam impulsionar no Brasil, e os nomes de outras figuras influentes na educação brasileira que necessariamente deveriam ser procuradas ao longo dos meses posteriores para participar da discussão. Ao final, resolveram que novos encontros seriam necessários para continuar o debate. Muitos dos participantes creditam a disposição de negociar ao distanciamento que aquela espécie de retiro promoveu, tornando o debate menos estridente. Outros acham que já havia alguma movimentação em busca de consenso no tema e que o evento foi apenas um adendo, sem grande importância. Mas, seja como for, ali estava a origem do Movimento pela Base Nacional Comum.

No encontro seguinte, na cidade de Campinas, em outubro, com ainda mais participantes do que os que estavam em Yale, começou a ser delineado algum consenso mínimo. Parte dele era de que a base curricular não iria definir como ensinar. Isso ficaria a cargo do professor. A base centraria esforços em definir o que os alunos deveriam necessariamente aprender. Também ficou combinado que ela deveria oferecer apenas os conteúdos essenciais: um núcleo duro do que toda criança e adolescente brasileiro precisava aprender em cada ano. Em seguida seria estabelecido que estados e municípios ficariam responsáveis por preencher cerca de 40% do tempo com o aprofundamento em temas relevantes para a comunidade ou até o ensino de novos conteúdos definidos em âmbito local.

Historicamente, acadêmicos contrários ao currículo nacional se organizavam em torno de órgãos como a Anped ou mesmo sindicatos. O grupo de especialistas que entendia que um currículo nacional era fundamental para garantir equidade e excelência não se reunia em lugar nenhum. O Movimento pela Base Nacional Comum oferecia a oportunidade de organizar esse apoio difuso ao currículo. E funcionou.

Um dos primeiros passos do movimento foi apoiar a produção de pesquisas para ajudar a colocar o tema em pauta. A pesquisadora de Stanford Paula Louzano liderou um estudo comparando currículos nacionais em 25 países. A ONG Cenpec, que participa do movimento desde o começo, elaborou um estudo chamado "Consensos e dissensos sobre a base curricular", em que foram ouvidos, de maneira anônima, 102 atores proeminentes do campo educacional. Essa pesquisa já indicava que professores de educação básica que participavam da pesquisa eram unânimes quanto à necessidade de haver uma base curricular. Depois, a Fundação Lemann fez uma pesquisa com o Ibope chamada "Conselho de classe". Seu objetivo era dar voz aos professores das escolas públicas sobre os maiores problemas da educação no país. Mil profissionais foram entrevistados, numa amostra estatisticamente representativa de todos os professores do país. A versão de 2014 da pesquisa mostrou que 82% dos professores concordavam com a afirmação "Currículos de todas as escolas do Brasil devem ter uma base comum" e que 93% concordavam com a frase "Saber o que é esperado que os alunos aprendam a cada ano escolar facilita o trabalho do professor". Não restava dúvida quanto ao apoio dos educadores.

Consed e Undime, as organizações que representam os secretários estaduais e municipais, respectivamente, passaram a apoiar o programa com veemência. Aprovar uma Base Nacional Comum virou uma das prioridades das duas organizações. Cleuza Repulho, então presidente da Undime, viajava o Brasil inteiro "evangelizando" secretários de Educação nos municípios mais longínquos do país. Pouco a pouco, a mobilização estava tomando corpo. No Fórum Nacional da entidade realizado em 2014, 89% dos secretários se declaravam favoráveis à Base Nacional Comum.

Naquela época, os ativistas do campo da educação estavam mobilizados para a aprovação do Plano Nacional de Educação (PNE) no Congresso. As discussões para o plano começaram em 2010, durante o Conselho Nacional de Educação, e ele acabou sendo aprovado em junho de 2014 no Legislativo. O PNE estabelece vinte metas para a educação pública no país, mas não existe nenhuma punição aos governos caso essas metas não sejam cumpridas. Quando a ONG Todos pela Educação — que também faz parte do Movimento pela Base — conseguiu que a Base Nacional Comum fosse incluída no documento, isso representou uma vitória, por trazer o assunto para o centro do debate educacional e diminuir resistência entre grupos organizados. Mas não era garantia de que o currículo seria realizado. Ainda era preciso convencer os governantes.

No bloco L da Esplanada dos Ministérios, o ministro da Educação era Henrique Paim. Sua equipe tinha a incumbência de começar a discutir o currículo. Afinal, o Plano Nacional de Educação estabelecera até um prazo para que a base fosse concluída: junho de 2016. Um trabalho preliminar começou a ser feito pela então secretária de Educação Básica, Maria Beatriz Luce, professora da Universidade Federal do Rio Grande do Sul (UFRGS). Mas estávamos em período eleitoral, e pouca coisa anda em Brasília em ano de eleição. Além disso, a intenção de avançar no currículo pode ser considerada questionável quando a diretora da área, Jaqueline Moll, também da UFRGS, era abertamente contrária à existência de uma Base Nacional Comum. O tema só seria levado a sério de verdade com a chegada de Cid Gomes ao ministério, inaugurando o segundo mandato da ex-presidente Dilma Rousseff. E novamente Yale seria usada no processo de convencimento.

No começo de março de 2015, a Fundação Lemann organizou uma nova viagem à universidade americana para tratar de currículo. Dessa vez, a viagem contaria com a presença de quarenta pessoas, entre elas o ministro Cid Gomes, secretários estaduais de Educação, governadores e uma turma de especialistas de outras áreas. A programação era ainda mais interessante. Barry McGall, presidente da organização que produziu o currículo australiano, reconhecido como um dos melhores do mundo, fez uma apresentação. Doug Lemov, que virou uma estrela nos Estados Unidos com o best-seller *Aula nota 10*, também palestrou. Dessa vez, até o próprio Jorge Paulo Lemann participou do encontro. Cid e Palácios voltaram ao Brasil ainda mais convencidos de que a Base Nacional Comum era uma prioridade. Mas, dias depois, Cid seria demitido do ministério.

Naquela altura, o processo de criação de uma Base Nacional Comum já havia começado a andar de verdade. Depois, a publicação da primeira versão dos parâmetros curriculares ajudou a cristalizar a ideia de que a Base Nacional Comum iria realmente existir. Muitos dos problemas do primeiro documento foram corrigidos em uma segunda versão, apresentada em maio de 2016, após meses de participação na internet, resumidos no número emblemático de 12 milhões de contribuições, que o MEC tanto divulgou. Depois de Cid, o professor de filosofia da USP Renato Janine Ribeiro assumiu o posto, mas logo foi substituído por Aloizio Mercadante, que efetivamente lançou o segundo documento.

Em meados de 2016, Mercadante decidiu aproveitar a janela de recondução de conselheiros para mudar a composição do Conselho Nacional de Educação. Luiz Roberto Alves, por exemplo, não foi reconduzido. O ex-presidente do Inep, Francisco Soares, um dos mais vocais defensores da Base Nacional Comum, foi indicado para o CNE. Quando isso ocorreu, a equipe de Manuel Palácios trabalhava para finalizar a segunda versão da Base Nacional Comum e já pensava na terceira, originalmente planejada para sair ainda em 2016, após mais uma rodada de audiências pelo Brasil. Essa seria a derradeira, a ser enviada para um Conselho Nacional de Educação muito menos resistente, dada a sua nova composição. Provavelmente, seria aprovada. O caminho estava pavimentado para a criação da base curricular. Mas aí veio o impeachment da presidente Dilma Rousseff.

* * *

Após a morte do ex-ministro da educação Paulo Renato de Souza em 2011, a socióloga da Unicamp Maria Helena Guimarães de Castro se tornou o nome mais destacado em educação no PSDB. Maria Helena foi secretária-executiva de Paulo Renato no MEC e antes disso presidente do Inep, o órgão responsável por avaliações como o Enem e a Prova Brasil. Educadores de todas as colorações políticas reconhecem seu papel à frente do órgão técnico. Quando Maria Helena assumiu o Inep, em 1995, ele estava devastado. Mal havia corpo técnico, fruto da decisão do ex-presidente Fernando Collor de Mello de mandar fechar o órgão anos antes. A educadora tucana fez do Inep a inteligência do ministério. Dali sairiam exames, dados e estudos fundamentais para o funcionamento da educação no Brasil. Nos anos após a sua saída, o órgão só ganhou importância. Mas os seus futuros presidentes reconheceriam que foi ela quem mudou a trajetória de declínio da instituição.

Maria Helena fala sobre os anos do governo Fernando Henrique com a nostalgia de quem já esteve no centro do poder e gostava disso. Ela era amiga próxima da primeira-dama Ruth Cardoso e frequentava o Palácio da Alvorada. Sua admiração por FHC é indisfarçável, provavelmente o maior símbolo de sua identificação com o partido. Em qualquer oportunidade de falar sobre o ex-presidente, Maria Helena tenta descrevê-lo como um estadista. Com frequência, postava entrevistas de Fernando Henrique nas redes sociais. É, em suma, uma devota discípula do ex-presidente. Depois de participar do seu governo, ela viria a passar pela Secretaria de Educação do Distrito Federal e do estado de São Paulo, sempre em gestões tucanas.

Em São Paulo, teve duros embates com sindicatos e acabou substituída justamente por seu ex-chefe, Paulo Renato Souza. Depois de deixar o cargo, Maria Helena submergiu. Ocupou cargos de menos destaque no governo tucano de Geraldo Alckmin em São Paulo e continuou contribuindo para o debate educacional, mas sem holofotes. Sua volta a um papel de destaque se daria na eleição presidencial de 2014. Ela coordenou a parte de educação do programa do principal candidato de oposição ao governo da presidente Dilma Rousseff, Aécio Neves. Durante todo o ano de 2014, Maria Helena praticamente só se dedicou a isso. Ela era procurada por jornalistas quase todos os dias e não escondia a satisfação de estar de volta a um papel central na formulação de políticas públicas para a educação. Quando Aécio foi derrotado por uma margem estreita no segundo turno das eleições presidenciais, a socióloga, que era virtual ministra de Educação em um novo governo tucano, achou que não voltaria mais ao governo federal. Afinal, já se aproximava dos setenta anos. Mas o mundo dá voltas.

Em 12 de maio de 2016, Dilma Rousseff foi temporariamente afastada do cargo de presidente da República para que o Senado pudesse dar continuidade às investigações de que teria descumprido a Lei de Responsabilidade Fiscal. O novo presidente, Michel Temer, iria se aliar ao PSDB para poder governar. Na repartição de cargos na esplanada dos ministérios, o tucano José Serra chegou a ser cogitado para o Ministério da Educação, mas preferiu assumir o Ministério das Relações Exteriores. No fim, o MEC ficou com um deputado pernambucano que fora ativo no processo de impeachment: José Mendonça Filho, do Democratas. Sem qualquer experiência em educação, Mendonça pediu sugestões de quadros para compor sua equipe a tucanos como José Serra. Maria Helena Guimarães de Castro era uma recomendação natural. E, assim, ela voltaria ao Ministério da Educação, no cargo de secretária executiva.

Um desavisado poderia achar que o principal projeto do ministério naquele momento, a Base Nacional Comum, poderia estar sob risco de ser deixado de lado pela nova equipe. Faz sentido, certo? Errado. A continuidade da base estava assegurada nas mãos de Maria Helena. E isso é uma forte evidência de como o processo de construção da base curricular nacional foi bem costurado.

No dia 3 de maio de 2016, quando o processo de impeachment de Dilma já havia passado pela Câmara dos Deputados e estava no Senado, as especialistas em educação Maria Helena, Cleuza Repulho e Neca Setúbal publicaram um artigo na *Folha de S.Paulo* intitulado "Os estudantes não podem esperar". A escolha dos nomes, todos ligados ao Movimento pela Base Nacional Comum, não era aleatória. Cada uma representava a educação em campos políticos distintos. Maria Helena era historicamente ligada ao PSDB, Cleuza Repulho ao PT e Neca Setúbal, uma das herdeiras do grupo Itaú--Unibanco, havia participado das duas campanhas presidenciais de Marina Silva, da Rede Sustentabilidade. O propósito do artigo era defender que, independentemente do resultado do impeachment, o processo de construção da Base Nacional Comum não poderia ser interrompido. Em certo ponto, elas diziam assim: "Seguir com a construção e implementação da base [...], sem paralisações ou iniciativas que nos levem de volta à estaca zero, é um compromisso que deve ser assumido por todos que têm responsabilidade com o futuro de crianças e jovens, além de representar o cumprimento da legislação." Afinal, a criação de uma Base Nacional Comum estava prevista na Constituição de 1988, na Lei de Diretrizes e Bases de 1996 e no Plano Nacional de Educação de 2014.

Durante o governo Fernando Henrique Cardoso, Maria Helena acompanhou o esforço da equipe do ministério para criar os Parâmetros Curriculares Nacionais. Sua amiga pessoal, Iara Prado, ocupava o cargo de secretária de Educação Básica e tocava o projeto de criar uma base curricular nacional. Essa política foi frustrada por uma série de problemas que hoje parecem óbvios para Maria Helena: o texto era vago e indecifrável, os professores universitários militaram contra, estados e municípios não se engajaram, a implementação nas escolas fracassou etc. A volta ao MEC seria sua oportunidade de corrigi-los com a Base Nacional Comum e garantir sua efetividade. Ela queria assumir o timão do navio no meio da tempestade e levá-lo até um porto seguro.

É evidente que a troca completa na liderança do ministério afetou a Base Nacional Comum. Toda a equipe de redatores, composta de gente da confiança de Manuel Palácios, alguns vinculados ao seu centro na Universidade Federal de Juiz de Fora, foi substituída por educadores da confiança de Maria Helena, a maioria deles de São Paulo. A parte sobre o ensino médio foi retirada do primeiro esboço da Base Nacional. O governo Temer propôs uma reforma do ensino médio que atrasou a entrega dos objetivos de aprendizagem desse ciclo. A tentativa é flexibilizar a grade de disciplinas do ensino médio (são 13, ao todo) e reduzir as altas taxas de evasão. Assim, o ensino médio público do país, que pouco avançou no Ideb ao longo dos anos, seria colocado numa trajetória de melhora na aprendizagem. Mas o processo foi amplamente criticado como apressado e pouco discutido: o contrário da Base Nacional Comum.

A entrega da terceira versão da Base, mesmo sem o ensino médio, atrasou em alguns meses e só saiu no dia 6 de abril de 2017. Embora representasse a gestão anterior, Manuel Palácios foi convidado a participar do evento de lançamento e de uma apresentação preliminar do texto. Em ambas as ocasiões, ele sentou na mesa principal, com destaque, e pôde discursar: uma tentativa de sinalizar que o projeto é de Estado e não de governo, e também um reconhecimento de seu papel crucial no processo como um todo. No lançamento da terceira versão, o MEC também planejava contar com todos os ex-ministros de Educação desde que a Base Nacional Comum começou a ser discutida. A maioria deles deu alguma desculpa para não aparecer, o que seria particularmente difícil em um ambiente político tão polarizado. Henrique Paim e o ex-secretário executivo Luiz Cláudio Costa, que foi ministro interino, participaram. Aloizio Mercadante, Renato Janine Ribeiro e Cid Gomes, não.

Mas, no fim, o documento divulgado foi amplamente reconhecido como um bom currículo. A parte mais importante do texto foca nas habilidades que os estudantes devem desenvolver. A explicação do que essas habilidades devem ser segue um padrão que facilita o entendimento. Por exemplo, cada uma delas começa com um verbo, como *analisar, comparar, identificar* ou *descrever*, e é seguida por um objeto bastante específico. Para pegar o exemplo da professora de geografia da rede municipal de São Paulo que considerava seu currículo vago, agora ela saberá que seus alunos terão que desenvolver as seguintes habilidades relacionadas ao clima no 6º ano do ensino fundamental:

GEOGRAFIA — 6º ANO
- Descrever os movimentos do planeta e sua relação com a circulação geral da atmosfera, o tempo atmosférico e os padrões climáticos.
- Relacionar padrões climáticos, tipos de solo, relevo e formações vegetais.
- Analisar consequências, vantagens e desvantagens das práticas humanas na dinâmica climática (ilha de calor etc.).

Já outros conteúdos relacionados ao clima ficam para anos mais adiantados do ensino fundamental. Por exemplo, "Identificar e comparar diferentes domínios morfoclimáticos da Europa, Ásia e Oceania" vai para o 8º ano, quando estudantes irão aprender vários outros aspectos relacionados a esses três continentes, inclusive mais sobre as suas culturas e economia.

O novo currículo da prefeitura de São Paulo, lançado no final de 2017 como desdobramento da Base Nacional Comum, oferece ainda mais detalhe sobre o que professores como Angélica devem ensinar em geografia — e em todas as outras disciplinas. Por exemplo, o currículo paulistano agora diz que o estudante de 6º ano deve "Relacionar padrões climáticos, tipos de solo, relevo e formações vegetais, identificando os existentes no espaço da Cidade de São Paulo e no Brasil".

Já a falta de clareza sobre o ano em que estudantes devem aprender frações, descrita no começo deste capítulo, também será resolvida. A Base Nacional Comum diz que no 3º ano os alunos aprenderão os "significados de metade, terça parte, quarta parte, quinta parte e décima parte", e no 4º ano aprenderão a "reconhecer as frações unitárias mais usuais (1/2, 1/3, 1/4, 1/5, 1/10 e 1/100) como unidades de medida menores do que uma unidade". A sensação de progressão no conhecimento — com o conteúdo de um ano construindo sobre o do ano anterior, algo que era uma fragilidade nas primeiras versões — agora está nítida. Seguindo nesse exemplo da matemática, os estudantes vão dar mais um passo na complexidade do tema para aprender que existem frações equivalentes no 5º ano e logo em seguida vão aprender porcentagens via representação fracionária. Ou seja, claramente um degrau após o outro. O grau de complexidade das atividades vai depender da qualidade da formação dos professores e sobretudo dos materiais didáticos: portanto, um desafio enorme.

Falta de qualificação é, inclusive, o desafio para o qual a professora Angélica aponta quando pergunto o que achou da base. Ela teme que seus colegas não sejam capazes de encadear bem os temas que devem ensinar no 6º ano. "Nos livros didáticos, esses conteúdos estão fragmentados, e não há instruções sobre como os professores podem conectá-los. Somente relacionando um assunto a outro é que os professores conseguirão dar conta de tanto conteúdo para um ano letivo", diz a professora de geografia.

Mas os críticos das primeiras versões da Base Nacional Comum reconhecem que a última versão está muito melhor — ainda que muitos achem que está longe de ser excelente. É o caso de Paula Louzano, pesquisadora que comparou os currículos de 25 países em estudo citado anteriormente, e Ilona Becskehazy, que trabalhou com Paula na elaboração do novo currículo da cidade de Sobral, inspirado no britânico e no francês. Ilona e Paula sempre criticaram o fato de as primeiras versões da base não serem suficientemente detalhadas, o que deixaria espaço para o professor não ensinar determinados tópicos ou para ensiná-los de maneira superficial. Para elas, faltou detalhar mais, sobretudo em língua portuguesa. De qualquer forma, elas comemoraram o resultado final. "As duas primeiras versões eram ruins de propósito para continuarmos a não ter um currículo. Era uma enganação", diz Ilona. "A base ainda está muito solta. Mas, apesar disso, é um salto de qualidade em relação ao que existia no Brasil." Outras críticas também são feitas quanto ao conteúdo de ciências e história. A primeira carece de estímulos à experimentação. A segunda é extensa demais e segue a história na ordem cronológica.

Mas o currículo nacional só pode ser adaptado agora nas edições dos estados e municípios — eles precisarão fazer uma versão final própria, mais detalhada e abrangendo questões locais, como fez a cidade de São Paulo. Quando este livro foi publicado, pelo menos a base do ensino fundamental já havia sido aprovada pelo Conselho Nacional de Educação. Agora começa a parte que deu errado nos Estados Unidos, uma federação assim como a nossa: a implementação.

* * *

Tal qual no Brasil, especialistas americanos em educação discutiam a criação de um currículo havia muitos anos. Pelo menos desde 1996. Foi nesse ano que um grupo de governadores e lideranças empresariais decidiram criar a ONG Achieve. O objetivo era ajudar os estados a estabelecer o que os adolescentes deveriam aprender ao final dos anos escolares em língua inglesa e matemática. Naquela época, o governo Bill Clinton oferecia verbas para que os estados fizessem seus próprios currículos, e eles precisavam de apoio técnico oferecido por ONGs como a Achieve.

Com o passar dos anos, a preocupação principal passou a ser mais do que apenas ter um currículo qualquer. Começou a ficar claro que as exigências eram baixas demais e muitos jovens chegavam ao fim da educação básica sem conhecimentos elementares para seguir para as universidades ou as empresas. A partir de 2003, a Achieve começou um programa chamado American Diploma Project [Projeto do diploma americano], com cinco estados bastante diversos: Indiana, Kentucky, Massachusetts, Nevada e Texas. O objetivo era descobrir quais eram as habilidades essenciais para ser bem-sucedido na faculdade ou nos típicos empregos de nível médio. E os resultados foram surpreendentes.

Logo no primeiro grupo focal, realizado com professores de uma faculdade comunitária, ouviram-se frases como: "se pelo menos os estudantes soubessem escrever um parágrafo coerente!" Estava claro que os instrutores dos primeiros anos dessas faculdades acabavam precisando ensinar conteúdos que os alunos deveriam ter aprendido na escola, como a escrita de textos argumentativos elementares. Munidos de uma lista de habilidades que faltavam na maioria dos estudantes universitários, o time da Achieve ia a grandes empregadores nesses cinco estados para confirmar se os conhecimentos elencados eram os mesmos de que sentiam falta em seus trabalhadores. E, com pequenas adaptações, era isso mesmo: empregadores e professores universitários observavam as mesmas lacunas no aprendizado de jovens recém-saídos do ensino médio.

"O mais curioso é que essas habilidades praticamente não variavam muito entre esses cinco estados", diz Michael Cohen, fundador e presidente da Achieve. Não é preciso ser um grande conhecedor dos Estados Unidos para entender como são diferentes Massachusetts, no nordeste do país, e o Texas, que faz fronteira com o México, no sul. De acordo com Cohen, porém, eles eram unidos pelo despreparo de seus jovens.

Em 2004, a Achieve publicou um estudo com as habilidades que considerava necessárias para estudantes ao final do ensino médio. A pesquisa teve muita cobertura da imprensa, com participações frequentes da ONG no canal de notícias CNN. Em seguida, um teste nacional mostrou que apenas dois de cinquenta estados americanos exigiam dos estudantes conhecimento dos conteúdos elementares de álgebra levantados pela Achieve para se graduar no ensino médio. Ou seja, os alunos podiam simplesmente se formar na escola sem estudar vários itens considerados essenciais. Essa constatação impressionou governadores, e 48 deles participaram de uma reunião em 2005 para discutir como alinhar melhor seus currículos. Na ocasião, um deles puxou Mike Cohen, da Achieve, para um canto da sala e disse: "Precisamos que o nosso estado tenha um currículo próprio, mas conto com vocês para que ele seja muito parecido com os outros."

Esse processo foi avançando aos poucos. A Achieve era financiada pela Fundação Bill and Melinda Gates, instituição filantrópica do fundador da Microsoft e então o homem mais rico do mundo. Seu papel era ajudar estados a criar currículos mais exigentes e naturalmente parecidos entre si. Como o processo corria devagar e gerava uma tremenda quantidade de retrabalho ao produzir currículos parecidos em todos os estados, os 48 governadores se reuniram de novo em 2009 e decidiram criar padrões nacionais. Esses padrões deveriam ser apenas um núcleo comum de conteúdos, com liberdade para os estados complementarem o documento (daí a expressão Common Core, que dá nome à base curricular nacional americana).

Em pouco mais de um ano, redatores contratados pela Associação Nacional de Governadores escreveram um currículo de língua inglesa e matemática para toda a educação básica americana, da pré-escola ao fim do ensino médio. Em língua inglesa, por exemplo, os estudantes deveriam necessariamente focar mais em textos argumentativos, em vez de narrativas ficcionais. A complexidade dos textos aumentou. "Havia clara evidência de que alunos se formavam na escola com pouco vocabulário e com habilidades escritas esperadas de um indivíduo com quatro anos a menos de estudo", diz Susan Pimentel, líder da redação do currículo de língua inglesa.

Em matemática, a prioridade era focar em menos conteúdos, mas trabalhá-los com mais profundidade e com aplicação dos conceitos no mundo real. Em reportagem para o jornal *Folha de S.Paulo*, o jornalista Fabio Takahashi mostra exemplos dessa profundidade maior, após uma longa e detalhada pesquisa que durou seis meses.[11] "Na matemática, os professores esperavam mais que respostas corretas. Queriam que os alunos explicassem como chegaram ao resultado e incentivavam a busca de soluções diferentes para o problema. O objetivo era desenvolver o raciocínio, e não a decoreba. O método, em tese, proporciona maior capacidade de lidar com questões complexas ao longo da vida", escreve Takahashi na reportagem da *Folha*.

Como no caso da Base Nacional Comum, o Common Core teve três documentos preliminares que foram abertos para contribuições de educadores no país inteiro. Até o lançamento do documento final, portanto, o governo federal americano não encostou o dedo nos padrões curriculares. Historicamente, nos EUA, a União não se envolve muito com a educação, que é uma atribuição dos estados e distritos. Mas, em 2010, a administração Obama resolveu premiar os estados que aderissem ao Common Core com recursos adicionais para a sua implementação. Era parte do programa Race to the Top [Corrida ao topo], que oferecia verba aos estados que implementassem determinados tipos de reformas educacionais, alinhadas com a visão do governo federal. Havia 350 milhões de dólares (cerca de 1,1 bilhão de reais) dedicados somente a currículo.¹²

Durante a edição de 2011 do discurso anual que o presidente americano faz ao Congresso, o famoso State of the Union, Obama colocou a adoção do Common Core por mais de quarenta estados até então como um dos feitos da sua gestão. Embora ele reconhecesse que os padrões curriculares foram desenvolvidos por governadores republicanos e democratas e não pelo governo federal, o discurso marcou o início de uma forte politização do currículo, que ficou imediatamente associado à gestão do presidente democrata. O Common Core logo atrairia a fúria de políticos mais conservadores. "Sem dúvida foi um erro de Obama", diz Cohen, da Achieve. "E o mais impressionante é que a resistência não era imprevisível. Havia um histórico de confronto. Bill Clinton já havia sido duramente criticado por uma intervenção muito menor do que essa nos estados nos anos 1990."

Em 2012, o republicano Mike Pence seria eleito governador de Indiana prometendo tirar o estado do Common Core. E, com apoio da assembleia legislativa local, de fato cumpriu a promessa, fazendo do estado o primeiro a abolir oficialmente os padrões curriculares em 2014. O governo de Pence pediu ajuda à Achieve para revisar o seu novo currículo. E a ironia é que ele ficou praticamente idêntico ao Common Core. Ou seja, a discussão nunca foi sobre o conteúdo do currículo, e sim uma simples disputa política em torno do conceito de independência total dos estados, uma ideia cara aos republicanos. A estratégia de Pence foi tão bem vista em seu partido que ele se promoveu nacionalmente e depois acabou sendo escolhido como candidato a vice-presidente na chapa vitoriosa de Donald Trump em 2016.

Até 2017, nove estados deixariam o Common Core. Como os novos currículos estaduais eram com frequência parecidos com a base nacional americana, pelo menos parcialmente a política teve efeitos positivos: "A discussão sobre o nível de complexidade dos textos ensinados nas escolas, por exemplo, era quase nula sete anos atrás. Mesmo onde o Common Core não vingou, o debate sobre o que ensinar foi profundamente influenciado por ele", diz Susan Pimentel. O problema é que os erros de implementação não se limitaram apenas a um vaivém partidário. O estado de Nova York, governado por um democrata, é um bom exemplo de como as complicações vão além das disputas entre partidos. Ali, a implementação do Common Core foi um fiasco.

Nova York possui um sistema de bonificação para os professores baseado no desempenho de suas turmas em provas padronizadas, assim como ocorre em dezenas de estados e municípios brasileiros. Essas provas, naturalmente, testam se os estudantes aprenderam os conteúdos do currículo em vigor. Como Nova York adotou de forma entusiasmada o Common Core desde o começo, decidiu adaptar os testes rapidamente para os novos parâmetros — que são, não custa lembrar, muito mais rigorosos. Mas não houve tempo para que os professores recebessem capacitação sobre como ensinar o novo currículo, e para pais e alunos se adaptarem às novas expectativas. Professores e alunos eram cobrados por conteúdos que os primeiros não haviam ensinado e os segundos não haviam aprendido. Resultado: os professores ficaram furiosos e o sindicato estimulou os pais a impedirem os filhos de fazer a prova — pelo menos 20% deles não autorizaram que os filhos fizessem as provas em 2015 no estado de Nova York.

Depois que o secretário estadual de Educação foi demitido, o governador criou comissões para avaliar os problemas. A mensagem final foi de que era preciso recomeçar — talvez com outros parâmetros curriculares, sem a carga negativa que o Common Core adquirira em Nova York. O governador decidiu adiar a implementação do novo currículo para 2022. Mas, a essa altura, é seguro dizer: o Common Core deu errado em Nova York.

No caso do Brasil, a capacitação adequada dos professores no conteúdo da base e uma adoção progressiva e cuidadosa dos novos testes padronizados deve ser uma obsessão dos gestores públicos que irão implementar os novos padrões curriculares. Esse trabalho é muito mais complexo do que parece. E custa caro. Na Califórnia, uma espécie de antítese de Nova York na qualidade da implementação do Common Core, 4 bilhões de dólares foram gastos em três anos com formação de professores, compra de materiais didáticos e tecnologias alinhadas com o Common Core. Lá, as provas padronizadas foram suspensas no primeiro ano de adoção do currículo nacional. No segundo ano houve apenas uma simulação das avaliações, que não valia para definir bônus dos professores ou o futuro dos estudantes. Somente no terceiro ano as notas começaram a valer de verdade. E houve preparação da opinião pública para uma inevitável queda nas notas — afinal, a nova prova estadual era mais difícil.

Por aqui, a maioria dos especialistas concorda que as notas na Prova Brasil também irão cair quando nosso sistema de avaliação for adaptado para a Base Nacional Comum. Isso precisa estar claro para a população e ser bem explicado pelo governo do momento, seja ele qual for. Não significará que pioramos com o currículo, mas que a métrica de avaliação mudou. Haverá uma enorme tentação da imprensa e de observadores desinformados de comparar banana com maçã. "Quase sempre que o estilo das provas muda, as notas médias caem. Há um fator surpresa associado à prova quando ela é aplicada pela primeira vez. Depois, elas voltam a melhorar", diz David Plank, pesquisador associado à Universidade Stanford e autor de pesquisas comparando a aplicação do Common Core em Nova York e na Califórnia.

Naturalmente, após implementação mais cuidadosa, a Califórnia não sofreu muita resistência ao Common Core. O sindicato, por exemplo, é um dos maiores apoiadores. Lá, o currículo está dando certo.

Mas a confusão com os testes não se reduz apenas a quão paulatina é sua implementação. O governo de Obama estimulou a criação de dois consórcios nacionais de empresas que desenvolvem testes padronizados para os estados (como faz o Caed, de Manuel Palácios, no Brasil). Mais uma vez, diversos estados acabaram abandonando os consórcios sob o argumento de que isso era intervencionismo do governo federal. A Achieve avaliou os testes elaborados pelos consórcios e aqueles produzidos pelos estados que optaram por não participar deles. Mike Cohen avalia do seguinte modo: "Quando os estados resolveram criar seus próprios testes por questões políticas, conseguiram alcançar dois resultados indesejáveis: aumentaram o custo e diminuíram a qualidade." Estados como Ohio e Tennessee chegaram ao cúmulo de mudar o currículo, mas voltar a usar os testes antigos depois que professores e pais reclamaram das novas provas. Ou seja, ensinavam uma coisa e testavam outra. Outros estados adotaram padrões curriculares novos, mas contrataram profissionais para oferecer formação de professores nos padrões antigos.

O transtorno com testes e formação profissional nos Estados Unidos é comparável também ao deus nos acuda dos livros didáticos. Poucos meses depois de o Common Core ser finalizado, em meados de 2010, começaram a surgir livros com um adesivo dizendo que estavam alinhados ao recém-criado currículo nacional. Isso parecia impossível, visto que não tinha havido tempo para fazer livros didáticos tão depressa. Quando analisados mais de perto, ficava claro que esses livros não estavam de modo algum alinhados ao Common Core. E isso é um perigo enorme, porque os livros didáticos materializam os conceitos do currículo em sala de aula. Sem que parâmetros curriculares e material didático estejam verdadeiramente alinhados, essa política pública perde uma das suas principais conexões com o dia a dia de professores e alunos.

Mas como essas falhas de implementação nos Estados Unidos podem se reproduzir no Brasil? Afinal, embora haja semelhanças entre os dois países de dimensões continentais, há um sem-número de diferenças também.

Primeiro, os sistemas de avaliação e formação de professores correm o mesmo risco. Se os testes da Prova Brasil ou do Enem forem modificados de forma apressada como fez Nova York, a Base Nacional Comum pode acumular uma oposição bastante organizada e barulhenta, o que colocaria a política em risco.

Não é segredo nenhum que os cursos de formação continuada pelo Brasil são completamente descolados das necessidades reais dos professores — afinal, são com frequência extensões dos cursos teóricos oferecidos nas universidades. Os professores precisam ser preparados em estratégias didáticas para cada um dos temas que devem abordar de acordo com o currículo e, muitas vezes, nos conteúdos propriamente ditos. Surpresa: isso custa caro e dá trabalho. No futuro, os cursos de formação de professores devem levar a Base Nacional Comum em conta. Isso não aconteceu nos Estados Unidos ainda, sobretudo por conta da implementação conturbada e das incertezas que ainda rondam o Common Core em tempos de Donald Trump, que se diz contrário à política. Ou seja, não há a menor previsibilidade sobre o futuro do currículo, então acadêmicos das faculdades de educação pensarão se vale a pena ajustar seus cursos de formação de professores a um currículo que pode não "pegar".

Além disso, lá, assim como no Brasil, há muitos acadêmicos encastelados nos departamentos de pedagogia que se opõem ao currículo por questões que muito pouco têm a ver com o dia a dia dos professores: o típico papo de que o educador perde a autonomia sobre o que deveria ensinar com uma "lista de conteúdos", quando a verdade é que, com as expectativas de aprendizagem delimitadas, o professor pode se dedicar mais a exercer a sua autonomia sobre como ensinar, e não sobre o que ensinar. O que ensinar não deve ser decidido no âmbito da sala de aula. É um debate que a sociedade como um todo deve fazer.

Quanto aos livros didáticos, há muito menos regulação no sistema de ensino americano do que no brasileiro. O Programa Nacional do Livro Didático formula editais, e as editoras são avaliadas por bancas de acadêmicos selecionados aleatoriamente em universidades federais. O risco é que esses acadêmicos se oponham aos conceitos dos padrões curriculares nacionais e não garantam uma efetiva transposição dos mesmos para as páginas dos livros didáticos. Além disso, cerca de metade das obras submetidas a avaliação no Brasil hoje são reprovadas. Vera Cabral, presidente da Associação Nacional de Livros Didáticos, atribui isso à falta de critérios claros. Algo que os novos editais de livros didáticos inspirados na Base Nacional Comum devem necessariamente resolver. No médio prazo, isso pode até gerar economia. Afinal, os livros reprovados geram custo para as editoras que depois são inevitavelmente embutidos no preço dos livros de fato aprovados. O formato de avaliação dos livros precisa ser revisto, de modo a incluir também profissionais das redes públicas e assim tornar-se mais plural.

O problema criado por Obama não parece ter acontecido no Brasil. A Base Nacional Comum é um assunto técnico e nunca atraiu muita atenção de políticos brasileiros: para o bem e para o mal. Como Dilma Rousseff pouco associou sua imagem pública a essa política, mesmo enquanto ela estava sendo gestada em seu Ministério da Educação, políticos de oposição que chegaram ao poder com seu impeachment não ficaram tentados a se opor à Base Nacional Comum apenas porque era herança do governo anterior. Mas isso não impediu que grupos conservadores do Congresso pressionassem o governo Temer a remover do texto final do currículo uma menção a respeito de diferenças de orientação sexual. Antes, alguns deputados tentaram inclusive levar o texto da Base Nacional Comum para ser discutido no Congresso, ideia que felizmente foi abortada. A investida era uma das maiores preocupações de Manuel Palácios nos últimos meses em que esteve no governo. Portanto, não se pode subestimar a capacidade dos políticos de atrapalhar a implementação de políticas públicas.

No entanto, temos no Brasil um enorme gargalo para a boa implementação do currículo nacional que não existe nos Estados Unidos: tempo. Os estudantes brasileiros passam muito pouco tempo na escola. O horário escolar de cerca de quatro horas diárias é uma chaga no país, um símbolo de que somos um país pobre. Afinal, praticamente todos os países desenvolvidos e de renda média para alta, como o Chile, oferecem carga horária escolar de no mínimo sete horas diárias. Mas, como o próximo capítulo irá mostrar, não basta apenas estender o tempo que a garotada passa na escola. A reforma necessária é muito mais complexa do que o número de horas.

7

Educação em tempo integral não é somente uma questão de horas na escola

Era fevereiro de 1999 e o presidente da multinacional Philips na América do Sul, Marcos Magalhães, tentava aproveitar as férias com a família no Recife, sua cidade natal. Para qualquer um em cargo semelhante, aquele momento era de muito estresse. O Banco Central havia acabado de adotar o regime de câmbio flutuante e o real sofreu uma desvalorização inacreditável. O país teve três presidentes da autoridade monetária em menos de dois meses. Marcos estava assoberbado por problemas na sede da empresa holandesa, que teve as contas inevitavelmente afetadas pelo câmbio. Mas, mesmo com o pensamento tomado pelas agruras do dia a dia no trabalho, que insistiam em invadir seu tempo de descanso, um arroubo de saudosismo o tomou quando passou pela rua da Aurora, às margens do rio Capibaribe, no Recife antigo. O número 703 era o endereço do Ginásio Pernambucano, onde Marcos estudara durante a adolescência. "Vou fazer uma visita!", pensou ele.

Quando chegou à entrada, o empresário encontrou um silêncio incomum para o que deveria ser um dia regular de aulas. Perguntou onde estavam os alunos para um guarda meio sonolento sentado perto da porta. "Ué, o prédio foi evacuado faz uns três anos", respondeu ele, surpreso. A justificativa era a estrutura em ruínas. O visitante ainda deu uma espiada dentro do suntuoso casarão histórico e constatou com os próprios olhos que sua antiga escola literalmente caía aos pedaços.

A data coincidia com o início do mandato de Jarbas Vasconcelos, recém-empossado governador de Pernambuco e amigo do empresário. Marcos marcou uma audiência para o dia seguinte à visita às ruínas. Ao entrar no gabinete do governador, logo puxou o político pelo braço e disse: "Jarbas, vem cá", se encaminhando para a sacada do Palácio do Campo das Princesas. Dali, se avistava o casarão abandonado da escola. "Você sabe o que é aquele prédio?", perguntou Marcos, apontando para o lugar. Claro que ele sabia. O Ginásio Pernambucano já tinha sido uma referência para o Nordeste inteiro. Ali estudaram o ex-presidente Epitácio Pessoa, o economista Celso Furtado e os escritores Ariano Suassuna e Clarice Lispector. A instituição foi inaugurada em 1853 pelo imperador D. Pedro II. O governador também sabia sobre o estado em que o Ginásio Pernambucano se encontrava. Até dizia que reformá-lo era uma prioridade sua, mas pedia paciência para colocar as contas públicas em ordem antes. Ele argumentava que Pernambuco estava falido. "Esse cafezinho que nós estamos tomando eu trouxe de casa", disse Jarbas, à época, para exemplificar a pindaíba. Mas Marcos não tinha ido pedir dinheiro. Ele perguntou se poderia levantar recursos com outros empresários para bancar a reforma, sem prejuízo aos cofres públicos. O governador abriu um sorriso e disse: "Claro!"

Ao sair do Palácio, o executivo fez várias ligações. Primeiro para o escritório da Philips em Recife. Pediu que mandassem uma equipe de filmagem até o Ginásio para registrar imagens do prédio em ruínas. Também ligou para diretores de empresas que conhecia em Pernambuco e os convidou para um almoço no tradicional Hotel Atlântico Plaza, na semana seguinte. Por fim, deu um jeito de achar oito ex-professores do Ginásio Pernambucano. No dia marcado para o almoço, Marcos apresentou um vídeo que mostrava a situação do edifício, deu a palavra para alguns de seus ex-professores comentarem e passou o chapéu — a Philips ia bancar uma parte da reforma do prédio tombado, como símbolo de investimento em responsabilidade social, mas aquele era um patrimônio de Pernambuco e Marcos também gostaria de contar com a colaboração de outras empresas com atuação local. Ao final do evento, o combinado foi investir 2,5 milhões de reais na obra, e os recursos viriam da Philips, do banco ABN-Amro, que havia acabado de comprar o Banco do Estado de Pernambuco, da companhia de água Chesf e da construtora Odebrecht. O Ginásio Pernambucano estava salvo. Mas esse projeto ainda seria muito maior do que aquela escola.

"O que adianta só entregarmos um prédio?", indagou quase que para si mesmo Norberto Odebrecht, fundador da construtora que leva seu sobrenome, sentado em um caixote no meio da obra de restauração do Ginásio Pernambucano. Aquela era uma visita dos patrocinadores à construção, mais de um ano após a decisão de reinaugurar o tradicional colégio. A provocação de Norberto ficou na cabeça de Marcos Magalhães. "Eu acabei depois ligando para ele e perguntando o que achava que poderíamos fazer além do prédio", disse Marcos em seu escritório, na região da Berrini, em São Paulo. O dono da construtora baiana não se fez de especialista. Apenas disse que adoraria entregar mais que uma estrutura física reformada. Ele queria uma nova escola. Sugeriu que Marcos se reunisse com dois educadores de quem era amigo. Eles eram o pedagogo Antônio Carlos Gomes da Costa, um dos criadores do Estatuto da Criança e do Adolescente, ex-presidente da Febem de Minas Gerais e ex-secretário de Educação daquele estado, e o advogado Bruno Silveira, que presidia a Fundação Emílio Odebrecht e havia fundado a Finep, órgão do governo federal que financia projetos de inovação. "Para mim, uma boa escola ensinava bem português, matemática e ciências, mas o Antônio Carlos e o Bruno me convenceram de que deveríamos fazer com que os alunos tivessem atitude. Eles queriam uma escola que preparasse os estudantes para a vida fora dali", conta Marcos.

O executivo decidiu investir na ideia de fazer uma instituição de ensino médio inovadora, mas que precisaria também ser replicável.

O pedagogo Antônio Carlos Gomes da Costa se notabilizou por um conceito que chamava de protagonismo juvenil. Ele escreveu que, quando há protagonismo dos jovens, eles constroem gradativa autonomia e se preparam melhor para os desafios da vida adulta. Pela sua lógica, a escola deveria ajudar o estudante a desenvolver seus próprios argumentos e soluções, dar a ele a chance de planejar, decidir, executar e avaliar.[1] Assim, ele deixa de ser mero receptor passivo dos conteúdos e vira ator principal do seu processo de aprendizagem. Bruno Silveira oferecia uma das melhores explicações do conceito: "o processo pelo qual o jovem é simultaneamente sujeito e objeto de seu futuro."[2] Nos anos 1990, Gomes da Costa ficou famoso por recuperar a Febem de Minas Gerais aplicando justamente esse conceito inovador de protagonismo juvenil. E foi essa concepção que norteou o projeto do Ginásio Pernambucano.

A disciplina "projeto de vida" foi acrescentada ao currículo para trazer o protagonismo juvenil para as aulas. Nela, os professores ajudam cada estudante a compreender melhor as suas próprias características e aptidões e depois guiam os adolescentes nas escolhas para o futuro. Os educadores devem cobrar empenho dos alunos no estudo dos conteúdos que mais têm relação com a carreira que gostariam de seguir. Eles podem ser titulares de qualquer disciplina, desde que sejam suficientemente proativos e inventivos para estimular a turma a traçar um plano para o futuro. Espera-se que levem ideias de cursos, projetos, leituras e tudo mais que possa ajudar cada um a alcançar seus sonhos. O objetivo é dar um sentido ao ensino, mostrar ao jovem por que ele está ali.

No modelo de Gomes da Costa, a grade prevê ainda espaço para disciplinas eletivas, como fotografia, empreendedorismo e robótica, além de aulas de português e matemática. Os professores de ciências também teriam que ensinar parte do conteúdo nos laboratórios, para tornar os temas mais atraentes. Enfim, colocar esse modelo em prática requer mais tempo do estudante em sala de aula. Assim, o Ginásio Pernambucano se tornou uma escola em tempo integral. Desde a inauguração, em 2004, todos passam cerca de oito horas por dia no colégio, enquanto a carga horária de uma escola convencional é metade disso.

Marcos também bolou uma forma de engajar o professor. O corpo docente do Ginásio Pernambucano foi contratado para quarenta horas semanais e lá permanece o dia inteiro, ao lado do aluno. Isso é incomum. Os professores costumam dar aulas em várias escolas e passam pouco tempo convivendo com suas turmas. Dedicar um terço da carga horária para preparar as aulas é uma lei nacional, mas na prática é um luxo. A maioria dos docentes passa o tempo da preparação dando aula em outras escolas. No modelo criado para o Ginásio Pernambucano, isso não é possível. O professor passa o dia na mesma unidade e tem um horário em que deve se dedicar ao seu próprio planejamento. Por conta de disciplinas como o projeto de vida, também é preciso se envolver com as aspirações dos alunos. Eles recebem cursos para que consigam provocar e motivar os adolescentes e seguem um material didático voltado para esse fim, elaborado justamente pela equipe que Antônio Carlos Gomes da Costa, Bruno Silveira e Marcos Magalhães montaram. Para que a remuneração fosse atraente, ficou combinado um adicional de cerca de 2 mil reais mensais para quem topasse ficar na escola o dia inteiro — e abandonar o emprego em outros lugares, já que seria impossível conciliar as duas coisas. A primeira seleção de educadores, feita em 2003, um pouco antes da inauguração do Ginásio Pernambucano, teve média de 15 candidatos por vaga — uma procura bem alta.

Desde o início estava claro que o desafio seria grande. O sindicato fez duros protestos em frente ao Ginásio Pernambucano em 2003 e acabou adiando sua reinauguração em um ano. Eles diziam que aquele modelo significava "privatizar a educação" e reclamavam que não haviam sido consultados sobre o projeto. Os próprios alunos chegaram ao prédio novinho em folha com deficiências assustadoras.

A primeira turma, composta de 320 adolescentes no 1º ano do ensino médio, fez um exame diagnóstico de largada. Em matemática, 35% tiraram nota zero. Em português, 40% tiraram entre 1 e 2, numa escala de 0 a 10.

Mas aquela escola não só conseguiu avançar como estimulou a criação de outros 12 colégios que o governo chamou de experimentais. Ao final do segundo mandato de Jarbas Vasconcelos, havia 4.500 alunos estudando no modelo criado por Marcos Magalhães. Nessa altura do campeonato, ele já havia deixado a presidência da Philips no Brasil e fundado o Instituto de Corresponsabilidade pela Educação (ICE), que canalizava recursos dos empresários para investir nas 13 unidades. Detalhe: o executivo recusou proposta da Philips para assumir uma vice-presidência global e decidiu se aposentar para cuidar do instituto que havia criado.

O ICE se comprometia a fazer os investimentos iniciais para adequar a infraestrutura e capacitar professores e diretores, enquanto o governo do estado bancava a manutenção. A dobradinha estava produzindo resultados. Em 2006, a evasão nessas escolas era de 2,2% enquanto a média do estado era de 17%. A repetência era de 2,3%, enquanto a média estadual era de 9%. Até 2015, um estudante de uma dessas 13 escolas iniciais tinha cerca de 50% de chances de passar no vestibular para uma universidade pública. Os resultados até eram bons, mas eram só 13 escolas em um conjunto de mais de mil unidades. O projeto representava uma gota num balde cheio d'água.

O ano de 2006 em Pernambuco foi marcado por uma eleição para governador com resultado surpreendente. Venceu o jovem candidato Eduardo Henrique Accioly Campos, de 41 anos. Ex-líder do governo Lula na Câmara, ex-ministro da Ciência e Tecnologia e ex-secretário de Fazenda do estado de Pernambuco no governo de seu avô, Miguel Arraes, Campos já era um político experimentado, mas não era favorito. Ele começou em terceiro lugar nas pesquisas e gostava de descrever a trajetória como uma saga épica. Dizia que no começo fazia discurso em cima de um banco de praça para meia dúzia de transeuntes assistirem e que seus eventos de campanha eram tratados com frieza pela imprensa local. Mas a candidatura cresceu sem parar, até assumir a dianteira. Ele derrotou justamente o candidato de Jarbas Vasconcelos, Mendonça Filho, seu vice-governador — que viraria, veja só, ministro da Educação em 2016. Durante a campanha, Campos criticou duramente a principal fragilidade das escolas experimentais criadas por Marcos Magalhães: elas eram para poucos. Seu principal argumento era que aquele modelo só estava disponível para uma elite, embora 78% dos seus usuários tivessem renda familiar abaixo de dois salários mínimos por mês. A questão era também política, claro. Campos precisava fazer um discurso de contraponto ao rival — e fez.

Independentemente de ser só conversa de campanha, a vitória de Campos criou uma dúvida sobre o futuro do programa. Por isso, entre a eleição e a posse, ele foi procurado por Marcos Magalhães. "Eu te peço seis meses para avaliar com calma essas escolas. Se depois desse tempo observando como elas funcionam, você concluir que não vale a pena continuar, não tem problema, pode desfazer tudo", disse Marcos na varanda da casa de Eduardo Campos, no bairro Dois Irmãos, em dezembro de 2006. O governador eleito concordou. Mas já tinha um plano em mente. "Nós decidimos que só teria sentido continuar o programa se ele pudesse ser replicado e fosse acessível à maioria dos alunos da rede estadual. Então, fomos buscar características que poderiam ser reproduzidas em larga escala", diz Danilo Cabral, que coordenou aquela campanha de Eduardo Campos e depois foi escolhido como seu secretário de Educação. Ele ocupou o cargo durante todo o primeiro mandato da administração.

O novo governo não precisou sequer dos seis meses para avaliar as escolas experimentais. Quatro meses após a posse, Eduardo Campos decidiu expandir o modelo para trezentas unidades, fazendo disso a sua principal marca na educação. A Assembleia Legislativa aprovou uma lei que tornou a educação em tempo integral uma política de Estado, e as escolas deixaram de ser chamadas de experimentais para ganhar o nome de escolas de referência em ensino médio. A toque de caixa, o governo começou obras para adequar a estrutura física dos prédios que receberiam o projeto. O momento era propício. O Brasil crescia fortemente e Pernambuco mais ainda. A meta foi alcançada ao final do segundo mandato, quando Campos já havia falecido após um acidente de avião durante a campanha presidencial de 2014, na qual ele era candidato. Ao final de 2016, 53% dos estudantes de ensino médio em Pernambuco estudavam em escolas de tempo integral, com quarenta horas semanais, ou semi-integral, com 32 horas de aulas por semana.

A afinidade política de Marcos Magalhães com um grupo antagônico ao de Campos o afastou do dia a dia do projeto. Ele, inclusive, tem críticas a algumas distorções trazidas durante o percurso de massificação. Mas Pernambuco foi o primeiro estado brasileiro a chegar tão longe na expansão da educação de tempo integral em um modelo que inclui tanto o professor quanto o aluno. A experiência pernambucana fez com que esse tipo de ensino, cuja origem esteve na curiosidade daquele executivo da Philips de rever sua antiga escola, se expandisse para todo o país. Em 2016, havia sete Secretarias Estaduais de Educação com escolas de tempo integral no modelo do Instituto de Corresponsabilidade Educacional e outras sete prefeituras, a maioria de capitais, que também aderiram. O ICE se financia com doações de empresários locais. Não há dinheiro público na remuneração dos profissionais que atuam no treinamento das equipes dos estados e municípios. E algumas secretarias, como a estadual do Rio de Janeiro, implementaram modelos de educação integral que compartilham da maioria das características do que Antônio Carlos Gomes da Costa ajudou a gestar em Pernambuco, mas que contam com o apoio técnico de outras instituições, como o Instituto Ayrton Senna — da qual Gomes da Costa inclusive foi conselheiro.

Em muitos casos, o objetivo é gradualmente substituir escolas regulares pelas de tempo integral, como fez o estado nordestino. Mas a tarefa é desafiadora. Ao final de 2017, a rede estadual de São Paulo tinha 308 escolas no modelo criado por Marcos Magalhães, de um total de 5.700 (só 5,4%, portanto). Elas atendiam mais de 100 mil alunos. Embora seja um contingente expressivo em números absolutos, isso representa apenas 1 a cada 29 estudantes matriculados no ensino fundamental II ou médio na rede estadual paulista (ou 3,5% do total).[3]

A prefeitura do Rio de Janeiro é outro governo que investiu na expansão da jornada. A ex-secretária municipal de Educação, Cláudia Costin, começou com algumas escolas que eram chamadas de Ginásio Experimental. Elas transportavam a ideia do Ginásio Pernambucano para o Rio de Janeiro e para o segundo ciclo do ensino fundamental — uma novidade, visto que as primeiras escolas experimentais no estado nordestino eram sempre de ensino médio. Em 2010, o empresário Paulo Ferraz, presidente do grupo Bozano, que tem sede no Rio de Janeiro e participações em empresas como a fabricante de aviões Embraer e a empresa de aviação Azul, contou a Cláudia sobre a experiência pernambucana. Ferraz é um entusiasta da área de educação e contribui com doações para escolas públicas do Rio de Janeiro, fato que o aproximou da então secretária. Cláudia se empolgou com a descrição que o empresário fez do modelo pernambucano. Ela aprendeu mais sobre ele e decidiu reproduzi-lo no Rio de Janeiro. Cláudia deixou a prefeitura do Rio no início de 2014 para assumir o cargo de diretora-geral de educação do Banco Mundial, mas o então prefeito Eduardo Paes e a nova secretária, Helena Bomeny, determinaram que a expansão das escolas de tempo integral no município seguisse o mesmo modelo.

Em 2010, a Câmara dos Vereadores da cidade havia aprovado uma lei que determinava que até 2020 toda a rede deveria estar em turno único de sete horas diárias. A meta do prefeito era chegar a 35% dos estudantes até o final de seu mandato, em 2016. Ela foi cumprida. "Em praticamente todos os países que têm educação pública de qualidade os alunos passam no mínimo sete horas diárias na escola. Nós vimos isso da Finlândia ao Chile. Daí veio a decisão de que precisávamos priorizar a política de aumentar a carga horária, mas garantindo que esse tempo extra fosse usado para os estudos", contou-me Helena Bomeny, secretária de Educação do Rio de Janeiro até 2016, enquanto provava uma sopa de batata baroa em um restaurante na praia do Leme. A prefeitura do Rio fez construções modulares para acomodar os alunos em turno único. A favela da Maré, uma das maiores do país, recebeu um complexo que atendia 10 mil alunos em tempo integral. Mas a empolgação inspira cautela. O Rio de Janeiro tem um histórico de ideias inovadoras em educação que são desfeitas por falta de continuidade política. A mais famosa delas é justamente um tipo de escola de tempo integral.

* * *

Em 1982, o político gaúcho Leonel Brizola se elegeu governador do Rio de Janeiro pela primeira vez. Ele havia passado 15 anos no exílio e seu mandato deveria servir de trampolim para os planos de mais tarde se tornar presidente da República. Pensando nisso, Brizola elaborou um ambicioso plano de construções de escolas de tempo integral — os Cieps, Centros Integrados de Educação Pública. O plano era chegar a quinhentas escolas e atender um quinto dos estudantes da rede pública do estado do Rio de Janeiro. Por trás da ideia estavam dois outros brasileiros ilustres: o antropólogo e educador Darcy Ribeiro e o arquiteto Oscar Niemeyer. Darcy concebeu a ideia. Ele era o vice-governador e responsável pela área de educação no governo Brizola. Niemeyer fez o projeto arquitetônico dos Cieps — prédios grandes, para atender seiscentos alunos durante o dia inteiro, com janelas arredondadas que iam do chão ao teto das salas de aula. Inicialmente, os Cieps eram dedicados a alunos da 1ª à 4ª série. O raciocínio central era impedir que crianças de famílias de baixa renda ficassem nas ruas durante o dia e sujeitas a maus-tratos dos pais ou trabalho infantil. Nos Cieps, elas iriam se alimentar, se divertir, fazer a lição de casa e até tomar banho.

Essa não era a primeira vez que se tentava implementar algo do tipo no Rio de Janeiro. Nos anos 1960, Carlos Lacerda, então governador do estado da Guanabara e também um eterno aspirante à presidência da República, construiu cinco escolas em favelas cariocas onde os alunos recebiam educação, atendimento médico e psicológico.[4] Mas nunca um projeto de escola em tempo integral tinha sido tão grandioso quanto os Cieps se propunham a ser. O debate acerca da concepção de Darcy Ribeiro não ficou restrito à academia. Darcy respondia críticas via artigos de jornal e defendia seu projeto como modelo característico de país desenvolvido — onde o aluno passa o dia inteiro estudando. Mas o fato é que, no contraturno das escolas criadas por Brizola e Darcy, meninos e meninas geralmente só dedicavam tempo ao lazer. Os Cieps recebiam uma figura nova, que era o animador cultural, um artista local que elaborava oficinas sobre a cultura de determinado bairro ou cidade do estado do Rio de Janeiro. A tarde também era reservada para a prática de esportes. Mas, geralmente, os professores não ficavam em tempo integral com os seus estudantes. Então, as atividades do contraturno tinham um quê de informalidade. Mais tarde, estudos mostraram que não havia diferença significativa entre a capacidade de alunos de Cieps e aqueles da rede regular na fala, na escrita e na leitura.[5] Ou seja, os Cieps não estavam melhorando o aprendizado.

De todo modo, quatro anos de governo não foram suficientes para colocar todo o projeto para funcionar. Quando chegaram as eleições de 1986, Darcy foi o candidato a suceder Brizola, com a missão primária de dar continuidade aos Cieps. Mas aquela eleição foi vencida pelo ex-prefeito da cidade de Niterói, Wellington Moreira Franco. Em 1986, estudos apontavam que pelo menos 14% das crianças no meio urbano e mais de 50% no meio rural estavam fora da escola primária.[6] Moreira Franco juntou o desejo de enfraquecer uma marca de seu antecessor ao argumento de que faltavam vagas para as crianças nas escolas fluminenses. Resultado: boa parte delas foram fatiadas em três turnos e deixaram de ser de tempo integral.

Muitos dos Cieps que estavam em obras foram abandonados no esqueleto. Em várias unidades faltava alimentação, manutenção e principalmente professores durante o contraturno. Foi na gestão Moreira Franco que as escolas começaram a ficar estigmatizadas. A impressão geral era de que, onde ainda havia turno e contraturno, os estudantes ficavam ociosos durante a tarde. Por isso mesmo, muitos deles começaram a abandonar os estudos.[7] Em 1990, Brizola foi eleito novamente governador do Rio de Janeiro, depois de ter sido derrotado nas eleições presidenciais do ano anterior. Em seu segundo mandato, ele conseguiu chegar às quinhentas escolas prometidas. Mas cada vez mais os Cieps eram reconhecidos como escolas "para pobre e depósito de crianças, [...] associada à noção de descaso, assistencialismo e qualidade ruim", como reconhece em artigo de 2004 a pesquisadora da Universidade Estadual do Rio de Janeiro Lúcia Velloso Maurício, que trabalhou na segunda gestão de Brizola, cuidando especificamente da formação de professores (Lúcia faz a ressalva de que essa visão é mais expressa pelos professores do que pelos pais e alunos).

O próprio Brizola alimentava a imagem assistencialista, com expressões como "as crianças estão engordando como leitõezinhos", em referência aos alunos dos Cieps, que se alimentavam melhor do que outras crianças igualmente pobres que não frequentavam esse tipo de escola. Quando voltou ao governo do Rio, ele criou uma secretaria extraordinária para resgatar e expandir as unidades, que ficaram conhecidas como Brizolões. Nessa época, Darcy Ribeiro estava no Senado, mas observava de perto a segunda fase de seu projeto. A decisão de separar os Cieps do resto da rede educacional, com uma secretaria própria, é considerada hoje um dos maiores erros daquele governo. A nova secretaria acabou dividindo os educadores em categorias diferentes. De um lado, os da escola regular, com remuneração e status mais baixos. De outro, quem lecionava nos Cieps. "Muitos professores não reconheciam o projeto como sendo deles. Mas as pessoas que trabalham na rede precisam incorporar a proposta, senão ela sofre descontinuidade mais facilmente. E foi o que aconteceu", disse Lúcia Velloso Maurício em tom de lamento, enquanto seu cachorro não parava de latir no apartamento em que ela vive no bairro do Flamengo, no Rio de Janeiro. Ela também aponta outra fragilidade: "Quando um projeto adquire uma marca muito forte de um político, como aconteceu no caso do Ciep com Brizola, o governo seguinte vai querer desmontar a imagem." Com Brizola, isso aconteceu duas vezes.

Depois que seu segundo mandato acabou, um antigo aliado do governador venceu a eleição: Marcello Alencar, ex-prefeito da cidade do Rio de Janeiro. Foi na gestão Alencar que os Cieps entraram em uma decadência sem volta. Sem disposição para arcar com os custos mais altos do projeto, Alencar começou a cortar verbas da iniciativa, até inviabilizar o funcionamento da maioria das escolas em tempo integral. Para a imprensa e boa parte dos cidadãos fluminenses, as escolas projetadas por Niemeyer e pensadas por Darcy se consolidaram como um projeto assistencialista, caro e com poucos fundamentos pedagógicos — afinal, imagens de crianças e adolescentes dormindo durante a tarde apareciam constantemente nos jornais.[8] Pais de classe média passaram a ameaçar seus filhos de escolas particulares com frases como "vou te colocar num Ciep, hein, moleque!". O encanto dos anos 1980 deu lugar a uma certa repulsa, principalmente conforme o tempo passava e o próprio Brizola perdia popularidade e eleições. "O Ciep tinha o nobre objetivo de resgatar o aluno da pobreza, num misto de educação com assistência social, mas acabou virando um programa separado do resto da rede, e isso criava um clima de animosidade entre os profissionais", afirma o ex-secretário estadual de Educação do Rio de Janeiro, Antônio Neto, que foi professor de sociologia em um Brizolão.

Outros programas semelhantes e ambiciosos também já podem ser considerados fracassos. No início dos anos 1990, os Cieps inspiraram a construção, pelo governo do ex-presidente Fernando Collor de Mello, dos Caics: Centros de Atenção Integral à Criança e ao Adolescente. Eram estruturas tão faraônicas que muitas delas acabaram virando a sede das Secretarias de Educação de municípios menores. A meta de Collor era construir 5 mil escolas para 6 milhões de crianças no Brasil inteiro. Quando começou o governo Fernando Henrique Cardoso, em 1995, só 146 estavam em funcionamento, a maioria na região Sudeste e Nordeste, e a ideia de integrar educação, saúde e assistência social tinha sido abandonada. Um relatório do Instituto de Pesquisas Econômicas Aplicadas, o Ipea, de janeiro de 1995, elenca motivos para que a ideia dos Caics seja abandonada, entre eles o alto custo e a concepção de que ela seria a tábua de salvação de todos os problemas sociais: "O programa parece desconsiderar, na sua prática, a existência de estruturas físicas e organizacionais localmente instaladas e [...] tem objetivos além de suas possibilidades de alcance."

Em 2006, o ex-secretário estadual de Educação de São Paulo, Gabriel Chalita, e o governador Geraldo Alckmin converteram mais de quinhentas unidades da rede para o horário integral. E isso da noite para o dia. Havia aulas de manhã e oficinas culturais, esportivas e de orientação à pesquisa à tarde. O programa foi esquecido com a mesma rapidez com que surgiu. Os professores não ficavam na escola o dia inteiro e não havia nenhuma evidência de que os estudantes aprendiam mais nesse modelo. As unidades foram aos poucos se descredenciando do programa (os diretores escolhiam se iriam aderir ou não). No governo seguinte, do correligionário José Serra, menos da metade delas continuava com as oficinas no contraturno. Quando Alckmin voltou a ser governador, criou um novo programa inspirado no modelo pernambucano e deixou o anterior de lado. Até 2017, 229 escolas da era Chalita continuavam existindo, mas deixaram de ser prioridade da Secretaria de Educação.

Para mim, foi inevitável perguntar a todos os envolvidos com novos e promissores projetos de escola em tempo integral como lidam com o risco de esses programas terem o mesmo fim que os Cieps, os Caics e as escolas de Chalita — nos dois primeiros casos, houve pelo menos o legado da infraestrutura física das escolas. Será que as iniciativas nascidas pelas mãos de Marcos Magalhães, Antônio Carlos Gomes da Costa e Bruno Silveira e que hoje se espalham pelo Brasil não têm fragilidades parecidas com as das outras experiências de ampliação de jornada? Para responder a essa pergunta, vou recorrer aos estudos de dois economistas notáveis no campo da educação. Um brasileiro e outro americano.

* * *

Naercio Menezes Filho é um dos economistas brasileiros mais reconhecidos em estudos de capital humano. Ele é professor associado da Universidade de São Paulo, mas a maior parte do seu tempo é dedicado ao Insper, escola de economia e negócios que vem se notabilizando por contratar economistas estrelados — muitos deles com um bom histórico de trabalhos sobre questões sociais. Durante sua carreira, Naercio fez diversos estudos analisando os fatores que mais influenciam o aprendizado. Ele não é um pesquisador de chão de escola. Suas análises se atêm quase que somente às estatísticas. Mas sua principal pesquisa, intitulada "Os determinantes do desempenho escolar do Brasil", é muito clara ao eleger um ponto nevrálgico para melhorar a educação. Ele escreve: "Uma das únicas variáveis que afetam consistentemente o desempenho do aluno é o número de horas-aula, ou seja, o tempo de permanência na escola." Nesse estudo de 2007, Naercio fez um vasto levantamento de indicadores para avaliar o efeito de cada característica no desempenho dos estudantes em uma prova nacional. Ele tabulou a idade média dos professores, o tamanho médio das turmas, o número de computadores por aluno, informações familiares como renda e acesso a livros em casa e vários outros fatores. Os que mais influenciam se uma escola está entre as de melhor ou pior desempenho são aquelas condições exógenas, como renda e escolaridade dos pais. Mas, dentro da instituição, o tempo de aula é de longe o fator mais impactante, segundo os dados dessa pesquisa. "Os economistas que estudam educação divergem sobre a efetividade de diversas medidas na melhoria do aprendizado, como, por exemplo, se os governos devem ou não priorizar a redução do número de alunos por turma. Mas a ideia de que dar aos alunos mais horas de aula influencia seu desempenho é, hoje em dia, um dos principais consensos", diz Naercio. O pesquisador não chegou a ir às escolas para ver que tipo de tempo extra é esse que faz os alunos melhorarem seu desempenho. Mas o economista americano Roland Fryer foi.

Fryer é professor de Harvard desde 2005. Em 2007, aos 30 anos, foi o professor negro mais jovem a receber a estabilidade na universidade — o que a academia americana chama de *tenure*, concedida apenas aos acadêmicos mais promissores. Em abril de 2015, ele foi o primeiro negro a receber a John Bates Clark Medal, um prêmio que todo ano reconhece o trabalho de um economista americano com menos de 40 anos que tenha dado significativa contribuição ao pensamento econômico. Trata-se de um dos prêmios de maior prestígio na academia nos Estados Unidos. As pesquisas que Fryer realiza com estatísticas educacionais e observações de campo têm chamado tanta atenção que até o ex-presidente Barack Obama o convidou para um bate-papo na Casa Branca.

Um dos seus estudos mais reconhecidos, citado frequentemente por vários economistas brasileiros que estudam dados da educação, se chama *Getting Beneath the Veil of Effective Schools: Evidence from New York* [Desvendando o segredo das escolas mais eficientes: evidências de Nova York]. Nesse estudo de 2013, Fryer avalia dados de 39 escolas de Nova York. Mas não são informações quaisquer. O economista dissecou as escolas, com questionários e entrevistas com diretores, professores e alunos, filmagens do dia a dia nas salas de aula e análise minuciosa de deveres de casa e planos de aula. E ele mostra que há cinco fatores determinantes para que os alunos de algumas escolas sejam mais bem-sucedidos que os de outras.

Um deles é também o tempo de aula. Aqueles com melhor desempenho tinham mais horas de exposição aos conteúdos. Mas é aula mesmo, e não o fato de o aluno ficar uma ou duas horas a mais por dia fazendo oficinas. Outro determinante apontado por Fryer é a expectativa depositada sobre os estudantes. Os diretores e professores das melhores escolas do grupo colocavam no topo de uma lista de prioridades apresentadas os seguintes valores: "foco em resultados acadêmicos", "altas expectativas sobre o comportamento e a disciplina do aluno", "atenção às necessidades sociais e emocionais do aluno", "construção da autoestima do estudante", "prioridade para interesses e paixões dos alunos na elaboração de projetos escolares". Se Antônio Carlos Gomes da Costa fosse vivo (ele morreu em 2011, em um acidente doméstico), teria dado um sorriso ao ver essa lista. É justamente o tipo de valores que ele considerava essenciais para que os estudantes prosperassem na escola.

Os programas inspirados no pensamento de Gomes da Costa e nas experiências de Marcos Magalhães em Pernambuco são muito diferentes do que foi realizado por Darcy Ribeiro nos Cieps. E muito mais ainda do que tentou Gabriel Chalita quando foi secretário estadual de Educação. A ideia de turno e contraturno, que pressupõe dois momentos completamente independentes e distantes, dá lugar ao conceito de turno único. Assim, acaba a noção de que a criança ou o adolescente estudam mesmo de manhã, no turno, e fazem outras atividades quaisquer à tarde para ocupar o tempo do contraturno. As disciplinas e atividades da escola estão espalhadas por toda a grade horária. O sujeito pode ter aula de matemática às 7h30 da manhã ou às 14h. Pode ter uma oficina de dança ou uma disciplina eletiva de robótica antes ou depois de uma prova de língua portuguesa. Afinal, os professores trabalham o dia todo no lugar. Desaparece aquela figura que dá uma aula, sai correndo para ir para outra escola e mal sabe o nome dos seus alunos. Entra o professor que convive com o adolescente, que se sente responsável pelo seu aprendizado e se articula com os colegas de outras áreas do conhecimento para ajudá-lo a superar suas dificuldades. Isso é a "atenção às necessidades sociais e emocionais" mencionada por Fryer, porque a relação entre o educador e o educando é mais próxima. Todas as vezes que visitei instituições de tempo integral (e foram mais de dez pelo país inteiro), ouvi relatos de como os adolescentes se sentem acolhidos pela escola ao ponto de confidenciarem problemas pessoais ao diretor e aos mestres. Mas nenhum depoimento chamou mais atenção que o de Vitor Diniz Vimieiro de Almeida, da Escola Milton de Souza Rodrigues, na região da Freguesia do Ó, zona oeste da capital paulista — uma das 257 unidades em São Paulo que tinham modelo de turno único em 2015.

Eram 4h55 da madrugada do dia 16 de abril de 2015 quando o telefone celular do diretor Osmar Francisco de Carvalho apitou. Ele tinha acabado de receber uma mensagem pelo Facebook. Osmar é um diretor muito aberto ao contato com os estudantes, mas achou estranho quando viu que a mensagem era de um deles. Afinal, o horário era bastante inapropriado para discutir questões relativas ao trabalho. Sob protestos da esposa, resolveu dar uma olhada no que Vitor Diniz, de 17 anos, havia escrito para ele naquela madrugada. Podia ser uma emergência. A mensagem era a seguinte:

> Olá sr. Osmar... Eu n sei por onde começar, e nem sei o que dizer direito. Eu vou tirar um pouco DP seu tempo, e se vc puder ler tudo (juro que vou tentar escrever o mínimo de coisas possíveis). Eu estudei ai ano passado. Eu tive que sair este ano pois meu pai esteve com dificuldades financeiras e perguntou para mim se eu podia ajudar, procurando um emprego ou algo do tipo. E para meu pai me pedir algo deste nivel, eu sabia que teria q ajudar. Eu acabei saindo da escola. Porem a pouco tempo, meu pai e minha madrasta (q estão juntos a 13 anos) começaram a morar juntos, e ela começou a ajudar com as despesas de casa, e meu pai voltou a estabilidade financeira q havia antes. Eu não sei direito como pular para o momento q ocorreu quando eu cheguei da escola (estou estudando no Jacomo,

no período da noite). Eu cheguei conversando com meu pai (como faço todas as noites) e quase chorei (não.. N é exagero). Eu n aguento mais ficar naquela escola. Os alunos não tem interesse nenhum, estou vendo conteúdo que aprendi no começo do ano passado (pelo atraso da matéria), eu saio antes do horário quase todos os dias (pois não há professores para compor aulas vagas, ou eles simplesmente faltam).. Sabe... Eu não tenho "moral" nenhuma para falar dos alunos ou professores daquela escola, pois caso o sr. N saiba, eu já fiquei retido 2 anos lá, e foi por esse motivo que eu fui para o integral. Mas eu mudei e amadureci muito no integral, eu tive vontade de estudar, de aprender. O desinteresse que eu tinha simplesmente sumiu. Porem esse ano voltou e minhas notas voltaram a cair, eu n tenho vontade nem de ir para a escola, pois eu sei que sairei mais cedo e terei aula vaga. Eu tive notas no Milton, que eu nunca tive antes, eu sabia as matérias, eu aprendia, eu ajudava quem tinha dificuldades e enfim.. Eu gostaria de mais uma chance para entrar no Milton de novo. N sei se é o sr. Q controla quem entra e quem sai.. Eu só realmente estou desesperado. E isso é mais um desabafo mesmo. Uma vez quando eu estava na sua sala, o senhor falou que os alunos as vezes conversavam com vc, pediam conselhos e afins.. Eu vim fazer isso.. Preciso de um rumo, uma motivação. Eu nunca me imaginei aqui escrevendo isso para o senhor. Amanha eu vou ai na escola com meu pai ver se tem vaga ou não sei.. Eu só quero mais uma chance. Obrigado. E desculpa o incomodo.

Foi difícil voltar a dormir depois dessa pedrada. "Eu tive medo que ele tentasse se matar", me disse o diretor. Osmar conseguiu a vaga, claro, mas é incrível o nível de desespero a que esse menino chegou. A Milton da Silva Rodrigues mudou sua vida. A escola lhe deu "rumo e motivação", como ele mesmo coloca. Mas de repente ele precisou abrir mão disso e voltar para a condição educacional com a qual muitos dos seus amigos já estão acostumados. E, com toda razão, Vitor não admitiu o retrocesso. Ele havia mudado. Mas e os jovens que nunca passaram por uma escola como a Milton? E esses

meninos que estavam na mesma classe que Vitor no ensino médio noturno? Eles provavelmente não terão mais uma chance. Não terão a chance de pedir por mais uma chance. Eles nem sequer sabem o que é essa "chance" de que Vitor Diniz fala. Aliás, Vitor voltaria para a escola do diretor Osmar, onde terminaria o ensino médio. Em 2017, começou a cursar direito em uma faculdade particular.

Já Victor Hugo Martins, estudante do 3º ano do ensino médio, tem mais que o nome em comum com o estudante que acordou o diretor Osmar de madrugada: ele também precisou abandonar a escola de turno único para trabalhar e, em 2015, foi para o ensino médio noturno da mesma Escola Estadual Jacomo Stavale, vizinha à Milton. O jovem ruivo, com óculos de grau grossos e rosto cheio de espinhas, conversou comigo num dia em que visitou a escola Milton para "matar a saudade". Fez um relato semelhante ao de Vitor Diniz, com a diferença de que a mãe de Victor Hugo continuava desempregada e o menino ainda precisava trabalhar durante o dia para sustentar a casa. "O meu horário de saída da escola é 23h, mas eu geralmente saio às 21h30 porque os professores faltam direto", diz ele. "Eles nunca nem falam na palavra vestibular. Eu estou estudando por conta própria para passar." Victor Hugo estudou na Milton desde o 6º ano do fundamental (antiga 5ª série). Quando a escola passou a ser de tempo integral, em 2013, ele tinha acabado de entrar no ensino médio. "Era um menino supertímido, mas que começou a adotar uma postura diferente com as atividades da escola de tempo integral", diz o diretor. O estudante não queria ter saído da escola. Tanto que volta a ela frequentemente, quando consegue escapar do trabalho com sistemas de computação. Mas foi obrigado a sair pelas condições externas.

Claramente, a Milton da Silva Rodrigues foi capaz de melhorar a autoestima dos dois quase xarás, e esse é um ponto determinante para o aprendizado, segundo a pesquisa de Roland Fryer. Em 2012, a nota da escola no Índice de Desenvolvimento da Educação no Estado de São Paulo (Idesp), que leva em conta o desempenho dos estudantes em português, matemática e a taxa de reprovação, era 1,1, e a média estadual era 1,9. A escala é de 0 a 10. Em 2013, primeiro ano do programa, a Milton foi para 2,5 e em 2014 para 3,6. Em 2016, chegou a 3,75. O estado continuava lá embaixo, com média 2,3.[9]

O fato é que as escolas de tempo integral têm no topo da agenda o que Fryer chama de "foco em resultados acadêmicos". A professora Fátima, de português e literatura, dá aulas há 15 anos no Miltão, como o colégio é apelidado. Frente à opção de continuar na escola ou sair quando ela virou de turno único, Fátima preferiu ficar. Mas ela mudou mais do que apenas sua carga horária. A expectativa que deposita sobre seus estudantes é outra. Professora do 3º ano do ensino médio, ela dá simulados com questões do vestibular para as suas turmas. Depois, organiza junto com o coordenador pedagógico as respostas em planilhas e consegue identificar as perguntas que mais geraram dúvidas nos seus alunos.

Quando eu visitei a escola, ela tinha acabado de perceber que poucos estudantes da turma conseguiram acertar o período literário ao qual pertencia "O navio negreiro", do poeta Castro Alves. Essa é uma questão importante para o vestibular, e, na aula seguinte, Fátima focou no tema ("O navio negreiro", aliás, é parte do Romantismo). "Todas as semanas temos aulas de nivelamento, que é o momento em que os professores trabalham para eliminar defasagens de aprendizagem da turma", diz o coordenador pedagógico Vanderlei Delboni. "Em matemática, por exemplo, os alunos chegam do ensino fundamental sem saber equações e cálculos numéricos. Não tem jeito. Temos que reforçar esse conteúdo." Eu pergunto para Fátima se ela sempre teve essa postura de se concentrar nos resultados dos alunos. "Não. É que aqui nessa escola o foco se tornou o Enem e o vestibular." Eu retruco: "Mas esse não deveria ser o foco de toda escola no 3º ano do ensino médio?" Ela titubeia. Argumenta que naquela escola os alunos estão mais capacitados para fazer a seleção para a faculdade e se interessam mais pelos estudos, o que incentiva professores como ela a mirar em provas como o Enem e a Fuvest. A professora reconhece que, no mesmo colégio, antes de 2013, mal falava sobre o vestibular. "Ninguém tinha interesse em estudar para as provas." Claramente, as expectativas que ela e os outros profissionais depositam sobre os alunos mudaram. E isso faz toda a diferença, como mostram os estudos de Roland Fryer.

Uma escola como a Milton da Silva Rodrigues tem mais ferramentas para mudar a mentalidade do estudante que aparentemente "não tem interesse" em estudar. Afinal, o tempo extra é bem aproveitado. Fátima e todos os professores das escolas de tempo integral desse modelo trabalham para estimular o estudante a ter sonhos, a imaginar para si uma vida diferente da que seus pais provavelmente tiveram. Como é natural, os professores precisam ser capacitados para gerar esse tipo de estímulo da maneira adequada. Trata-se das aulas de projeto de vida, onde os adolescentes discutem sobre a trajetória que gostariam de seguir, e todos os professores da escola ficam sabendo dos interesses e objetivos de cada um. Assim, os docentes conseguem estimular o jovem nos pontos que são mais interessantes para ele. Podem, por exemplo, ensinar conceitos de língua portuguesa através de um rap para um estudante que tem dificuldade na matéria, mas que adora esse tipo de música e quer virar um rapper profissional — este é um exemplo real da Miltão. Disciplinas como as de projeto de vida ou as aulas eletivas também são pensadas justamente para permitir que o aluno veja mais significado em estar na escola — é a tal "prioridade para interesses e paixões" desses adolescentes, citando mais uma vez as conclusões do professor Fryer, de Harvard.

Essas escolas de turno único também reservam dois tempos de aula para que os estudantes criem o que chamam de clubes. Essa é mais uma forma de pôr em prática o conceito de protagonismo juvenil oriundo do pensamento de Antônio Carlos Gomes da Costa. Os alunos propõem a criação de um clube sobre determinado tema que dominem e ensinam um grupo de outros alunos sobre esse tema, que pode ser balé, hip-hop, cultura japonesa, criação de jogos digitais etc. Todos esses exemplos existem na Milton da Silva Rodrigues, e os resultados desses clubes são apresentados a cada semestre pelo líder e o vice-líder dos grupos. Compareci a um desses eventos no fim do mês de junho de 2015. O que mais chamou a minha atenção foi o quanto o ambiente era acolhedor a essas diferentes expressões culturais, permitindo que os alunos tomem a iniciativa — ou sejam "protagonistas", na linguagem de Gomes da Costa. O diretor Osmar coordena esses clubes pessoalmente, mas apenas dá palpites ao longo do caminho. Os meninos são livres para tocar o barco. E ele evita reprimir os estudantes. O pessoal se sente à vontade para apresentar o resultado dos seus clubes sem a típica timidez da adolescência. Eles escolhem as suas músicas preferidas como trilha sonora dos vídeos e das apresentações e colocam o volume lá no alto. Não é comum, seja em que escola for, ver uma adolescente vencer o pavor de ser ridicularizada e fazer sua apresentação de dança do ventre no meio do pátio. Mas isso logo depois de um menino ter tocado baixo, de outro ter mostrado um vídeo com suas melhores jogadas no basquete e falado sobre como ensinava aquilo aos amigos, e de uma estudante fazer uma apaixonada defesa do balé, explicando a sua influência até sobre o funk. Ou seja, há uma alta expectativa em relação ao comportamento desses estudantes, e esse é mais um dos tópicos que Fryer identifica nas escolas de sucesso de Nova York.

Mas isso tudo não acontece por acaso. Osmar, Fátima e os outros professores têm expectativas mais altas em relação a seus alunos porque têm mais a perder se eles não forem bem. O modelo de escolas em tempo integral em São Paulo — e é mais ou menos assim em Pernambuco, bem como na cidade e no estado do Rio de Janeiro — prevê um adicional de 75% no salário do professor quando ele se dispõe a trabalhar oito horas por dia na escola. Mas tanto o professor quanto o diretor têm a estabilidade típica do setor público relativizadas. Se o educador começa a faltar regularmente ou se ele e o diretor se revelam pouco eficazes em aumentar o aprendizado, o vínculo com a escola é cessado e ele volta a trabalhar numa unidade regular da rede, ganhando o salário-base que ganhava antes. Um sistema de avaliação virtual permite que os alunos opinem sobre a qualidade dos professores. Isso muda o olhar do educador para aquela escola e tira o profissional da sua zona de conforto. Afinal, tem muita gente querendo aquela vaga que ele ocupa.

Esse modelo de educação é uma boa resposta ao desinteresse dos jovens pela escola. Uma pesquisa de 2013 da Fundação Victor Civita[10] revelou que estudantes entre 15 e 19 anos entrevistados na região metropolitana de São Paulo e do Recife acreditam que a maioria das matérias terá pouca utilidade para a sua vida, com exceção de português e matemática (classificadas como úteis por 80% dos alunos). Menos de 30% dos estudantes consideram que os conhecimentos de química e física vão servir fora da escola. Entre 30% e 35% dos alunos classificaram história, geografia e biologia como matérias relevantes para as suas vidas. Outras pesquisas, como a do Ministério de Desenvolvimento Social de 2012 e a do IBGE de 2006, mostram um quadro ainda mais grave: quase um terço dos jovens que abandonam a escola no ensino médio o fazem por não gostar de estudar.[11] O desinteresse e a necessidade de trabalhar são as principais razões para que praticamente metade das crianças que entram na escola no 1º ano do ensino fundamental não terminem o ensino médio. A maior parte sai nos três anos finais, quando os alunos têm mais de 15 anos. Os adolescentes acham a escola chata e inútil. A extensão da carga horária precisa trazer consigo uma boa razão para que o jovem queira permanecer em aula por mais horas. E isso é ainda mais desafiador quando muitos não querem ficar hora alguma ali. "O adolescente de 16 ou 17 anos quer trabalhar, quer se libertar da dependência dos pais. Nosso desafio é mostrar que vale mais a pena se dedicar à escola", diz o diretor Osmar Carvalho, da escola Milton da Silva Rodrigues.

Ao mesmo tempo que deve instigar o jovem, esse tempo estendido precisa se traduzir em mais aprendizado. E isso parece ter ficado em segundo plano no projeto de Darcy Ribeiro dos anos 1980 e

1990. A lógica do passado era garantir que a criança e o adolescente permanecessem entre as grades de uma unidade educacional sob o argumento popular de que "é melhor estar na escola do que na rua". Colocar o aprendizado em segundo plano significa perpetuar a desigualdade de oportunidades que os estudantes de escola pública carregam desde o berço. "Há uma cultura de baixíssimas expectativas em relação à criança pobre. Muitas pessoas, inclusive vários professores, pensam que o sujeito de baixa renda pode ter educação de segundo nível, que não precisa ter prova, não precisa ter dever de casa. Essa é uma questão central da falta de aprendizado nas escolas públicas brasileiras", afirma Cláudia Costin, ex-secretária de Educação do município do Rio de Janeiro que ocupou o mais alto cargo da área de educação do Banco Mundial antes de abrir um centro de estudos da educação na Fundação Getulio Vargas do Rio de Janeiro. "Uma vez uma professora me falou que deveríamos organizar mais passeios para os estudantes da escola dela, da rede municipal do Rio. Eu concordei. Afinal, é bom sair da sala de aula de vez em quando e ver o mundo lá fora. Mas aí ela completou dizendo que aqueles estudantes não iam aprender nada mesmo, então, se as aulas fossem substituídas por passeios, pelo menos eles se distraíam. E concluiu com a frase: 'Para essa gente, o curso deveria ser só passeio!' Aquilo me impressionou." Analogamente, o contraturno não pode ser apenas um passeio ou uma distração.

O novo modelo de escola em tempo integral que se espalha pelas redes no país colhe resultados em aprendizagem. O desempenho médio das escolas paulistas de turno único é 70% melhor do que a média da rede regular. Em Pernambuco, as escolas semi-integrais se saem 25% melhor que as regulares no índice estadual de desenvolvimento da educação. As integrais estão, em média, 40% à frente. O sujeito sai da escola sabendo mais. E isso é o essencial. Mas não porque estuda em um prédio bonito. A nova concepção de jornada ampliada foca principalmente nas pessoas — nos estudantes e nos professores —, e não apenas na infraestrutura física. As melhores escolas de tempo integral contam com um laboratório de ciências onde o aluno materializa as ideias das aulas de química, física e biologia ou ainda uma sala com computadores novos e acesso à internet banda larga de qualidade, mas é muito mais importante ter um professor motivado e disposto a fazer aqueles estudantes aprenderem durante o dia inteiro do que um prédio desenhado por Oscar Niemeyer.

É claro que o modelo de Gomes da Costa não é perfeito. Em São Paulo, não há dúvida de que o efeito seja grande porque há poucas escolas nesse modelo, o que forma uma espécie de elite da rede pública estadual. A atenção redobrada que o governo dá a essas 308 escolas[12] não esconde o desalento que permeia as outras 5.392 unidades. A esmagadora maioria dos alunos paulistas estão à margem da educação pública de qualidade — são centenas de milhares de meninos e meninas como aqueles que Vitor Diniz deixou para trás quando foi aceito de volta na Milton da Silva Rodrigues. Mesmo em Pernambuco, onde metade da rede já conta com escolas de turno único, gerações e gerações continuam a ser perdidas nos cursos noturnos e nas escolas regulares. Mas, ali, os problemas de massificar um programa como esse já começam a aparecer. E a experiência do estado nordestino oferece aprendizados valiosos para o resto do país.

* * *

Alexandre Rands é um arguto observador da economia e da política pernambucana. Ele fundou e preside a consultoria Datamétrica, que fica num charmoso casarão de estilo colonial no meio do Recife antigo — bem perto do Ginásio Pernambucano, inclusive. As paredes de pedra e o elevador retrô chamam a atenção de quem visita o escritório. Rands é economista formado pela Universidade Federal de Pernambuco e tem um doutorado na Universidade de Illinois em Urbana-Champaign. Assim como outros membros da elite pernambucana, Rands foi convidado a estudar na universidade americana pelo brasilianista Werner Baer, que vinha ao Brasil anualmente selecionar economistas recém-formados em universidades públicas para fazer pós-graduação em seu centro de estudos (ele faleceu em 2016). Baer gostava em especial dos egressos da UFPE. Eduardo Campos chegou a ser convidado, mas decidiu não ir para os EUA com Baer. Seu avô acabara de se tornar governador de Pernambuco e o pupilo preferiu participar da gestão. O ex-presidente do Banco Central, Alexandre Tombini, que estudou na Universidade de Brasília, foi. Rands também. Mais tarde, foi professor de vários dos gestores públicos que viriam a tocar os rumos do governo do estado de Pernambuco, com destaque para o governador Paulo Câmara. O irmão de Rands, Maurício, é advogado e já foi deputado federal pelo PT de Pernambuco. A família, portanto, é bem-relacionada. Durante a campanha presidencial de 2014, Alexandre foi um dos intelectuais que representavam a chapa Eduardo Campos/Marina Silva em debates de ideias para a economia. Portanto, conhecia bem o candidato pernambucano. Em nossa conversa, Rands foi categórico quando opinou sobre as escolas em tempo integral da rede pública pernambucana: "Para massificar o programa, Campos resolveu abrir mão de algumas de suas especificidades. Ele focou em dois pontos essenciais, que eram a garantia de que os alunos teriam aumento no número de horas que passam estudando e de que os professores receberiam um bônus se cumprissem metas de aprendizado e de redução da evasão escolar." A descrição que Alexandre fez enquanto bebia uma Coca-Cola Zero no sofá de sua sala de cerca de 40 metros quadrados corresponde exatamente ao que vi nas escolas que visitei: a massificação rápida descaracterizou parte do programa. Um caso anedótico ajuda a explicar o que quero dizer.

O funcionário de carreira da Receita Federal Ricardo Dantas, um dos que ocuparam o cargo de secretário de Educação de Pernambuco durante o governo Campos, certa vez visitou a escola municipal Rivadávia Correa, que fica ao lado do terminal ferroviário da Central do Brasil, no Rio de Janeiro. Esse colégio foi um dos primeiros a se tornar de turno único na capital fluminense, e Dantas foi visitar a escola para ver como o modelo nascido em Pernambuco já se espalhava pelo país. Ele passou boa parte do dia proseando com os estudantes daquela unidade. Em determinado momento, quando participava de uma roda de conversa com os adolescentes, perguntou: "Gente, o que é esse tal de projeto de vida de que vocês tanto falam?" Um dos meninos exclamou, surpreso: "Ué, mas isso não é inspirado no que vocês fazem em Pernambuco?!" A situação constrangedora revela que elementos essenciais da proposta inicial das escolas pernambucanas estavam se perdendo. O tempo reservado para discutir o futuro dos estudantes deixara de ser uma aula durante a semana e virara o tipo de conversa que alunos e mestres têm nos intervalos, de forma pouco sistematizada. E às vezes nem isso. A reclamação mais frequente que ouvi de professores em Pernambuco era a de que as suas unidades se tornavam semi-integrais ou integrais da noite para o dia. Os professores não passavam por qualquer qualificação para lidar com a lógica diferente que o modelo pressupõe. Eles aprendem a dirigir com o veículo em movimento. E as reclamações se repetem no Rio de Janeiro.

Além disso, três das cinco escolas pernambucanas que visitei em março de 2015 não tinham um coordenador pedagógico, aquela figura que ajuda os professores a fazer seus planos de aula durante o horário dedicado à preparação do que vão ensinar. Quando visitei Pernambuco, em 2015, o estado não fazia concurso para o cargo desde 2009. Em alguns casos, um professor mais experiente ou que tenha mestrado e goste de didática assume o papel de orientar os outros. Mas, na maioria das vezes, os docentes ficam sem apoio. Sentado numa mesinha estreita do restaurante Brennand Café, no meio de um bucólico parque do Recife, o secretário de Educação de Pernambuco, Frederico Amâncio, reconheceu que é preciso fazer um freio de arrumação na expansão do programa. "A promessa do governador era chegar a 80% da rede com as escolas de tempo integral, mas a crise econômica nos fez segurar a expansão, e temos que aproveitar o momento para corrigir problemas", diz ele. "Não se deve esquecer, no entanto, que encontramos uma linha de trabalho para o ensino médio, e muita gente no Brasil ainda está atrás de como resolver os principais impasses desse período escolar." Amâncio, que é auditor fiscal do Tesouro Estadual e portanto o típico tecnocrata que povoa as secretarias do governo estadual em Pernambuco, tem razão. Entre 2007 e 2013, a taxa de abandono escolar no ensino médio do estado saiu de 24%, a pior de todo o país, para 5,2%, a melhor de todos os estados brasileiros. No Ideb do 3º ano do ensino médio, Pernambuco tinha a 21ª pior nota do país em 2007; em 2013, alcançou a quarta melhor, e em 2015 chegou ao primeiro lugar.

Mesmo com ajustes a serem feitos, a diferença entre uma unidade educacional de turno único e uma unidade regular em Pernambuco é imensa. A Escola Estadual de Olinda, no centro histórico da cidade da região metropolitana de Recife, e a escola estadual Guedes Alcoforado estão a 500 metros de distância uma da outra. Se um desavisado faz uma visita breve às duas e só observa as instalações, sai com a impressão de que a Guedes é um primor e que a estadual de Olinda é terrível. A Guedes Alcoforado é grande, tem um pátio arborizado e corredores largos, teve a fachada reformada recentemente, conta com laboratórios de informática e de ciências e um diretor com quem você tomaria uma cerveja num bar (o sujeito é artista e bom contador de causos). A Escola Estadual de Olinda parece um presídio. É difícil dar dez passos sem passar por uma grade. O prédio de três andares tem corredores estreitos e banheiros minúsculos. A sala dos professores é do tamanho da mesa de reuniões que Alexandre Rands tem em seu escritório. O diretor é prolixo e tem fala rocambolesca. "Eu não colocaria um filho meu para estudar aqui de jeito nenhum", pensei enquanto dava uma volta pelo prédio. Mas observe o gráfico a seguir, com os indicadores de desempenho escolar dos estudantes das duas unidades:

Evolução do Índice de Desenvolvimento da Educação de
Pernambuco (Idepe) para duas escolas em Olinda[13]

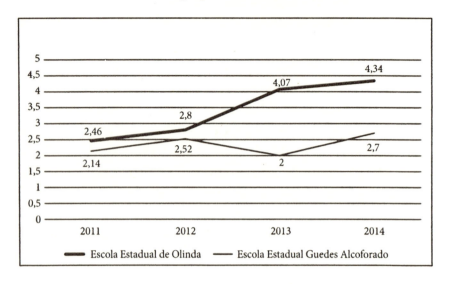

Desde o início de 2013, a Escola Estadual de Olinda estava com a jornada escolar ampliada para período semi-integral — é, como o governo chama, uma unidade de referência. Os alunos passam oito horas lá dentro em três dias da semana e nos outros dois ficam quatro horas. Já a Guedes Alcoforado tem três turnos diferentes. Trata-se, portanto, de uma escola regular. Na de referência, os estudantes têm mais aulas de português e matemática e fazem disciplinas eletivas como fabricação de produtos químicos, direitos humanos ou empreendedorismo. Os professores de lá permanecem no local de trabalho durante o mesmo período que os alunos e têm tempos vagos para preparar suas aulas. Uma professora de matemática, com razão, se recusou a conversar comigo porque estava fazendo os preparativos para sua próxima exposição. As faltas dos professores são raras. Um deles chega atrasado com frequência. "Eu fiz um relatório sobre o problema ao conselho escolar e ele provavelmente será transferido no final do ano letivo", diz o diretor, Roberto Gonçalves de Araújo. O abandono escolar é quase zero. Na Guedes Alcoforado, cerca de 20% dos estudantes abandonam a escola nos turnos da manhã e da tarde; no turno da noite, a taxa é de 30%. O diretor, Fernando Augustus Soares, explica com tranquilidade: "Os alunos são muito pobres e querem trabalhar. Se essa escola fosse integral, eles não ficariam. Eles querem trabalhar nas festividades da cidade de Olinda, querem fazer artesanato, mas não querem vir para a aula." A visão conformada que ele apresenta em relação ao desinteresse dos alunos é semelhante à que dedica aos professores, o que talvez explique a falta de disposição dos jovens para frequentar as aulas. "Diariamente, um ou dois professores faltam em cada turno. Muitas vezes eles alegam que há um desestímulo salarial, que não estão muito motivados para vir trabalhar." Os professores que vêm preparam as aulas? "Eles têm horários livres para isso, mas quando está tranquilo eles dizem que vão embora mais cedo e eu falo: 'Beleza!'." Como os professores não passam o dia na escola, os horários são montados de modo que ele termine de dar suas aulas e vá embora, com frequência para uma outra escola. No dia em que fui a Olinda, havia uma assembleia do sindicato para discutir reajuste salarial. Como de costume, essa reunião acontece bem no horário em que a maioria dos professores estava trabalhando. Na escola de referência, nenhum professor faltou à aula. Afinal, eles não querem ser transferidos nem perder o adicional de 2 mil reais no salário. Já na Guedes Alcoforado, 80% dos professores não foram dar aula sob o argumento de que iam à assembleia.

A vantagem da Escola Estadual de Olinda sobre a Guedes Alcoforado não faz da primeira uma ótima escola. Ela certamente não é. Ambas recebem estudantes do ensino fundamental com deficiências gravíssimas de aprendizado. A rede municipal de Olinda está empatada com Moreno como a pior da região metropolitana de Recife, que tem 14 municípios.[14] A escola de referência do ensino médio possivelmente se beneficia ao receber alunos um pouco mais interessados. Se você tem 15 ou 16 anos, detesta a escola e não compreende ou acredita que os estudos podem levá-lo a ter uma vida melhor no futuro, sua opção será uma escola mais rígida, onde você ficará mais tempo do seu dia, ou uma escola regular, onde você passa menos horas diárias e os professores faltam com frequência? É quase certo que a segunda opção. Então, há um efeito natural imensurável que provavelmente faz o público da escola com turno estendido ser mais interessado que a outra. Mas nem de longe isso significa que os estudantes que chegam à Escola Estadual de Olinda têm nível de conhecimento adequado.

Basta uma conversa com os professores de lá para entender a matéria-prima que recebem. Todos relatam estudantes analfabetos ou com nível rudimentar de alfabetização em suas classes. O professor de história, chamado Washington, praticamente um sósia do cantor pernambucano Alceu Valença, reclama que mesmo com carga horária estendida é difícil conseguir resgatá-los. Washington é cético quanto ao programa. Ele se ressente de a implementação ter sido apressada. Mas sua insistência em dizer que as crianças não aprenderão nem com mais tempo para estudar é desmentida pelas estatísticas. A Escola Estadual de Olinda e sua vizinha Guedes Alcoforado participaram de um programa do governo do estado para recuperar escolas com índice menor que 3 na avaliação estadual. Os alunos têm reforço em português e matemática com professores de fora da escola, que muitas vezes precisam ensinar conteúdos do início do ensino fundamental para alunos com mais de 15 anos de idade. Em uma delas, isso claramente deu certo, como mostra o indicador de qualidade educacional de Pernambuco. Na outra, nem tanto.

Washington e os demais professores com quem conversei ao longo da semana que passei visitando escolas pernambucanas são a prova de que a Secretaria de Educação de Pernambuco e as de qualquer estado ou município que deseje implementar um programa sério de escolas em tempo integral precisam engajar o corpo docente. Não são todos os professores que consideram que a escola de turno único seja um modelo capaz de elevar significativamente o nível dos estudantes. Eles precisam ser capacitados para levar a visão de educação que está por trás de um projeto ambicioso como o pernambucano. Também precisam ser constantemente avaliados para que fique claro se estão ou não se adaptando — como o estado de São Paulo está fazendo em suas escolas de turno único, inclusive com a ajuda de uma das principais empresas de recursos humanos do país, a DMRH. Em alguns casos, os professores vão compreender as vantagens por si só, abraçar o projeto e utilizar bem o tempo extra de que dispõem. Na Escola de Referência Trajano de Mendonça, no bairro Jardim São Paulo, no Recife, o professor de história Rômulo me disse que "agora pode ser o educador que sempre quis ser". Ele diz que se sente produtivo porque tem tempo para ajudar mais os alunos. "E hoje eles reconhecem o meu trabalho porque estamos mais próximos do que quando eu precisava sair de uma escola e ir para outra. Eu me sinto valorizado, estimulado a ensinar", diz ele. Em outros casos, como o de Washington, o ranço do passado vai permanecer intacto.

O tempo extra dedicado de fato aos estudos oferece a oportunidade para professores e gestores resgatarem estudantes que estão muito defasados. É um paliativo, é verdade. Mas é um jeito de não perder as gerações que já foram prejudicadas pelos descaminhos do sistema público de ensino. Trata-se de algo mais eficaz que lamentar pelo tempo perdido. O fato é que Pernambuco também se equivocou pela opção de focar apenas no ensino médio, que é a competência constitucional dos estados (o ensino fundamental I fica com municípios e o fundamental II é dividido entre estado e município). Outras unidades da federação, como o Ceará, optaram por priorizar o apoio ostensivo para que municípios consigam resolver gargalos de alfabetização nos primeiros anos do ensino básico. As escolhas por caminhos diferentes ficam claras no Ideb. Os dois estados tinham índice de 3,8 no 5º ano do fundamental em 2005, primeiro ano em que o índice foi medido pelo Ministério da Educação. Na edição de 2015, a última disponível, o Ceará estava com média 5,7 e Pernambuco com 4,6. Veja a evolução nos gráficos a seguir:

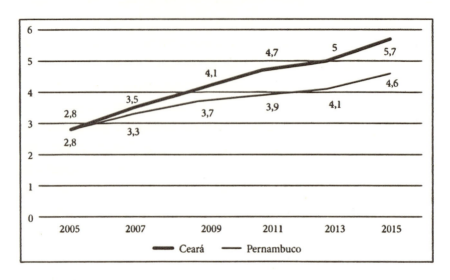

Índice de Desenvolvimento da Educação Básica (Ideb/MEC) no 5º ano do ensino fundamental

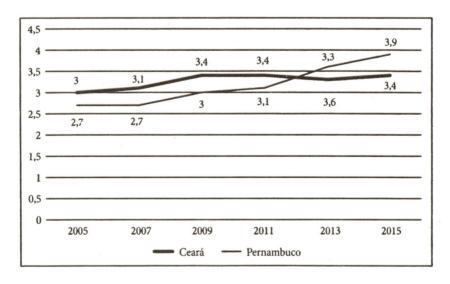

Índice de Desenvolvimento da Educação Básica (Ideb/MEC) no 3º ano do ensino médio

Os problemas que vêm da alfabetização acabam reduzindo a vantagem que Pernambuco tem no ensino médio para outros estados, como o próprio Ceará, que não fizeram reformas tão grandes nesse ciclo.

Em seu gabinete no Palácio do Campo das Princesas (o mesmo em que Marcos Magalhães convenceu o governador Jarbas Vasconcellos a resgatar o Ginásio Pernambucano), o novo governador de Pernambuco, Paulo Câmara, diz que o estado precisa estar mais próximo dos municípios. "Muitas prefeituras têm uma dificuldade enorme de garantir a alfabetização nos primeiros anos escolares, e nós precisamos ajudá-las oferecendo ferramentas", diz Câmara, ex-secretário de Fazenda e o sucessor escolhido por Eduardo Campos. O secretário de Educação, Frederico Amâncio, e o vice-governador Raul Henry, que já ocupou o mesmo cargo, viajaram ao Ceará na semana em que visitei Pernambuco. Eles queriam conversar com a equipe do estado vizinho sobre mecanismos de incentivo para que os municípios melhorem a qualidade da educação. A resposta é apoio e dinheiro. O Ceará reserva uma fatia do ICMS, o principal imposto que o estado distribui para municípios, para ser dividida entre aquelas cidades que cumpriram metas na educação. Mas oferece acompanhamento permanente aos secretários municipais de Educação para que consigam melhorar o aprendizado das crianças — espalhando pelo estado inteiro várias das estratégias que o município de Sobral adotou. Trata-se de um bom exemplo de gestão de recursos, que é um outro ponto fundamental para que políticas de educação em tempo integral prosperem. Afinal, elas são mais caras.

* * *

Só 12% das matrículas em escolas públicas no Brasil eram em tempo integral em 2015. As escolas que ofereciam alguma modalidade de jornada ampliada representavam 34,4% do total de prédios disponíveis.[15] A meta para 2020 estabelecida pelo Plano Nacional de Educação era que 50% das escolas oferecessem educação integral e 25% das matrículas fossem nessa modalidade. O número de escolas em tempo integral deu um salto de 30% em dois anos e o de alunos aumentou 55% no mesmo período. Esses números podem parecer surpreendentemente altos, mas é preciso contextualizar o tipo de extensão de jornada escolar capturado pela estatística. O crescimento expressivo foi causado sobretudo pelo programa Mais Educação, do governo federal.

Entre 2007 e 2016, o Fundo Nacional de Desenvolvimento de Educação, gerido pelo MEC, ofereceu recursos extras a unidades localizadas em regiões pobres, com estudantes majoritariamente beneficiados do programa Bolsa Família, para que essas crianças permaneçam mais tempo aprendendo. O custo ultrapassava 1 bilhão de reais. Parece muito, mas isso representava pouco mais de 1% do gasto total do Ministério da Educação em 2014.[16] A iniciativa é nobre, ressalte-se. Não é difícil encontrar casos de escolas com crianças que antes ficavam largadas depois da aula e passaram a se entreter com atividades educativas, como jogos de xadrez, esportes ou até reforçando o conteúdo que não aprenderam direito durante a aula. Na primeira vez que fui a Sobral, no Ceará, em 2013, fiquei impressionado com a maneira carinhosa com que as crianças de uma escola que ficava a 60 quilômetros do centro falavam das aulas de grafitagem que tinham no contraturno — graças ao programa Mais Educação. Os muros do pátio eram pintados pela arte que ajudou a estimular alguns daqueles adolescentes dos últimos anos do ensino fundamental.

O programa é um indutor de iniciativas bacanas de atividade extraclasse pelo Brasil inteiro, como explica Jaqueline Moll, professora da Universidade Federal do Rio Grande do Sul, que foi a criadora do Mais Educação e o dirigiu até o final de 2013. "Esse movimento de dividir a escola em turno e contraturno é inicial, é a fase primária da educação integral", diz ela. "O mínimo de sete horas diárias não deveria ser uma modalidade de educação, mas algo universal, inerente ao ensino público." Quando Jaqueline foi convidada pelo ex-ministro da Educação Fernando Haddad para conceber e dirigir o programa, eles tinham uma visão clara de que o Mais Educação deveria ajudar a melhorar o aprendizado dos estudantes e não apenas oferecer atividades para passar o tempo. Jaqueline não vai concordar, mas o programa não conseguiu fazer isso.

Mais de 50% das matrículas que o governo federal contabilizava como educação integral em 2014, no auge do programa, complementavam as quatro horas de aula com atividades de arte e cultura ou de esporte e lazer. Só 31,3% das atividades complementares tinham a ver com acompanhamento pedagógico.[17] Elas raramente tinham relação com o currículo ensinado nas horas de aula normal. Apenas alguns estudantes da escola permanecem para as atividades extraclasse. E os professores não mudam sua rotina pelo Mais Educação. Eles não permanecem na escola com as crianças. Os adultos que cuidam desses meninos e meninas no horário estendido são voluntários. "Nós bebemos na ideia dos animadores culturais criados pelo Darcy Ribeiro", diz Jaqueline. O problema é que essa ideia não deu certo. Todos os diretores com quem conversei enquanto escrevia este livro e que aderiram à iniciativa do MEC — e foram mais de dez — reclamam que a rotatividade é alta para os voluntários. Natural. Eles não têm vínculo algum com a escola. Uma avaliação do programa publicada em novembro de 2015 e conduzida pelo Banco Mundial e pela Fundação Itaú Social (com a participação do economista Naercio Menezes Aquino, citado anteriormente nesse capítulo) mostrou que não há diferença entre o desempenho dos estudantes que participaram do programa Mais Educação e dos que não participaram. "O tempo integral precisa contemplar o professor também", diz a pedagoga Guiomar Namo de Mello, que preside a empresa de consultoria Escola Brasileira de Professores e já foi secretária de Educação do município de São Paulo e consultora do Banco Mundial. Essa frase foi dita por ela em nossa conversa na sede do Conselho Estadual de Educação de São Paulo, do qual faz parte, mas é repetida por diversos especialistas em educação.

A jornada ampliada não deveria separar o tempo em turno e contraturno. Deveria ser como a própria Jaqueline descreveu: uma característica inerente do ensino público brasileiro. Portanto, um único turno. É assim em boa parte dos países desenvolvidos e em outros como o Chile, justamente o argumento que Darcy Ribeiro tanto usou para defender os Cieps. O próprio Darcy, quando senador, incluiu a ideia de que a escola deveria ter pelo menos sete horas diárias na Lei de Diretrizes e Bases de Educação de 1996 — que acabou ganhando o nome de "Lei Darcy Ribeiro". Ela foi sancionada por Fernando Henrique Cardoso meses antes de seu autor falecer de câncer. Em artigo na *Folha de S.Paulo* em 23 de dezembro de 1996, menos de dois meses antes de partir, ele chegava a reconhecer a necessidade de escolas em tempo integral "para professores e alunos". Infelizmente, não conseguiu implementar a ideia nos Cieps, mas pelo menos percebeu a sua importância.

Quando era vice-governador do Rio, em 1984, Darcy publicou um livro antológico e apaixonado intitulado *Nossa escola é uma calamidade*. Entre as inúmeras justificativas que ele oferece para o quadro lamentável do ensino público no Brasil está o crescimento demográfico. Em meados da década de 1980, a taxa de fertilidade das mulheres brasileiras era o dobro da que é hoje. A população brasileira crescia mais que duas vezes mais rápido que a americana, por exemplo. Hoje, a tendência é de queda na fertilidade. Relatório divulgado pelo IBGE em 2015 mostra que o grupo de brasileiros com menos de 15 anos de idade ficou cerca de 4% menor entre 2000 e 2010 — foi de 52,1 milhões de crianças para 49,9 milhões. Até 2030, o total de pessoas nessa faixa etária deve ser inferior a 40 milhões. Ou seja, o Brasil tem hoje a oportunidade de educar melhor suas crianças e adolescentes porque esse contingente está cada vez menos numeroso. O redimensionamento de redes educacionais — como já está acontecendo em estados mais ricos, como São Paulo — abre espaço para que escolas que funcionam em dois ou três turnos se tornem de turno único.

O custo por aluno em uma unidade integral é, em média, 70% mais alto que aquele de um aluno em horário regular — essa diferença pode variar de 50% a 100%, dependendo do número de estudantes por escola e por turma. É fácil entender o porquê do custo mais alto. Primeiro, os profissionais da escola recebem um adicional para trabalhar nela o dia inteiro. Além disso, é preciso custear a alimentação das crianças e de quem trabalha na unidade. E, por fim, uma escola regular, de quatro horas diárias, atende um número maior de estudantes que uma integral. Uma escola com vários turnos pode preencher a capacidade das salas duas ou três vezes por dia. Para oferecer educação integral de verdade, as escolas que foram divididas em manhã e tarde, sob o argumento de que era preciso produzir novas vagas, deveriam pouco a pouco adotar o turno único — garantindo que o professor permaneça o dia inteiro também. Em um primeiro momento, provavelmente será preciso construir novas escolas ou expandir antigas, como o estado de Pernambuco e o município do Rio de Janeiro fizeram. Com o tempo, a diminuição no número de matriculados permitirá uma realocação dos estudantes sem a necessidade de construir novos prédios. E é aí que a demografia joga a favor, e não mais contra, como aconteceu durante todo o século XX.

Atualmente, os municípios e estados recebem repasse cerca de 20% maior do Fundo de Desenvolvimento de Educação Básica (Fundeb) para cada aluno matriculado em tempo integral, em comparação com outro que estude apenas quatro horas diárias. Para lugares mais pobres, que têm poucos recursos próprios e cuja única renda para a educação vem do Fundeb, o governo federal deveria ajudar a completar a diferença para alcançar escolas integrais. No caso de estados e municípios mais ricos, há dinheiro de receita própria para bancar a diferença. É uma questão de prioridade. O custo anual de um aluno em tempo integral era de cerca de 4 mil reais em 2015, segundo cálculos do Instituto de Corresponsabilidade Educacional.[18] Há diversas capitais e estados que dispõem de mais de 8 mil reais anuais para gastar com cada estudante. Mas gastam mal, com programas que têm pouca relação com a melhoria do aprendizado das crianças.

Jaqueline Moll argumenta que a escola não se reduz ao saber de matemática e de compreensão de textos. É verdade. Mas, como este livro tem mostrado, muitos dos nossos estudantes não estão conseguindo sequer aprender esses conteúdos elementares. Não se pode fazer como sugere a professora carioca que impressionou Cláudia Costin: oferecer distrações aos estudantes. O tempo de aula deve ser expandido, mas não à toa. O ideal é que ele se articule com o aprendizado de matemática, português e de outros conteúdos do currículo que hoje os alunos não conseguem fixar. Deve-se também oferecer oportunidade para que estudantes desenvolvam seus talentos: seja em artes, em esportes ou em outras atividades. Mas elas não podem estar descoladas de uma perspectiva de futuro desses jovens. A escola em tempo integral deve ajudar a aumentar as chances dos alunos mais pobres de romper o ciclo da pobreza — não apenas tirá-los das ruas no contraturno. Esse parece ser o caminho para criar essa escola mais cidadã, mais completa, mais integral que foi defendida por medalhões da educação, como Anísio Teixeira e Darcy Ribeiro.

8

O poder da boa gestão: na secretaria, na escola e na sala de aula

O economista carioca Wilson Risolia se define como um sujeito que gosta de resolver problemas complexos. Quem trabalhou com ele o reconhece como um líder focado, que identifica e persegue o X da questão. Depois de uma sólida carreira de executivo em grandes empresas, sobretudo em bancos como a Caixa Econômica Federal, Risolia foi convidado para ser diretor-presidente da RioPrevidência, o fundo de aposentadoria dos funcionários do governo estadual do Rio de Janeiro. O autor do convite é outro que gosta de pegar carne de pescoço: o ex-ministro da Fazenda Joaquim Levy, que na época tinha sido escolhido secretário da Fazenda do governador recém-eleito Sérgio Cabral Filho, com a tarefa de botar as contas em dia. A RioPrevidência era um verdadeiro pepino quando Risolia assumiu, em 2007. Durante a gestão da ex-governadora Rosinha, o fundo tinha acumulado seguidos déficits de bilhões de reais. Em pouco mais de três anos, o executivo promoveu corte de gastos e melhoria do serviço. Zerou o déficit. A administradora do fundo de pensão deixou de ocupar um prédio com 21 andares, com 820 funcionários, e foi para um de três andares, onde empregava trezentas pessoas. O tempo de espera para aprovar aposentadorias caiu de um ano para trinta minutos. Com a missão cumprida, Risolia contratou um *headhunter* e colocou seu currículo na praça. Recebeu uma proposta generosa da Rodobens, gestora de consórcios de imóveis e veículos, e decidiu aceitar. Ele e a família iriam se mudar para São José do Rio Preto, no interior de São Paulo, onde fica a sede da empresa. Iriam.

Em 3 de outubro de 2010, Sérgio Cabral foi reeleito no primeiro turno. No dia seguinte à vitória nas urnas, ele ligou para Wilson Risolia e marcou um encontro. Cabral tinha uma proposta a fazer. O executivo não tinha muito contato com o governador até então. E achava que seu tempo no governo havia se esgotado, principalmente porque seu amigo Levy já tinha saído. Portanto, não esperava um convite. Mas o governador reeleito chamou, então ele foi. "Quero que você assuma uma secretaria", disse Cabral em sua sala no Palácio Guanabara, sede do governo. "Mas não é a Fazenda nem o Planejamento." Esses seriam os convites naturais para alguém com experiência na área financeira, como ele. Durante a longa pausa de suspense do governador, Risolia listou a maioria das 26 secretarias mentalmente. Não tinha a menor ideia de onde ia parar, só sabia que não fazia muito sentido convidá-lo para alguma pasta da área social, em que não tinha a menor experiência. "Eu quero que você vá para a Educação."

Cabral achava que havia um grave problema de gestão na Secretaria de Educação. "Eu coloco dinheiro e o resultado não vem", disse ele na ocasião. O Índice de Desenvolvimento de Educação Básica do Rio de Janeiro no ensino médio era o penúltimo do ranking de estados. Embora o primeiro mandato de Cabral tenha sido popular pela implantação das Unidades de Polícia Pacificadora, a qualidade do ensino revelou-se o calcanhar de aquiles durante a campanha — o que depois viria a ser apenas um de inúmeros problemas de seu governo, como o esquema de corrupção que o levou à cadeia e o aumento descontrolado de gastos correntes do estado que quebraria a máquina pública em 2016. Mas naquela época o problema mais visível da gestão Cabral era mesmo a qualidade do ensino público.

E ele resolveu fazer uma aposta arriscada: colocar na pasta um nome que não tinha relação alguma com o mundo da educação. Risolia abandonou os planos de ir para São José do Rio Preto e foi anunciado no mesmo dia que recebeu o convite. Aceitou o desafio porque recebeu a promessa de que teria autonomia completa. E teve.

Na primeira reunião com a equipe da secretaria, Risolia pediu para ver os dados estatísticos disponíveis sobre a qualidade da educação no estado. Queria entender o tipo de problema que teria pela frente. Entregaram a ele cinco slides de PowerPoint com dados gerais sobre a rede fluminense. O secretário ficou perplexo. Conversando melhor, descobriu que a secretaria tinha poucos dados sobre o desempenho de seus estudantes. Não havia detalhamento sobre as escolas com aprendizado mais baixo, nem sobre os alunos que menos aprendiam; não se sabia a frequência dos estudantes, nem que tipo de adolescentes mais abandonavam a escola. Como receitar um remédio sem saber exatamente o diagnóstico?

Desde 2008, o Rio de Janeiro tinha uma nova carreira pública estadual, a de especialistas em políticas públicas — semelhante às do governo federal e do governo de outros estados, como São Paulo. Mais de cem profissionais foram contratados com esse título. Eles ficavam inicialmente na Secretaria de Planejamento, mas logo se espalharam para todas as outras. A ideia é que pudessem ajudar a planejar e executar as políticas de forma mais eficiente, sempre munidos de boa quantidade de dados. Risolia foi ao Planejamento, selecionou 12 desses jovens recém-concursados e os colocou numa sala da sua secretaria. A tarefa: eles tinham sessenta dias para levantar todos os dados internos de qualidade educacional disponíveis. Os gestores definiriam também que indicadores seria necessário criar.

Naquela altura, a secretaria aplicava anualmente uma prova de português e outra de matemática a todos os estudantes da 3ª série do ensino médio e do 9º ano do ensino fundamental que estudassem em escolas estaduais. Ela era comparável às avaliações nacionais promovidas pelo Ministério da Educação a cada dois anos. Mas

Risolia e sua turma de gestores achavam que essa prova não era suficiente para avaliar o aprendizado dos estudantes. E assim eles bolaram uma nova avaliação. Ela era aplicada ao 9º ano do ensino fundamental e a todos os três anos do ensino médio bimestralmente. Quase todas as disciplinas eram testadas: língua portuguesa, matemática, ciências, história, geografia, física, química e biologia. As provas seguiam os conteúdos do currículo do estado do Rio de Janeiro, e parte das notas finais dos estudantes era composta com o resultado dessa avaliação padronizada.

Risolia foi duramente criticado quando lançou esse sistema de avaliação, que chama de Saerjinho (o anterior se chamava Saerj, Sistema de Avaliação de Educação do Estado do Rio de Janeiro). Professores da rede estadual e das universidades fluminenses, especialistas em educação e deputados estaduais da oposição e da base do governo diziam que os alunos estavam fazendo provas demais, que a educação não deveria doutrinar os meninos a serem meros "marcadores de X". A essas críticas Risolia respondia de maneira que embaraçava o inquisidor: "Mas os seus filhos não fazem prova todo bimestre na escola particular? Por que para o pobre tem que ser diferente?"

A turma de doze gestores também veio com outra ideia. A secretaria selecionou 250 profissionais do estado que receberam um acréscimo de 2 mil reais em seus salários e se tornaram assistentes de acompanhamento de gestão escolar. Eles receberam um treinamento em gestão quase equivalente a uma pós-graduação, oferecido pela consultoria Falconi e pago por empresários cariocas. A Falconi é a principal consultoria de gestão do país. O método do consultor de gestão mineiro Vicente Falconi é adotado religiosamente pelas empresas dos bilionários Jorge Paulo Lemann, Beto Sicupira e Marcel Telles, que são sócios da fabricante de bebidas AB InBev (que produz um terço de toda cerveja no planeta), da rede de fast-food Burger King, da empresa de logística ALL e da fabricante de enlatados Heinz. Para a educação, Falconi fez uma adaptação do simples método PDCA — sigla de "plan", "do", "check" e "act", em inglês. Trata-se da ferramenta de gestão mais elementar do mundo dos negócios, popularizada ao longo do século XX pelo estatístico americano William Edwards Deming, que ficou conhecido como o consultor de gestão que transformou a indústria japonesa em uma potência global.

A consultoria preparou cada assistente para cuidar de cinco a sete escolas em uma mesma região. Eles não tinham sala. O trabalho consistia em visitar essas unidades dia sim, outro também. Os assistentes de gestão coletavam dados sobre faltas de professores, faltas de alunos, abandono escolar, cumprimento do currículo e tudo mais. E, principalmente, ajudavam os diretores a investigar as causas para determinado problema — como a falta excessiva de estudantes — e a agir para resolvê-lo. Eles auxiliavam os diretores a planejar ações e estabelecer metas, executar o plano, avaliar o resultado e corrigir a rota caso necessário — ou seja, a seguir a lógica do PDCA. Todo início de ano as escolas estabeleciam suas metas com a secretaria, e, se conseguissem alcançá-las, todos recebiam bônus no salário. Os exemplos de melhores práticas e os infortúnios mais recorrentes eram apresentados pelos assistentes de gestão em reuniões trimestrais, das quais participava também o secretário de Educação. Os professores responsáveis pelas estratégias mais eficientes eram convidados a relatar o que faziam.

Por exemplo: uma professora transformou a sala de aula em uma espécie de banco. Os estudantes com as melhores notas podiam emprestar pontos de suas provas para colegas que não iam tão bem. Os que iam mal ficavam com a responsabilidade de se sair bem nas provas seguintes para devolver os pontos emprestados pelos amigos. Isso gerava um ambiente interessante de colaboração, de acordo com alguns de seus alunos, que também foram convidados a participar de uma edição dessa reunião.

Mas a parte desses encontros que servia para identificar problemas recorrentes da rede fluminense era a que tinha o maior impacto. Um exemplo de esqueleto retirado do armário foi o número de turmas que tinham de zero a dois alunos. Eram 692, a maioria delas à noite. Risolia descobriu nessas reuniões que os alunos-fantasma — que estavam inscritos, mas nunca iam às aulas — eram uma espécie bastante comum no estado. Uma única escola chegou a ter cerca de 2 mil deles.

Essa rede de agentes que Risolia criou para melhorar a gestão escancarou o fato de que muitos diretores não estavam preparados para administrar uma escola. E o secretário começou a substituir dezenas e depois centenas deles. Certa vez, ele visitou uma escola por três dias consecutivos e não encontrou a diretora. A senhora morava a 70 quilômetros de distância e quase nunca dava as caras. Demitida. Uma auditoria descobriu que o diretor de certa unidade apresentava notas mensais relativas à compra de 3 mil quilos de tangerina. No entanto, os estudantes diziam que nunca tinham comido a fruta. Demitido. Sabe o diretor da escola com 2 mil alunos fantasmas? Demitido. Se as metas não eram alcançadas por cinco anos consecutivos, o diretor era demitido. A escolha dos novos diretores passou a ocorrer por meio de um processo de seleção tão rigoroso quanto o de Sobral, no Ceará. "Eu virei o recordista de audiências públicas na Assembleia Legislativa do Rio de Janeiro. A partir de 2011, estava lá quase toda semana. Mas nunca era para discutir estratégia para melhorar o Ideb ou para reduzir a evasão. Era sempre para me perguntarem: por que você tirou o diretor X?", conta Risolia. Certa vez, o secretário foi convidado para explicar por que havia demitido uma diretora indicada por um deputado estadual, membro de um partido da base aliada do governo Cabral naquela época. A diretora estava presente na Assembleia Legislativa e deu seu depoimento, fazendo uso de uma metáfora infame: "Eu passei toda a minha carreira no magistério em pé no ônibus, sofrendo na sala de aula. Agora que estou perto de me aposentar, consegui sentar na janelinha para descansar. Aí esse senhor quer me tirar o cargo de diretora", disse ela apontando para o suposto "algoz".

A equipe de Risolia também lidou com outros descalabros típicos de redes de ensino mal organizadas. Os 12 gestores que avaliavam no detalhe cada política descobriram que a secretaria gastava mais de 100 milhões de reais por ano com projetos de atividades extraclasse, mas 80% deles tinham impacto negativo nas notas dos alunos. Ou seja, os estudantes participavam de projetos esportivos ou artísticos cujo objetivo era incentivá-los a se sair melhor na escola, mas o efeito era justamente o oposto.

A bagunça era tamanha que a carência de professores no começo do ano letivo de 2010 era de 10.263 professores na rede estadual — em uma rede que tem pouco mais de 80 mil matrículas de docentes.[1] Mas a maioria não precisava ser contratada porque já eram concursados do estado. Só estavam alocados em funções fora da sala de aula. Mais de 2 mil professores, por exemplo, estavam cedidos à Assembleia Legislativa do Estado do Rio de Janeiro. Um decreto da secretaria determinou que os órgãos que tirassem esses professores de sala de aula teriam que pagar parte de seus salários e que os próprios profissionais não estariam elegíveis a receber remuneração variável. O déficit caiu para 547 professores até o fim de 2014.

A gestão também se preocupou em motivar os professores: um tema frequentemente associado apenas a salário, mas que vai muito além disso. Há pesquisas que mostram como o reconhecimento entre os pares por um trabalho bem-feito na sala de aula tem impacto multiplicador no trabalho dos professores.[2,3] Prêmios por bom desempenho são um bom exemplo disso. Boas práticas se disseminam e os profissionais se motivam a receber reconhecimentos públicos por seu bom trabalho. Risolia organizava eventos regulares de reconhecimento dos melhores professores. O último foi no dia 15 de outubro de 2014, no Theatro Municipal do Rio de Janeiro. Uma noite de gala, com orquestra e tudo, para premiar os melhores esforços.

Risolia deixou a Secretaria de Educação no último dia de 2014. Recebeu o convite para continuar no cargo na gestão do governador Luiz Fernando Pezão, mas não aceitou. Mesmo assim, foi o secretário mais longevo dos últimos trinta anos no estado. Entre 1986 e 2010, o Rio de Janeiro teve vinte secretários de Educação, média de um a cada 14 meses.[4] Para Risolia, foram mais de quatro anos de brigas para reformar a educação pública fluminense. O executivo cansou, consumido pelo que chama de sua "experiência profissional mais intensa". "Trabalhar com educação traz um sentimento de frustração terrível. Você aprende que tem muita gente se lixando para a juventude brasileira. A maior parte da classe política vira as costas. A academia também vira as costas. Os sindicatos idem. E aí eu me pergunto: será que é por sacanagem ou por incompetência?", desabafa ele numa manhã de outono de 2015, na sede da Empresa Olímpica Municipal, que estava organizando os Jogos Olímpicos de 2016 no Rio de Janeiro. Risolia se tornou diretor executivo da empresa responsável pelos preparativos finais do evento esportivo. Depois que o ex-ministro da Educação, Cid Gomes, se demitiu do cargo, nos primeiros meses do segundo mandato de Dilma Rousseff, o nome do ex-secretário de Educação do Rio de Janeiro foi cogitado para ocupar o ministério — influência do amigo Joaquim Levy,[5] então ministro da Fazenda. Mas Dilma acabou optando pelo acadêmico Renato Janine Ribeiro. Em 2016, Risolia seria contratado por Vicente Falconi para liderar o braço de educação da sua consultoria de gestão e em 2017 viraria presidente da empresa.

Mas, afinal, as mudanças promovidas por Risolia obtiveram sucesso? Sem sombra de dúvida. O Rio de Janeiro subiu para a quarta posição no Ideb do ensino médio na avaliação realizada em 2013. O estado saiu de um índice de apenas 2,8 nos anos de 2005, 2007 e 2009 e foi para 3,2 em 2011 e 3,6 em 2013. Em 2015, apesar de a nova equipe da secretaria ter começado a desfazer algumas políticas e de o estado já estar entrando em uma crise de recursos, o Ideb não caiu. A nota, de zero a 10, leva em conta o desempenho dos estudantes em uma prova amostral realizada em todo o país somado ao fluxo escolar (quantos alunos abandonam e são reprovados todos os anos). A nota do Rio ainda é ruim, mas a verdade é que o país inteiro ainda patina com o ensino médio — alguns mais que outros. As melhores redes estaduais são Pernambuco e São Paulo, com 3,9, seguidas por Goiás, com nota 3,8, apenas um pouco melhor que o Rio, portanto.

Outro indicador salutar para entender se as escolas de ensino médio vão bem é a evasão. Muitos adolescentes abandonam a educação formal nesse período. A taxa de abandono no Rio caiu de 14% dos matriculados para 5,7%, mais uma vez a quarta menor do país. Antes, o estado ocupava a 13ª posição. A americana Barbara Bruns, economista-chefe do Banco Mundial para a área de educação na América Latina até 2016, trabalhou no banco por 34 anos e viu reformas educacionais acontecendo pelo mundo inteiro. Ela diz que nunca viu um gestor agir tão rapidamente para reformar a educação quanto Risolia. "Mesmo nunca tendo trabalhado na área antes, ele entendeu que uma reforma educacional de sucesso depende de um grande número de pequenas ações, adotadas de forma coordenada e em sequência. A maioria dos formuladores de políticas públicas aposta em uma bala de prata", diz ela. Risolia entendeu, sobretudo, que para gerir uma rede pública com 780 mil estudantes é preciso haver abundância de dados. Dados que ajudem a indicar onde estão as raízes dos problemas.

* * *

Nos meses de 2006 que separaram a eleição e a posse de Eduardo Campos como governador de Pernambuco, alguns nomes de professores próximos ao seu partido, o PSB, foram mencionados pelos jornais como possíveis titulares da pasta da Educação. A essas especulações o político respondia assim: "Vocês conhecem professores que estejam capacitados para administrar uma empresa com 40 mil empregados, 1.100 pontos de venda e 1 milhão de clientes? Para a educação eu preciso de um gestor." A analogia com um negócio faz sentido. Administrar professores, escolas e estudantes é uma tarefa complexa, que requer habilidades completamente diferentes daquelas necessárias para dar uma boa aula. Quando Risolia foi escolhido para ser secretário de Educação do Rio de Janeiro, também disse em sua posse que via a administração de uma rede educacional como a de um negócio,[6] embora a frase pareça polêmica para educadores. Tanto o Rio de Janeiro quanto Pernambuco apostaram em avaliações regulares e padronizadas para medir o desempenho, em metas claras para cada escola e em seleção criteriosa dos diretores. Por isso, foram os estados que mais avançaram no Ideb entre 2009 e 2013.

A escolha criteriosa de secretários de Educação, levando em conta principalmente a sua capacidade de gestão, deveria ser prioridade para os governantes. Um dirigente municipal ou estadual dessa pasta é responsável por administrar pelo menos 25% do orçamento, no mínimo metade do pessoal e geralmente mais de 60% dos equipamentos públicos de que o governo dispõe.

A gestão da educação se diferencia de um negócio pois é um serviço público que tem uma meta essencial que nada tem a ver com lucro ou receita: é o aprendizado. Mas esse objetivo não parece estar claro para a maioria dos secretários dos municípios brasileiros. Em 2010, o instituto de pesquisas do Ministério da Educação, o Inep, passou um questionário a mais de 3 mil secretários municipais de Educação. Ao todo, são 5.570 municípios brasileiros. Era, portanto, uma amostra muito boa. Só 45% desses secretários municipais listaram a opção "Melhorar os níveis de aprendizado dos alunos" como uma de suas prioridades. "Melhorar a infraestrutura das escolas" aparece na frente, com 46%. Não que a infraestrutura não seja crucial. Ela é. Mas não é o elemento mais importante para que os alunos elevem o seu aprendizado, como este livro tem tentado mostrar. Melhorar a infraestrutura, no entanto, significa investir na parte mais visível do processo educacional para a população. Em outras palavras, dá voto.

A mesma pesquisa mostra que 18% dos dirigentes municipais não sabiam como o Ideb, o principal indicador de qualidade educacional do país, é calculado. Mais de 50% dos que responderam o questionário afirmavam que o Ideb do seu município era bom ou ótimo. A pesquisa fazia referência ao indicador de 2007, em que a média das escolas municipais no país era 4,0 na antiga 4ª série. "Essa pesquisa mostra que quase metade dos dirigentes municipais são concursados do município. E eles raramente estarão dispostos a fazer modificações que enfrentem resistências por medo de contrariar seus antigos colegas", disse o então secretário de Articulação com os Sistemas de Ensino do Ministério da Educação, Arnóbio Marques. Binho, como é conhecido, foi secretário de Educação de Rio Branco, no Acre, secretário estadual e depois governador. O trabalho da sua secretaria no Ministério da Educação era justamente ajudar esses secretários municipais — e também os estaduais — a tomar as melhores decisões em relação às políticas públicas. Mas Binho se dizia de mãos atadas. Para fazer reforma educacional de verdade, é preciso apoio político.

No Rio de Janeiro, a política educacional de Wilson Risolia foi blindada da sanha de deputados estaduais em interferir com indicações que não levam em conta o benefício dos estudantes, mas apenas o domínio político sobre a máquina. Na era pós-Risolia, o governo de Luiz Fernando Pezão ficou muito enfraquecido devido à crise que levou o estado a atrasar salários e cortar gastos radicalmente. Logo, a Secretaria Estadual de Educação ficou vulnerável aos ataques políticos. Sindicatos se uniram a deputados estaduais ávidos por desfazer o sistema de governança implantado por Risolia e pouco a pouco suas políticas foram sendo desfeitas. Acabou o processo de seleção meritocrático e profissional para diretores de escola e voltaram as eleições, pesadamente influenciadas por indicações políticas e trocas de favores entre diretores e profissionais da escola. A gota d'água foi a retirada de um diretor cujo resultado em aprendizagem fora péssimo por anos seguidos, com taxas de reprovação e abandono altíssimas, mas que a comunidade escolar defendia com unhas e dentes. O diretor era famoso pela conivência com alunos e professores que decidiam sair da escola quando quisessem. O presidente da Comissão de Educação da Assembleia Legislativa do Rio de Janeiro, deputado Comte, pressionou para que a troca do diretor fosse cancelada. Comte foi um dos grandes prejudicados pelo fim das indicações políticas em educação. Sua votação em 2014 foi menor que na eleição anterior. Ele estava ansioso para voltar a exercer influência nos rumos da educação fluminense. O presidente da Assembleia, Jorge Picciani, numa tentativa de enfraquecer ainda mais o governo de Pezão, apoiou.

A função de agentes de gestão também acabou. Logo acabaram as avaliações bimestrais. O secretário que sucedeu Risolia, o professor de sociologia Antônio Neto, não teve a mesma blindagem política. Ele pouco a pouco teve que ceder às pressões políticas, sobretudo as de estudantes que ocuparam escolas.

As invasões de estudantes foram, aliás, um marco na queda de braço entre a secretaria e grupos reduzidos, porém barulhentos, que se opunham às políticas implementadas na gestão de Risolia. Em fevereiro de 2016, estudantes começaram a ocupar escolas. Das 1.247 unidades, 82 foram ocupadas, com apoio do sindicato de professores, interrompendo o ano letivo. Uma das reivindicações era acabar com as avaliações bimestrais. Essas avaliações, fundamentais para acompanhar o aprendizado dos alunos, eram criticadas por um problema crasso de implementação: com frequência avaliavam o que os alunos não tinham aprendido no bimestre anterior. O ideal seria adequá-las, mas a pauta do protesto exigia seu cancelamento total. Um erro de gestão, quem diria, de uma administração marcada pela melhoria nesse campo, enfraqueceu a política. O movimento evoluiu para uma invasão da sede da Secretaria de Educação do estado do Rio, na região portuária da cidade. Após a invasão, repreendida pela polícia numa confusão que estampou as capas dos jornais, Neto não conseguiu se manter no cargo. Ele foi demitido em junho de 2016. Seu sucessor, Wagner Victer, atendeu às principais reivindicações e mergulhou no caos que se tornou a administração estadual do Rio na gestão do governador Pezão: a falta de recursos atrasou salários e pagamento a fornecedores. As escolas passaram apenas a sobreviver. Qualquer resquício de movimento reformista ficou no passado. Mas, enquanto o Rio de Janeiro sucumbiu às pressões de movimentos resistentes a reformas por melhor gestão e mais aprendizado, Pernambuco permaneceu firme nesse propósito.

* * *

O desempenho da Escola Trajano de Mendonça como uma das dez melhores da rede estadual de Pernambuco tem muito a ver com o modelo de gestão praticado no estado. Em 2015, a diretora era uma senhora baixinha com cara de brava. Maria José Baracho estava a poucos meses de se aposentar quando visitei sua escola, no bairro de Jardim São Paulo, em Recife. Encontrava-se no cargo desde 1997. Mas Baracho, como é conhecida, não permaneceu ali por inércia. Em 2012, precisou passar por um novo processo de seleção para continuar à frente do colégio. Fez uma prova, passou por uma entrevista e apresentou um plano de trabalho dizendo para onde gostaria de levar aquela unidade. Ela inclusive concorreu com outros gestores pela vaga. E foi escolhida para permanecer.

Todo ano, as escolas pernambucanas assinam um termo de compromisso com a Secretaria de Educação. Nesse contrato, há metas de evasão escolar e de desempenho dos estudantes nas duas provas estaduais realizadas anualmente. Nas escolas que alcançam a meta, todos os professores e a equipe gestora ganham o bônus de um salário a mais. É possível ganhar também frações do bônus, caso as metas sejam parcialmente cumpridas. A Trajano de Mendonça sempre leva 100% do 14º salário. Baracho e sua escola já até apareceram como exemplo de administração eficaz em uma reportagem da revista *Gestão Escolar*, da Fundação Victor Civita.[7] Mas o que exatamente ela faz de bom?

O ano de 2015 foi particularmente difícil para quem dependia de repasses do governo federal. Programas como o Dinheiro Direto na

Escola, que irriga as unidades com recursos valiosos para a sua manutenção, tiveram atrasos bastante prolongados. A verba do segundo semestre de 2014 ainda não havia chegado às escolas em meados de 2015. Isso aconteceu na Escola Estadual Trajano de Mendonça. O dinheiro ficou escasso e foi preciso priorizar os gastos. O que Baracho fez? Abriu os dados no detalhe para os seus profissionais e fez uma consulta: "Temos que escolher o que vamos priorizar, os cartuchos para a máquina de xerox ou os reagentes para o laboratório de ciências". A xerox venceu.

A mesma franqueza e abertura acontecem quando chegam os resultados das avaliações estaduais. Todos os 34 professores do colégio de 610 alunos sentam-se juntos e Baracho conversa com eles até chegar a uma conclusão sobre o que cada um pode fazer para melhorar o desempenho da escola. Que tópicos específicos os alunos demonstram não conhecer? Quem pode fazer uma revisão deles e em que horário? Quais são os alunos mais frágeis? Que professores são próximos desses alunos e podem ajudá-los a se recuperar? Quem está faltando demais? Como fazer para evitar que esse aluno abandone a escola?

Ao mesmo tempo, a mandatária não tem rabo preso. Como não é eleita para o cargo, pode punir os professores que faltam demais. Todo ano, ela pede que a secretaria transfira pelo menos um dos seus docentes, em geral por faltas excessivas. Não é à toa que a evasão é zero. Quando alunos cujos pais recebem o Bolsa Família começam a faltar, Baracho notifica os órgãos competentes e o benefício é suspenso em caráter temporário[8] — o comparecimento dos filhos à escola é uma condicionante do programa.

Os exemplos de Baracho e de várias outras escolas descritas ao longo deste livro mostram o papel fundamental que o diretor ocupa no aprendizado das crianças e dos adolescentes. Esse impacto foi medido pelo economista Eric Hanushek, professor de Stanford. "Eu sempre enfatizo a qualidade dos professores como o fator mais determinante para que algumas crianças aprendam e outras não, mas eu deveria me lembrar de mencionar os diretores também. Eles têm muita influência sobre quão bem esses educadores se saem em sala de aula. A gestão da escola e a pedagogia andam de mãos dadas onde há sucesso acadêmico", explicou Hanushek em uma das conversas que tivemos por telefone.

Mas foi muito recentemente que ele e outros pesquisadores conseguiram comprovar o impacto dos diretores no quanto os estudantes aprendem. A sua principal pesquisa sobre o tema é de 2013.[9] Os economistas usaram uma extensa base de dados de alunos de todas as escolas do estado do Texas, nos Estados Unidos. Eles compararam o antes e depois das mudanças de diretor e conseguiram isolar o impacto no desempenho dos alunos em testes. Os melhores diretores conseguiam garantir aprendizado adicional equivalente a algo entre dois e sete meses de estudo para cada estudante, em comparação com a média estadual. Com os piores diretores, os alunos poderiam aprender até sete meses de conteúdos a menos que a média durante um ano letivo. Ou seja, um impacto brutal. Embora o estudo não consiga identificar exatamente as ações que distinguem um diretor que consegue melhorar muito a nota de seus estudantes de um outro que as piora, a hipótese de Hanushek é que o gestor eficaz consegue afastar os piores professores e reter os melhores.

Alguns estudos feitos no Brasil se propuseram a apontar essas características dos diretores que podem fazer as turmas aprenderem mais. O principal deles foi realizado em 2009 pela Fundação Victor Civita e coordenado pelo cientista político Fernando Abrúcio, da Fundação Getulio Vargas de São Paulo. A pesquisa indica que, em escolas com contextos muito parecidos, aquelas que possuem diretores com curso de especialização em gestão se saem melhor. Quando estes têm o hábito de discutir com os professores os resultados em testes padronizados, suas escolas também obtêm notas maiores. E quando delegam com clareza a função de cada pessoa e cobram o alcance das metas, os estudantes também têm desempenho mais elevado. No entanto, um outro estudo do mesmo ano e da mesma fundação mostra que só 2% dos diretores entrevistados (e foram cerca de quatrocentos) incluem a virtude "saber delegar" entre as características de um diretor eficaz. Apenas 6% incluem também a qualidade "incentivar o trabalho em equipe" na lista.[10] Como resolver isso? Selecionando melhor os gestores das escolas.

O Chile é um exemplo de país que tem avançado em seleção criteriosa de profissionais para a área de educação em escala nacional. Lá, tanto diretores quanto secretários municipais de Educação são escolhidos desde 2011 pelo mesmo processo de seleção responsável pela nomeação de técnicos de alto escalão no governo chileno. O Sistema de Alta Direção Pública foi implantado em 2003 e é reconhecido por organismos internacionais, como o Banco Interamericano de Desenvolvimento, como um dos meios mais profissionais do mundo de contratar gestores públicos qualificados. Uma das suas maiores virtudes está no fato de os processos serem conduzidos por um conselho formado por especialistas em administração pública indicados pelo governo e pela oposição — o Conselho de Alta Gestão Pública. Eles têm mandatos fixos e autonomia para contratar empresas de recrutamento que auxiliam no processo. Candidatos a altos cargos na hierarquia, como presidentes de órgãos governamentais, são entrevistados pelos próprios conselheiros. No caso dos diretores e secretários de Educação, uma empresa de recrutamento faz a pré-seleção. Essas empresas, muitas delas com reputação internacional, como Deloitte e Michael Page, levam em conta as competências necessárias para desempenhar bem a função de gestão educacional. Ou seja, é preciso saber delegar e trabalhar em equipe. Assim, a esmagadora maioria dos quatrocentos diretores entrevistados no estudo da Fundação Victor Civita poderiam ficar pelo caminho logo no início do processo.

Além de todo esse processo, uma comissão formada por especialistas em educação e em gestão pública nomeados pelo Conselho de Alta Gestão Pública se junta a técnicos da prefeitura para entrevistar os finalistas. A comissão faz uma lista de três a cinco nomes em ordem de preferência. O prefeito então escolhe um dos nomes da lista. O nomeado assina um termo de compromisso com metas para os próximos cinco anos. Se elas não forem cumpridas, o escolhido pode ser demitido. Hoje, qualquer profissional pode se candidatar a um dos cargos. Antes, o principal critério para a escolha eram os anos que o sujeito passara dando aulas. Ou seja, o diretor tinha que ser necessariamente um professor experiente, que nem sempre é capaz de gerir uma escola.

O Chile é um dos países que têm promovido as reformas mais profundas em educação. É verdade que os chilenos têm um sistema de governo unitário, e não federativo, como o brasileiro. Isso faz com que medidas gestadas em escritórios do governo central impactem mais facilmente as escolas na ponta. Mas os chilenos estão acertando no mérito das suas decisões — e não só na execução. O Brasil, por sua vez, ignora a gestão como fator determinante para o aprendizado. O ex-ministro da Educação, Fernando Haddad, que ficou sete anos no cargo durante os governos Lula e Dilma, disse não achar o tema crucial para melhorar a qualidade da educação. "A minha sensação é que em educação esse problema não é tão grande quanto em saúde. Existem programas do MEC para a formação de gestores, mas não são muito impactantes porque é difícil fazer algo nessa área em escala federal", diz.

No Brasil, cada estado e município faz sua própria lei sobre como escolher seus diretores. É justo que seja assim. Somos uma federação. Mas o Ministério da Educação nem sequer ajuda. Em 2007, o governo federal lançou um plano de metas chamado Compromisso Todos pela Educação. Um dos itens era justamente "fixar regras claras, considerados mérito e desempenho, para nomeação e exoneração de diretor de escola". Além de incluir essa meta, o MEC pouco fez para auxiliar as secretarias na tarefa de torná-las uma realidade.

Critério zero para a escolha de diretores é o pior cenário. Dá margem para que esses cargos virem moedas de troca política, como acontece em vários outros de livre nomeação no executivo.

Os Ministérios Públicos Estaduais costumam pressionar para que os governos façam eleição para diretor, sob o argumento de que o processo precisa ser democrático. O problema é que vereadores e deputados estaduais acabam influenciando no processo do mesmo jeito. E os próprios diretores precisam pedir votos aos professores, o que diminui a capacidade do gestor de punir profissionais que não fazem bem o seu trabalho, faltam frequentemente ou não estão comprometidos com as metas da escola. O estado de São Paulo é um dos poucos que adotam o concurso público. Mas trata-se de uma opção igualmente problemática. Fica difícil tirar um diretor que não alcança as metas impostas pela secretaria caso ele seja concursado.

O caso de uma escola da rede estadual paulista que visitei sob a condição de não mencionar seu nome sintetiza o típico problema de gestão. Nessa unidade estudam mais de mil alunos em três turnos de aula. O diretor é concursado há quase dez anos, mas também ocupa um cargo administrativo num colégio particular, onde fica diariamente até mais ou menos as 14h. Só então ele se desloca para a escola estadual. Sua unidade tem alunos do 6º ano do ensino fundamental até o 3º ano do ensino médio. O resultado na avaliação estadual é horripilante. Em 2014, 62% dos estudantes chegaram ao final do ensino médio com conhecimento considerado abaixo do básico em matemática. É o pior resultado da escola nos últimos quatro anos. Em português, 26% estão com o aprendizado no nível mais baixo ao fim do ensino médio. No fim do ensino fundamental, 44% não sabem o elementar em matemática e 29% em português.

Até a hora do almoço, uma vice-diretora cuida das turmas de 9º ano e do ensino médio. Ela passa a manhã inteira punindo os estudantes por indisciplina. Vários deles são colocados para fora de sala de aula. Não importa que percam o conteúdo. Eles são expulsos para não atrapalhar os outros. O diretor, por sua vez, se orgulha de sua escola ser considerada dura com os estudantes. Em 2014, 24% dos alunos do 1º ano do ensino médio foram reprovados. Em 2011, foram incríveis 59%. No 9º ano, 17% ficaram retidos em 2014. "Eu digo aos meus professores que eles devem reprovar ao máximo para mostrar que essa escola é rigorosa com os alunos", diz o diretor, orgulhoso. Uma coordenadora pedagógica argumenta que o desempenho ruim dos estudantes tem relação com a defasagem de aprendizado que eles têm quando chegam à unidade, ainda no 6º ano do ensino fundamental. Mas será que no percurso de sete anos entre o início do fundamental II e o fim do ensino médio esses alunos não conseguem ser resgatados? A resposta dos professores desse colégio é categórica: "não". "Se eu aplicasse uma prova, quase todos seriam reprovados. O que faço é avaliar conceitualmente. Se um aluno muito fraco faz um comentário acertado em uma aula, ele está demonstrando avanço", diz um professor de ciências. Ele admite que na escola particular onde trabalha avalia de maneira muito diferente o "aprendizado" de seus estudantes. Lá, diz ele, os alunos "correm atrás".

Esta escola ainda era apoiada por uma organização não governamental quando a visitei, em 2015. A tutora da ONG sugeriu que os coordenadores pedagógicos ou alguém da direção tabulasse os dados das provas de múltipla escolha em uma planilha. Assim, seria possível ver os temas em que os alunos têm dificuldade com mais clareza. Esse procedimento é padrão em escolas que são atentas ao seu desempenho nos exames, tanto os internos quanto os que são feitos por toda a rede. Sobral, no Ceará, é o exemplo clássico de quem faz uso dessas planilhas em todas as avaliações. A resposta na escola paulista é: os profissionais da direção não têm tempo para fazer esse tipo de acompanhamento. Ou seja, eles têm tempo para brigar com estudantes por indisciplina durante toda a manhã, mas não para se preocupar sobre o que esses jovens estão de fato aprendendo. A coordenadora pedagógica diz que isso é papel dos professores. Um deles diz que faz a correção da prova em sala de aula e espera que os alunos apresentem suas dúvidas. Mas em seguida a própria educadora reconhece que raramente os estudantes externam questões sobre o teste. "Quando o professor está trabalhando há muito tempo, sabe os problemas mais comuns", argumenta outro docente. Não surpreende que apenas doze dos 74 professores da escola frequentem o curso de formação bolado pela ONG. Como se já não fosse descaso suficiente, a coordenadora ainda solta pérolas como "há casos de turmas em que o nível do professor é alto demais para os alunos e eles não conseguem acompanhar".

A escola tem uma estrutura impecável. É muito espaçosa, conta com laboratórios, um auditório e até uma sala de informática com quarenta tablets e um projetor. Isso basta? Não! Os professores raramente usam o espaço, sob o pretexto de não saberem mexer nos equipamentos. A direção estima que só 40% dos professores já utilizaram esta sala. Alguns não sabem sequer abrir um pen-drive no computador da escola. Todos esses exemplos são prova de que o diretor e alguns professores deveriam ser substituídos. As metas de aprendizado da escola quase nunca são alcançadas. A alta repetência entre os estudantes faz com que eles abandonem a escola. Isso leva o diretor a se orgulhar de ter, nos últimos anos do ensino médio, um grupo de alunos mais comprometidos do que nos anos anteriores, justamente porque foram os que "sobraram" após tantas repetições. Foram os que passaram pela peneira. O argumento de que os alunos vêm de favelas para estudar na unidade — e ali na região estão algumas das mais perigosas de toda a capital paulista — é usado pela maior parte da equipe escolar para justificar as dificuldades. A pobreza e o contexto familiar prejudicam imensamente o aprendizado. Mas não deveriam eximir a culpa de maus profissionais. Em qualquer empresa ou escola privada minimamente estruturada, esses descalabros não seriam tolerados. Mas nas escolas públicas do estado mais rico do país, eles são.

* * *

A rua Coronel Antônio Mendes Carneiro começa a exatamente um quilômetro de distância da prefeitura de Sobral, no Ceará. Trata-se de uma rua residencial, repleta de casas espaçosas, a maioria de dois andares e com um pequeno jardim na frente. Uma delas, porém, não é uma residência, embora siga o padrão das construções vizinhas. O número 282 dessa rua representa o coração do sistema educacional sobralense. Acima do portão de ferro pintado de preto e envolto por dracenas, palmeiras e trepadeiras, lê-se em letras verdes: Casa da Avaliação.

É nesse lugar que, desde 2005, a prefeitura monitora em detalhe o aprendizado dos estudantes da cidade. As quatro provas anuais aplicadas a todos os alunos do ensino fundamental são elaboradas ali, geralmente por professoras licenciadas. Mas a forma de avaliar muda conforme o ano. As crianças dos três primeiros anos do ensino fundamental, que estão sendo alfabetizadas, passam por um teste de leitura gravado — uma prática que existe em Sobral desde 2000. Durante alguns meses do ano, quinze avaliadoras, com frequência estudantes de pedagogia da Universidade Federal do Vale do Acaraú, aplicam as provas e depois colocam os fones no ouvido para escutar atentamente as gravações de crianças pequenas lendo palavras, frases e textos. Pelo menos duas avaliadoras diferentes dão notas em categorias como ritmo e pronúncia. A partir do 2º ano, todos fazem provas de redação, português e matemática. Do 6º ano em diante há também um exame de ciências.

Essas avaliações são aplicadas por profissionais contratados pela Casa da Avaliação e são totalmente independentes da escola. As mesmas pessoas que aplicam as provas depois passam as respostas de múltipla escolha para planilhas e determinam o percentual de acerto de cada aluno. Uma sala no segundo andar abriga dois analistas de sistemas, que cuidam do portal onde diretores, professores e pais conseguem ver o desempenho de cada aluno, turma e escola. Para as equipes das unidades é extremamente importante acessar esses dados de forma didática, porque é assim que elas conseguem identificar os problemas de aprendizagem de cada criança e adolescente. Uma outra plataforma serve para que funcionários das escolas insiram resultados das pequenas provas que os professores aplicam entre uma avaliação externa e outra. Elas servem para que os professores saibam se após um mês o aluno conseguiu ou não se recuperar nas áreas em que havia demonstrado fragilidade antes.

Sobral é a cidade com mais de 100 mil habitantes com o maior Ideb do Brasil. A maior parte de seu sucesso se deve à capacidade de fazer um diagnóstico preciso do que cada aluno aprendeu em cada fase do ensino fundamental. Mas a educação que oferece é às vezes criticada por ser obcecada pelo monitoramento de desempenho. O argumento é o de que a cidade forma as crianças para fazer provas. Isso é o que defendem organizações relevantes na discussão de educação no Brasil, como a Campanha Nacional pelo Direito à Educação, coordenada pelo cientista social Daniel Cara.

Cara menciona o risco de que os alunos tenham baixa criatividade se tiverem uma educação muito voltada para o desempenho em exames padronizados. Na Coreia do Sul, essa é uma preocupação muito forte, como relata a jornalista americana Amanda Ripley, que escreveu o livro *As crianças mais inteligentes do mundo*, um best-seller que compara a história de três sistemas educacionais no mundo com a dos EUA. Um deles é o coreano. Embora o desempenho dos estudantes de lá seja um dos melhores do mundo em testes internacionais, lideranças políticas como o ministro da Educação, Lee Ju-Ho, consideravam que a pressão por resultados sobre os estudantes tornava o sistema educacional do país um verdadeiro monstro. Mas o Brasil e a Coreia do Sul não poderiam ser mais diferentes.

No país asiático, existe uma competição árdua por lugares nas melhores universidades, e seus estudantes precisam ter desempenhos impecáveis para chegar lá. Os testes padronizados brasileiros servem para diagnosticar o patamar de aprendizado dos alunos e para saber se eles estão fixando conteúdos que têm o direito de aprender. "Mesmo que algumas redes educacionais estejam treinando seus estudantes para fazer a Prova Brasil, se eles conseguirem se sair bem no exame nós já teremos um avanço. Já será bom demais se eles demonstrarem que sabem um conteúdo elementar que não pareciam saber antes", diz o estatístico José Francisco Soares, professor aposentado da Universidade Federal de Minas Gerais e ex-presidente do Instituto Nacional de Estudos e Pesquisas do Ministério da Educação, justamente o órgão que faz avaliações como a Prova Brasil e o Enem.

Chico Soares, como é conhecido, é um dos maiores especialistas em avaliações do país. Ele mesmo reconhece que as provas nacionais, como a Prova Brasil, precisam ser renovadas. Na edição de 2015, uma escola em Sobral chegou ao Ideb 9,8, o que deveria ser praticamente impossível, na avaliação de Chico. Estudantes estão sendo treinados para se sair bem nessas provas, sim. A escola sem dúvida precisa ir além disso. Mas talvez aqui caiba a mesma provocação usada por Risolia no Rio de Janeiro: por que as crianças de escolas privadas passam por avaliações periódicas e as das escolas públicas não devem passar?

Municípios como Sobral e estados como Rio de Janeiro e Pernambuco fizeram política educacional sem dogmas, apenas com base em evidências. E melhoraram. O resto do Brasil precisa copiar esses bons exemplos. As raras ilhas de excelência podem pouco a pouco se preocupar em garantir que os estudantes não se dediquem somente ao bom desempenho em exames. E esses exames devem ser cada vez menos "decoráveis". Mas a ausência de avaliações é o pior dos mundos.

O matemático Ruben Klein, doutor pelo prestigiado Massachusetts Institute of Technology e pesquisador da Fundação Cesgranrio, é outro grande especialista em avaliações de larga escala. Sua explicação para a importância delas, dada em entrevista para este livro, é esclarecedora:

> Existe no Brasil a prática comum de deixar o estudante ir mal nas provas ao longo do período letivo quase que como punição pelo seu desinteresse. Com o passar do tempo, ele vai acumulando déficits de aprendizagem. Aí ele é reprovado porque "mereceu". Isso ocorre

em escolas públicas e privadas. Nas particulares, supõe-se que uma recuperação de cinco dias no final do ano seja capaz de efetivamente recuperar alguém. Nas públicas, nem isso. As avaliações constantes não devem ser instrumentos punitivos. Não devem servir para deixar os alunos completamente tensos. Elas devem ser avaliações diagnósticas, que servem simplesmente para checar se os estudantes estão acompanhando o conteúdo. Esses exames devem ser usados para garantir que ninguém fique para trás. Os resultados servem para ajudar o professor no planejamento da sua própria aula e não para punir. Isso é qualidade educacional.

Klein afasta a hipótese que embasa outro argumento contrário às avaliações constantes: elas podem levar a reprovações, e isso faz com que jovens abandonem a escola. Sobral aliou essas pequenas provas a aulas de reforço, garantindo que os alunos viessem a aprender a maior parte do conteúdo que demonstravam não ter aprendido antes. O modelo não só é eficaz como é socialmente justo. Avaliar para corrigir, não para punir. Isso é o que faz Sobral, usando ferramentas tradicionais. O passo além é o que a Geekie faz. Essa é a mais proeminente startup educacional do país, que vem popularizando no Brasil o conceito do ensino adaptativo.

* * *

Um chavão comum em educação — mas que não deixa de ser verdadeiro — é que "cada pessoa aprende de um jeito diferente". Por isso, é muito difícil para os professores oferecer instruções e apoio personalizados a cada estudante. Afinal, as turmas têm dezenas de alunos. Uma série de iniciativas demonstra que a tecnologia pode ser fundamental para a gestão da sala de aula (depois da gestão de redes educacionais e de escolas, essa é a outra categoria de "gestão" que trataremos neste livro).

Em 2012, um grupo de sete sócios, entre eles cinco engenheiros de computação, se juntaram para realizar um negócio que tem influenciado profundamente as discussões sobre como personalizar o ensino no Brasil. O escolhido para representar a turma da startup Geekie, lançada naquele ano, foi Claudio Sassaki. Ele é o grande porta-voz do grupo. Sassaki é um engenheiro mecânico formado na USP — aliás, primeiro lugar no seu vestibular. Depois de fazer um mestrado em administração e educação na Universidade Stanford, ele passou a maior parte da primeira década dos anos 2000 ganhando dinheiro no mercado financeiro. Sassaki trabalhou em bancos como o Credit Suisse e o Goldman Sachs. Em 2011, começou a buscar oportunidades para empreender em algo relacionado a educação, resgatando seu diploma no tema numa das universidades mais inovadoras do planeta. Foi quando se deparou com o conceito de plataformas online que sugerem conteúdos para os estudantes com base nos erros que cometem em simulados — o que se convencionou chamar de ensino adaptativo, não sem o protesto de cientistas que explicam que essa expressão deveria ser usada para descrever plataformas muito mais complexas e futurísticas.

Como quase toda narrativa de startups que você lê em portais de notícias de negócios, a Geekie conseguiu múltiplas rodadas de investimento ao longo do tempo, um número cada vez maior de clientes, e entrou de vez no radar de jornalistas de educação como eu. Portanto, seus sócios logo começaram a aparecer bastante nos jornais e se tornaram queridinhos de especialistas em educação entusiasmados com inovação e tecnologia. Após uma parceria com o Ministério da Educação, a Geekie conseguiu levar sua plataforma online, a Geekie Games, a 5 milhões de estudantes através do projeto A Hora do Enem — um preparatório para o vestibular. Essa versão é muito mais simples do que a oferecida às cerca de quinhentas escolas particulares que a empresa tinha como clientes no começo de 2017. É dali que sai o grosso de sua receita e onde estão os melhores produtos, que envolvem participação ativa dos professores nos testes online que estudantes fazem e que ajudam a monitorar seu desempenho, além de oferecer reforço nos temas em que demonstram ter mais dificuldade. Em 2016, a Geekie recebeu o prêmio Wise, da Fundação Qatar, de inovação educacional, um dos mais importantes do mundo.

A questão não é se a plataforma da Geekie ou a de algum concorrente é que irá prosperar, mas há aqui o embrião de um modelo que gera dados cruciais para que os professores possam trabalhar especificamente nas fragilidades de cada aluno. A tecnologia pode ser fundamental para enfim viabilizar uma maior personalização do ensino e abrir caminho para um modelo muito diferente de interação entre professor e aluno. O Uruguai, que tem investido pesadamente em tecnologia em suas escolas públicas, possui uma política chamada Evaluación en Linea. Após cada aula, os estudantes respondem a três simples perguntas que ajudam os professores a checar se eles compreenderam o conteúdo daquela lição. O mais importante nesse processo é que o professor saiba se há alguma parte nebulosa para os alunos e também identifique aqueles estudantes que estão ficando para trás. Isso em tempo real. O futuro das avaliações e das coletas de dados em educação, fundamental para a gestão das redes de ensino, das escolas e das salas de aula, provavelmente envolverá tecnologia, mas o Brasil precisa resolver gargalos anteriores à escolha da plataforma mais adequada — e eles não são, nem de longe, a distribuição de computadores e tablets para os alunos.

* * *

A catarinense Lucia Dellagnello fez um doutorado em educação em Harvard e voltou ao Brasil em 2000. Durante alguns anos, ela trabalhou em organizações no estado de Santa Catarina, até que se mudou para São Paulo a fim de liderar o Centro de Inovação para Educação Brasileira (CIEB). Lá, o trabalho de Lucia e sua equipe consiste em dar apoio ao governo federal e a governos estaduais na tarefa de criar um ambiente mais amigável ao uso de tecnologia para melhorar a educação. O longo diagnóstico que o CIEB fez durante aproximadamente um ano e meio permitiu entender em detalhes os gargalos para que o Brasil avance na adoção de tecnologia em educação.

Lucia explica que a melhor maneira de entender os obstáculos para o bom uso da tecnologia em escolas públicas é olhando para quatro dimensões críticas: competência de professores e gestores para usar tecnologia, acesso a conteúdos digitais, qualidade das soluções tecnológicas e infraestrutura (mais que tablets e computadores, a banda larga rápida é um tremendo gargalo). As duas dimensões onde o Brasil está mais atrasado são a primeira e a última: as habilidades limitadas da maioria dos profissionais da educação para o uso da tecnologia na escola e, em segundo lugar, a infraestrutura. A primeira dessas questões remete ao tema número 1 abordado nesse livro: a formação dos professores. A outra tem a ver com um problema que vai além das escolas — internet rápida deveria ser um objetivo econômico brasileiro, por ter um impacto que vai muito além das salas de aula.

Faltam evidências de que o acesso a um computador ou a outro hardware qualquer tem impacto positivo no aprendizado dos estudantes. É um mito pensar que esses dispositivos são o caminho para melhorar a educação no país. Os gargalos para uma educação de qualidade são os que foram amplamente discutidos neste livro até aqui: formação e seleção de professores, currículo, educação integral e boa gestão. A tecnologia pode sem dúvida ajudar a resolver os problemas identificados nessas áreas: sobretudo em gestão. Mas políticas como o uso de plataformas adaptativas de empresas como a Geekie precisam ser bem avaliadas para descobrirmos seu real efeito. Enfatizo essas políticas porque há uma tremenda nebulosidade sobre como a tecnologia pode ser bem usada nas escolas públicas — e até nas privadas.

Os governos brasileiros deveriam assumir e/ou apoiar o desafio de avaliar de maneira adequada políticas educacionais (e também sociais, de modo geral). O próximo e último capítulo trata justamente de como a boa avaliação pode ser uma ferramenta para lutar contra os inúmeros problemas que a política causa a programas sociais como um todo, incluindo os educacionais.

9

A técnica pode vencer a (má) política?

Após as primeiras edições do Índice de Desenvolvimento de Educação Básica, tendências claras de melhoria em alguns estados e municípios brasileiros começaram a aparecer. Minas Gerais surgiu como um dos casos mais emblemáticos de reforma com bons resultados — talvez apenas comparável a Sobral, no Ceará, em termos de exposição. Entre a segunda e a terceira edição do Ideb, de 2007 a 2009, o indicador das escolas públicas mineiras[1] no primeiro ciclo do ensino fundamental deu um salto espetacular: de 4,6 para 5,5. E nos anos posteriores o estado continuou avançando até chegar a 6,1 no primeiro ciclo do ensino fundamental. As notas da 8ª série/9º ano também subiram rapidamente. Em 2013, o Ideb mineiro foi o melhor entre os estados brasileiros tanto para o ensino fundamental I quanto para o II.

As reformas educacionais tocadas em Minas Gerais foram abordadas em estudos populares no exterior, como o famoso relatório da consultoria McKinsey & Company *How the World's Most Improved School Systems Keep Getting Better* [Como os sistemas educacionais que mais avançaram no mundo continuam melhorando], de 2010, e o livro *Achieving World-Class Education in Brazil: The Next Agenda* [Em busca de educação de nível internacional no Brasil: a próxima agenda], de 2011, do Banco Mundial, coordenado pela consultora Barbara Bruns. No Brasil, reportagens em veículos de imprensa com circulação nacional, como a revista *Época*, destrincharam as ações adotadas em Minas entre 2006 e 2014.

O maior responsável pelos avanços foi o Programa de Intervenção Pedagógica (PIP). O PIP era um programa de visitações de agentes da secretaria às 2.189 escolas mineiras. No seu auge, em 2014, quando as escolas de ensino fundamental do estado e de todos os municípios mineiros eram contempladas, havia 1.800 agentes que visitavam cada unidade pelo menos uma vez por mês.[2] O agente chegava a uma escola, identificava os problemas e assumia compromissos com os diretores e os pais para resolvê-los. Mas esses problemas eram necessariamente pedagógicos, como uma baixa taxa de estudantes nos primeiros anos que estavam alfabetizados. Por exemplo: se o exame estadual realizado para medir alfabetização indicasse que dez de 25 alunos em determinada turma não tinham nível adequado de leitura, a professora recebia uma capacitação sobre os temas em que mais estivesse com dificuldades e o tal compromisso era assumido com a direção para resolver o que havia de errado. "Escolas mais fracas eram visitadas pelo menos uma vez por semana. Intermediárias, a cada duas semanas, e as que estavam bem, uma vez por mês", explica a mãe do PIP, a professora Maria das Graças Pedrosa Bittencourt, conhecida por todo mundo como Fite.

Fite começou a trabalhar como professora primária em 1967 na cidade onde nasceu, a minúscula São Francisco do Glória. Mas ela passou praticamente toda a sua vida no município vizinho, Muriaé, com pouco mais de 100 mil habitantes, onde chegou a ser secretária de Educação. Também foi superintendente regional para o governo estadual nos anos 1990. Em 2006, ela prestava consultorias pontuais para o governo do estado quando teve a oportunidade de participar do principal projeto de sua vida profissional. Com a experiência que acumulou à frente de sistemas públicos de educação, ela desenvolveu um raciocínio aparentemente simplório para explicar os problemas de ensino e aprendizagem que via nas escolas públicas. Com base nas conversas e observações de sua carreira, Fite acreditava que os professores e diretores com frequência não sabiam exatamente o que fazer para garantir que os estudantes aprendessem. Eles tinham as melhores intenções, mas não estavam bem capacitados. E tinham vergonha de dizer o que não sabiam. Além disso, superintendentes regionais, secretários de Educação e outros burocratas não sabiam o que estava acontecendo nas salas de aula sob a sua jurisdição. "As escolas de Minas precisavam urgentemente de apoio pedagógico", diz ela. "E eu queria criar um sistema de apoio que tirasse os especialistas de dentro da secretaria e os levasse às escolas, não apenas uma vez, mas com regularidade."

Depois de dar pouca atenção à educação ao longo de seu primeiro mandato como governador, Aécio Neves foi obrigado a trazer o tema para o centro da sua lista de prioridades em 2006, último ano do primeiro mandato. Naquele ano, o governo mineiro fez o primeiro exame para saber se as crianças conseguiam ler adequadamente (o Proalfa). Os resultados foram muito negativos. Somente 48% das crianças em escolas estaduais liam e escreviam aos oito anos. Essa história é comum nas narrativas de reformas educacionais que vimos até aqui: avaliações podem escancarar grandes chagas da educação pública. Aplicar as provas para toda a rede pela primeira vez é como entrar numa desconhecida sala escura e acender a luz. E o que Minas encontrou era horripilante.

Logo após os resultados capengas, Fite foi convidada pela secretária Vanessa Guimarães Pinto para se mudar de Muriaé para Belo Horizonte e assumir a superintendência de desenvolvimento de educação infantil. Vanessa estava disposta a fazer um plano-piloto da proposta de Fite para sistematizar o apoio pedagógico. Elas organizaram uma equipe de oito pessoas e selecionaram as quatro superintendências que tiveram a pior avaliação no Proalfa para testar o modelo. Essas regionais eram Januária, Almenara, Teófilo Otoni e Governador Valadares. Durante o piloto, as equipes observavam as aulas e completavam guias com informações sobre a organização da sala de aula, o tempo dedicado à instrução, a postura do professor, quantos alunos estavam lendo etc. Os dados eram analisados e começava um trabalho para melhorá-los. Em seis meses com oficinas e acompanhamento obsessivo das oito agentes do PIP, essas regionais deram um salto e ficaram entre as melhores do estado. O percentual de crianças alfabetizadas saltou de 48% em 2006 para 63% em todo o estado em 2007, apenas com um trabalho intenso nas regionais com o pior resultado e com uma fatia grande de escolas primárias sob responsabilidade do estado. O piloto, portanto, deu certo.

A consultoria estratégica McKinsey & Company foi contratada para apoiar na expansão do programa. Entre outras ações, a McKinsey criou um rigoroso sistema de seleção de instrutores do PIP, em que os candidatos eram avaliados com conceitos de 1 a 5 após provas e testes de aula. Somente os que recebiam nota 5 eram considerados aptos para as vagas abertas. Em um ano, o PIP estava em todas as escolas primárias da rede estadual. Em 2013, a dificuldade de alfabetizar até os oito anos estava perto de ser resolvida na rede estadual, com 93% dos estudantes em nível adequado de alfabetização. O desafio agora seria levar o programa ao estado inteiro, incluindo municípios, que eram responsáveis por dois terços dos estudantes primários.

Mas, quando o governo estadual disponibilizou agentes do PIP, logo os municípios começaram a aderir. Todas as 853 cidades do estado de Minas Gerais participaram, independentemente de filiação partidária. O PIP chegou a todas as 5.968 escolas municipais do primeiro ciclo do ensino fundamental. A partir de 2012, também chegou às escolas estaduais de segundo ciclo, o que ajudou no salto que levou o estado ao primeiro lugar do país no Ideb também no fundamental II.

Para servir de apoio às capacitações do PIP, em 2012 o governo estadual transformou a antiga sede da secretaria no bairro da Gameleira, em Belo Horizonte, numa escola de formação profissional chamada Magistra. Lá, os 1.800 agentes do PIP também passavam por cursos e oficinas inspirados nos desafios enfrentados nas salas de aula que visitavam. Professores iam em caravana fazer cursos sobre práticas educacionais. Ao final de 2014, 17 eventos de formação profissional haviam sido realizados no Magistra, com públicos que variavam de seiscentas a mil pessoas, entre professores, agentes do PIP, inspetores escolares e outros profissionais do dia a dia da rede mineira. Em 2017, a sua primeira diretora, Ângela Dalben, professora da Universidade Federal de Minas Gerais, foi indicada para assumir a Secretaria Municipal de Educação de Belo Horizonte.

Em 2014, todo esse sistema de apoio pedagógico que alçou Minas Gerais ao estrelato nas reformas educacionais estava em risco. Primeiro, a crise econômica que já começava a afetar o estado de Minas Gerais fez com que a administração do governador Antonio Anastasia rescindisse o contrato com uma fundação contratada para prover parte dos analistas ao Programa de Intervenção Pedagógica — a Fundação Renato Azeredo, ligada à Universidade Estadual de Minas Gerais. O número de profissionais baixou de 1.800 para 1.200. O programa permaneceu, mas a frequência das visitas caiu. O argumento era que, após os avanços iniciais, ele precisava ser realmente redimensionado.

Naquele ano, a coloração política ocupando o Centro Administrativo projetado por Oscar Niemeyer e localizado na divisa entre Belo Horizonte e Vespasiano mudaria. O PSDB perdeu a eleição para governador do estado, após ter governado Minas Gerais por 12 anos, em três mandatos consecutivos. O governador eleito foi Fernando Pimentel, do PT, que já havia sido prefeito de Belo Horizonte, inclusive com o apoio do PSDB. Mas aqueles eram outros tempos. A polarização entre os dois partidos se exacerbou em 2014, tanto em Minas quanto no resto do país. Esperava-se, naturalmente, que várias políticas públicas fossem adaptadas para refletir o programa eleito nas urnas. Mas sem necessariamente desmontar programas com fortes indícios de sucesso. O PIP, embora tenha sido enfraquecido e redimensionado pelo próprio partido que o criou, e a escola de formação Magistra, que passava por obras para a construção de um auditório durante a transição, eram reconhecidos como casos de sucesso para além das disputas partidárias — como mostrava a adesão de todos os municípios do estado. Mas, após dois anos de governo Pimentel, o Magistra praticamente não tinha mais cursos de qualificação profissional. Quem visitava o site do centro de formação em fevereiro de 2017 ainda encontrava o logotipo usado pela gestão anterior e apenas eventos até 2014, num indicativo claro de abandono. O Programa de Intervenção Pedagógica não teve destino melhor. Foi extinto.

Membros da secretaria que falaram sob condição de anonimato dizem que a nova equipe não concordava com a ideia de pôr pressão sobre as escolas. O conceito de intervenção pedagógica não estaria de acordo com a visão da nova secretária Macaé Evaristo, uma respeitada educadora que havia sido secretária municipal de Educação de Belo Horizonte quando Pimentel foi prefeito da capital. Mas os resultados de Minas Gerais no Ideb já foram desanimadores pelo menos nos anos finais do ensino fundamental. O Ideb do 5º ano teve queda de 4,7 para 4,5 na rede estadual em 2015. O abandono completo do PIP pode ter contribuído. Macaé não quis fazer declarações para o livro, apesar de insistentes pedidos de entrevista.

Assim, políticas educacionais reconhecidamente bem-sucedidas foram enterradas sem a menor cerimônia. Pura picuinha política.

* * *

Mais de 3 mil pessoas cercaram o candidato a presidente do México Luis Donaldo Colosio Murrieta após um comício no estado de Tijuana, a poucos metros da fronteira entre seu país e os Estados Unidos. Era 23 de março de 1994, e Colosio era o franco favorito a vencer a eleição que seria realizada em agosto daquele ano. Não somente por ser um político carismático e popular, o que ele de fato era, mas também por ser o candidato do partido hegemônico no México, que estava no poder havia 65 anos ininterruptos — o PRI. Porém, enquanto caminhava pela multidão do bairro pobre, logo depois das 17h, um revólver calibre .38 surgiu sobre a sua orelha direita. O mecânico Mario Aburto Martínez, de 23 anos, morador de Tijuana, apertou o gatilho. Quando Colosio estava no chão, atirou de novo em seu abdômen.[3] Estava morto o virtual presidente do México. O país entraria em uma profunda crise política conforme as investigações do assassinato avançavam (nunca foi esclarecido se houve um mentor intelectual por trás de Aburto). Quando a poeira baixou, o PRI teve que escolher um novo candidato. Ele viria a ser Ernesto Zedillo, economista com doutorado na Universidade Yale. Zedillo havia sido ministro do Planejamento e da Educação, mas era percebido mais como técnico do que como político. Foi eleito com 48% dos votos.

As circunstâncias que levaram Zedillo à presidência do México foram excepcionais, e seu governo estava fadado a enfrentar crises de proporções inéditas. A crise política gerada pelo assassinato de Colosio se somou a uma profunda crise econômica. O peso mexicano passou por uma desvalorização recorde em dezembro de 1994. No começo do ano seguinte, hiperinflação. O primeiro ano do governo Zedillo também foi marcado pela maior recessão da história do país e por altas taxas de desemprego. Zedillo incumbiu um de seus auxiliares de liderar as discussões sobre políticas que pudessem amenizar o impacto da crise nos mais pobres, que, como sempre, eram os mais vulneráveis. O tal auxiliar era o economista Santiago Levy Algazi, vice-ministro das Finanças do México. Levy estava diante do maior desafio da sua carreira: um que o levaria ao estrelato acadêmico.

Àquela altura, o México tinha um grande programa de subsídio a alimentos. Era a principal política de transferência de renda para os mais pobres. Parte da equipe de Zedillo defendia que esses programas fossem expandidos para combater a crise. Afinal, eles só alcançavam 40% dos pobres na zona rural, por exemplo. Mas a equipe econômica, representada principalmente por Levy, insistia que estudos mostravam problemas com subsídios a alimentos. Se o objetivo era transferir renda aos mais pobres, o subsídio de alimentos não funcionava bem porque havia um limite para o consumo dos itens subsidiados, como tortilha e feijão. Além disso, esses subsídios não influenciavam o acesso a saúde e educação. Levy propôs um programa de transferência de recursos diretamente aos mais pobres, com a aplicação de condicionalidades como visitação frequente a clínicas médicas e participação em ações preventivas contra mortalidade infantil e desnutrição — seu nome seria Progresa [Prospere]. Zedillo aceitou fazer um piloto no estado de Campeche envolvendo 31 mil famílias.[4] Aqui é que o perfil técnico de Zedillo e as ideias de Levy se tornam cruciais para essa história. Levy considerava fundamental criar, desde o começo, as condições para que o programa tivesse seu impacto avaliado. Zedillo concordava.

Primeiro, o grande desafio era convencer os principais atores no governo de que a ideia do programa era promissora. As principais dúvidas quando o piloto passou a funcionar eram se as famílias iriam consumir mais álcool e drogas em vez de comida e se a operacionalização desses programas seria mais custosa do que a de subsídios a alimentos. Para reduzir o risco de o primeiro item ser fatal para o programa, as transferências seriam feitas para as mulheres de cada família — afinal, intuitivamente, era de se esperar que fossem mais responsáveis que os homens e gastassem os recursos em prol do bem da família, em especial das crianças. Isso criava um terceiro risco: essas transferências poderiam aumentar a violência doméstica. Pesquisas quantitativas mostraram que os beneficiários preferiam o dinheiro aos subsídios e que estavam dispostos a cumprir as condicionalidades relativas à saúde — na verdade, até as consideravam bem-vindas. No fim de 1996, a equipe de Levy propôs uma versão mais completa do programa (incluindo, por exemplo, condicionalidades relacionadas à educação dos filhos) e a sua expansão gradual. A partir de então, a avaliação do impacto seria mais precisa e rigorosa.

Quando Zedillo concordou em expandir o programa aos poucos, conforme o limite orçamentário permitisse, a equipe econômica vislumbrou uma oportunidade. Como havia restrição de recursos (afinal, o México estava saindo de uma grande crise), no começo a política seria adotada apenas para algumas comunidades. A chave estava em coletar informações detalhadas sobre saúde, bem-estar, educação e todas as variáveis que fazia sentido medir em grupos que recebiam e não recebiam o benefício. Desse modo, a avaliação do programa compararia indicadores em famílias com condições socioeconômicas parecidas, mas cuja principal diferença estava em terem recebido as transferências do Progresa ou não. Ou seja, eles conseguiriam isolar o impacto do programa.

Para a estratégia dar certo, seria preciso escolher que famílias começariam a receber o benefício primeiro de forma aleatória. Assim, a amostra seria mais neutra — não haveria comparação entre comunidades mais bem conectadas politicamente e outras menos, por exemplo. Além disso, seria preciso estabelecer credibilidade nos resultados medidos, oferecendo as bases de dados para pesquisadores independentes. Um outro desafio gigantesco seria melhorar a coleta de dados sobre as condições das famílias, com novos questionários para as pesquisas domiciliares — aplicados tanto às famílias beneficiadas quanto às que não recebiam o benefício. Essas três condições foram cumpridas.

O programa foi lançado em agosto de 1997. No ano seguinte, já havia pesquisadores trabalhando com os dados que estavam sendo disponibilizados. Dezenas de estudos foram feitos pelo governo e por pesquisadores independentes mostrando efeitos positivos das transferências de renda nas mais diversas dimensões. Uma pesquisa publicada em 2000 mostrava que, nos dois primeiros anos, os beneficiários visitavam hospitais 30% a 50% mais que os não beneficiários, dependendo da faixa etária.[5] Também houve queda na mortalidade infantil[6] e melhoria nas habilidades motoras das crianças em famílias que recebiam o Progresa.[7] Queda em má nutrição infantil[8] e aumento de matrícula de meninos e meninas nas escolas, principalmente as secundárias, foram outros resultados do programa.[9] E houve vários outros efeitos. Alguns pequenos, outros mais substanciais.

A avaliação do Progresa combinou pesquisas qualitativas e quantitativas. Mas, independentemente das questões técnicas, o programa levou em conta a avaliação desde o seu nascedouro, o que foi fundamental para produzir a mensuração dos resultados com rapidez e credibilidade. Quando Zedillo deixou a presidência, em 2000, e passou o bastão para um partido de oposição, sob a liderança do empresário Vicente Fox, havia cada vez mais evidência de que funcionava a estratégia de substituir subsídios a alimentos por pequenas transferências de dinheiro vivo.

Anos mais tarde, em maio de 2016, Santiago Levy relembrava o resultado: "Quando começamos o Progresa no México, sabíamos que seria necessário avaliar. Um dos motivos era para saber se realmente alcançaríamos os nossos objetivos. E, se desse certo, queríamos garantir que o programa continuasse em outras administrações. E isso ocorreu, mesmo com uma tradição no México de um governo desfazer o que o anterior havia feito." Em 2016, Levy ocupava a vice-presidência do BID. Nossa conversa foi em uma longa sala de reuniões no décimo andar do opulento prédio do Banco Interamericano de Desenvolvimento, que ocupa meio quarteirão em Washington, D.C., a menos de um quilômetro da Casa Branca. O maior feito de sua carreira foi assegurar que o Progresa fosse bem avaliado ao longo do seu processo de expansão. Isso garantiu que a gestão de Vicente Fox expandisse o programa e a de Felipe Calderón, que veio depois de Fox, desse continuidade a ele — embora o nome tenha mudado para Oportunidades logo no começo da gestão Fox. A política, financiada pelo Banco Mundial, chegou a 18% dos mexicanos, cobrindo basicamente toda a população muito pobre.[10] Mas o próprio Levy considera que, a essa altura, o programa precisa ser repensado. "Ele tira famílias de condições miseráveis, mas não é capaz de criar empregos. Esse não é o objetivo de programas de transferência de renda. Portanto, sozinhos, eles não são capazes de tirar famílias permanentemente da pobreza", completa ele.

Mas a verdade é que a sua obsessão por avaliar o Progresa, aliada à visão moderna de Zedillo, que o apoiou, criou uma política que foi exportada para o mundo inteiro e revolucionou a luta contra a miséria no planeta. Em 2016, 37 países tinham algum programa de transferência de renda condicionada. O maior de todos é o do Brasil, o Bolsa Família, que atende quase 50 milhões de pessoas. Mas nem só países emergentes recorreram ao mecanismo. Reino Unido, França, Hungria, Luxemburgo e Finlândia usam, por exemplo, incentivos monetários para garantir que mulheres grávidas façam o pré-natal. Em relatório de 2014, a Comissão Europeia, sediada em Bruxelas, sugere o uso desse mecanismo para alcançar objetivos pontuais, como melhorar a saúde de gestantes e seus bebês.[11]

O caso liderado por Santiago Levy é um exemplo histórico do valor das avaliações de impacto. Porém, infelizmente, é mais a exceção do que a regra. "É essencial avaliar os resultados em qualquer política social — seja em saúde, educação, nutrição, treinamento para o trabalho ou transferência de renda. Só assim é possível tomar decisões informadas. Precisamos mudar a mentalidade dos políticos na América Latina e mostrar a eles que a avaliação de impacto deve ocupar um lugar central nas discussões de políticas públicas. Só assim o debate acerca de programas sociais será menos passional e mais esclarecido", diz.

Avaliações podem ser um caminho para reduzir o risco de haver descontinuidade de boas políticas. Numa federação, como é o caso do Brasil, estados e municípios têm muita autonomia para mudar tudo no começo de uma administração. Isso com frequência vitima boas políticas. É o caso do Programa de Intervenção Pedagógica, em Minas Gerais.

O PIP até recebeu uma avaliação de impacto. Em 2016, uma tese de doutorado da Universidade Federal de Juiz de Fora, escrita pela economista Denise Rocha, fez uma avaliação independente do programa e encontrou evidências de que ele foi o responsável por melhorias substanciais no aprendizado dos estudantes. Mas esse trabalho acadêmico não teve divulgação alguma, e seu *timing* também não ajudou a influenciar numa possível manutenção do programa por grupos políticos distintos.

Um grupo de economistas inicialmente reunidos em Cambridge, no estado americano de Massachusetts, quer mudar isso. Eles trabalham para que essas avaliações tenham cada vez mais impacto nas decisões de governantes de países em desenvolvimento. Não só querem, na verdade. Eles já estão conseguindo.

* * *

No início dos anos 2000, a comunidade acadêmica internacional começava a se deparar com os primeiros resultados das avaliações do Progresa no México. O impacto das pesquisas era animador para economistas como o indiano Abhijit Banerjee, vinculado ao MIT, ou o americano Michael Kremer, de Harvard, que já trabalhavam com esse tipo de experimento no sul da Ásia. Banerjee e Kremer tentavam convencer outros economistas a fazer o que Santiago Levy fez no México: escolher grupos com pessoas com características socioeconômicas parecidas, oferecer aleatoriamente uma política pública para apenas alguns deles e depois medir as diferenças nos efeitos. Banerjee e Kremer acreditavam que esse era o jeito mais eficaz de medir os reais impactos de uma política social. Quando viram o governo de um país pobre permitir esse tipo de estudo, passaram a acreditar que era possível espalhar a cultura de avaliações com esse nível de rigor técnico. "Até aquele ponto, não havia muitas pesquisas desse tipo com qualidade suficiente. E não podíamos ter evidências frágeis do valor desses estudos para a implementação e expansão de políticas públicas. Mas a visibilidade que a expansão controlada do Progresa no México teve criou o ambiente ideal para disseminarmos experimentos sociais aleatorizados", diz Banerjee, em entrevista que me concedeu em seu escritório no MIT. "Sem o exemplo mexicano, quando explicávamos o que eram os experimentos, o interlocutor achava que estávamos loucos."

Foi então que Banerjee se juntou a dois outros jovens economistas do seu departamento no MIT, a francesa Esther Duflo e o indiano naturalizado americano Sendhil Mullainathan, para criar um centro de pesquisas chamado Laboratório da Pobreza. Sua função seria estimular a realização de estudos como os que estavam surgindo com dados do governo mexicano e assim avaliar o real impacto de políticas sociais pelo mundo. O foco seria em países em desenvolvimento — daí o nome. Quando o website do Laboratório foi lançado, em 2003, houve uma explosão de interesse no apoio técnico e financeiro que o centro de pesquisas vinculado ao MIT se propunha a oferecer.

Rapidamente, o centro se tornou referência mundial em estudos de políticas públicas para combater a pobreza. Em 2005, o bilionário saudita Mohammed Abdul Latif Jameel fez doações vultosas ao Laboratório, permitindo uma expansão acelerada. O nome do centro passaria a ser uma homenagem ao pai do doador: Abdul Latif Jameel Poverty Action Lab, mais conhecido como J-Pal.

Em 2017, catorze anos depois da fundação, o J-Pal tinha 149 pesquisadores associados, de 49 universidades diferentes — inclusive brasileiros, como o economista Cláudio Ferraz, da Pontifícia Universidade Católica do Rio de Janeiro. Banerjee e Duflo se tornaram referência mundial em estudos sobre combate à pobreza. O livro que publicaram nos Estados Unidos sobre o tema, intitulado *Poor Economics* [Economia dos pobres], é um best-seller. Duflo recebeu a John Bates Clark Medal, prêmio para economistas brilhantes com menos de quarenta anos, uma espécie de antessala do Nobel de Economia. O seu vídeo numa conferência TED de 2010 sobre experimentos sociais para enfrentar a pobreza já foi assistido mais de 850 mil vezes. Aliás, a simbiose entre Duflo e Banerjee foi tamanha que a parceria acadêmica virou um relacionamento. As duas estrelas da academia tiveram, inclusive, um bebê.

O centro de pesquisas e a fama de Duflo e Banerjee têm sido fundamentais para disseminar essa cultura de avaliação em países em desenvolvimento. Pesquisadores com apoio do J-Pal avaliaram centenas de programas sociais pelo mundo, muitos deles em educação, praticamente todos com apoio explícito dos governos. Pesquisas com apoio do centro de estudos demonstraram, por exemplo, que em contextos específicos há grandes ganhos de aprendizado quando estudantes recebem transferências de dinheiro ao obter bons resultados acadêmicos[12] (política que o estado de Goiás adotou). Pesquisas do J-Pal também reforçam que não há evidência de que apenas contratar novos professores para diminuir o tamanho médio das turmas tem efeitos no aprendizado dos estudantes.[13] Vale mais a pena garantir que os professores estejam preparados e tenham bom material didático em mãos. O que parece ter impacto maior são as aulas de reforço, focadas nas dificuldades específicas de alunos que estão ficando para trás (como é o notório caso de Sobral).[14] Bônus para professores com base na nota de seus alunos em provas padronizadas continua a ser um assunto com resultados incertos nas pesquisas do J-Pal, mas há clareza de que punir professores faltosos com perda de remuneração tem impacto significativo na aprendizagem.[15]

Encontrei Duflo e Banerjee no fim de novembro de 2016, no escritório dele (que fica ao lado do dela) no prédio da escola de administração do MIT. Inicialmente, os dois demonstravam a típica antipatia de acadêmicos que não gostam muito de dar entrevistas porque acham que os jornalistas simplificam demais suas pesquisas. Aos poucos, eles foram se soltando. No final, após cerca de uma hora de conversa, pareciam à vontade. Trechos da entrevista foram publicados na revista *Exame*.[16] Com uma vista para o rio Charles, que separa a cidade de Boston de Cambridge, os dois bebericavam chá enquanto contavam sobre os estudos mais emblemáticos que já tocaram ou com os quais se depararam no J-Pal — aqueles, portanto, que tiveram o maior impacto nas políticas públicas.

Um dos principais ocorreu na Índia. O maior programa social do país asiático oferece pagamento a 74 milhões de beneficiários para que trabalhem em tarefas de baixa complexidade em obras de infraestrutura. Mas o pagamento dos benefícios ocorre com atrasos significativos e apenas uma parcela do dinheiro enviado pelo governo central chega à ponta. No estado de Bihar, Banerjee, Duflo e outros três pesquisadores avaliaram um novo sistema de pagamento digital.[17] A conclusão preliminar era que o sistema reduzia em 24% o gasto, mantendo o valor dos benefícios. A mudança basicamente fechava as principais torneiras por onde os recursos escoavam. O potencial de impacto era gigantesco, visto que o programa custa mais de 6 bilhões de dólares anuais ao governo indiano. Mas, por pressão de burocratas que se beneficiavam da ineficiência do modelo anterior, o sistema foi temporariamente suspenso. Quando os resultados preliminares da pesquisa vieram a público, a pressão popular, da imprensa e do governo federal foi tão grande que não só Bihar voltou a adotar o repasse digital de verbas como uma lei nacional foi aprovada incentivando a adoção do novo sistema. Outros 21 estados copiaram o modelo.

Em educação, também há um exemplo clássico de transformação gerada por estudos de avaliação de impacto — que Duflo e Banerjee contam em seu livro. Em Uganda, o governo central transfere recursos aos diretores conforme a quantidade de alunos. Esses pagamentos servem para bancar os custos de mantê-los estudando, de livros didáticos à manutenção de prédios. A exceção é o pagamento de salários de professores e funcionários. Uma pesquisa realizada a partir de 1996 por Rtiva Reinikka e Jakob Svensson, ambos então no Banco Mundial, documentou que apenas 13% das transferências feitas pelo governo central para bancar os gastos desses estudantes chegavam de fato às escolas.[18] Como no caso indiano, o resto se perdia no caminho. Quando esses resultados saíram, houve uma comoção generalizada.

Jornais cobriram a crise insistentemente, e o Ministério da Fazenda de Uganda passou a informar a imprensa local de seus dispêndios no programa. Os jornais e seus leitores, por sua vez, checavam se as verbas chegavam na ponta. Se não chegassem, reportagens eram feitas para escancarar o problema. Em 2001, Reinikka e Svensson refizeram o estudo e concluíram que agora 80% das verbas chegavam ao destino final. O que não era suficiente, mas um tremendo avanço, graças ao fato de a pesquisa original ter jogado luz sobre um problema tão grave. O melhor é que o próprio uso das informações pelo jornal era um experimento social. Ele demonstrou que as escolas cobertas pelos jornais acabaram recebendo mais fundos e seus alunos aprendiam mais porque tinham acesso a insumos elementares como livros didáticos, o que deu mais combustível para que os governos locais fossem pressionados a repassar os recursos de maneira correta. Portanto, as pesquisas de Reinikka e Svensson claramente influenciaram de forma decisiva essa importante política educacional em Uganda.[19]

Mas os críticos costumam apontar eventuais riscos éticos em se oferecer um programa a alguns e não a outros. A ex-diretora de educação do Banco Mundial, Cláudia Costin, que foi também secretária de Educação da cidade do Rio de Janeiro e hoje lidera um centro de pesquisas em educação na Fundação Getulio Vargas do Rio, é cética quanto aos experimentos sociais. Ela acredita que, politicamente, eles são muito arriscados. Opositores irão argumentar que um político escolheu de forma deliberada não aplicar o benefício a uma parcela da sociedade — mesmo que não seja possível oferecer um programa a todo mundo de uma vez de qualquer jeito, com ou sem avaliação.

Duflo reconhece que o questionamento ético é justo. É importante evitar esse tipo de pesquisa em circunstâncias que lidem com risco de vida, por exemplo. Mas ela e Banerjee argumentam que, mesmo que haja o interesse de universalizar um novo programa, a implementação costuma ser dividida em fases. Parcelas do público-alvo vão recebendo o benefício aos poucos. Naturalmente, algumas pessoas não receberão num primeiro momento, com experimento social ou não.

E essa é a chance de avaliar o resultado do programa. "Praticamente nenhum programa social começa com cobertura de 100% do público-alvo desde o primeiro dia. Quase todos esses programas costumam ter um piloto. Na Índia, por exemplo, há uma lei que determina que todo programa social precisa passar por um piloto. O problema é que, durante o piloto, os governos raramente fazem um experimento para medir corretamente o seu efeito", diz Banerjee.

Duflo complementa: "Além disso, enquanto o projeto ainda é piloto, normalmente há uma genuína incerteza sobre qual é o melhor jeito de implementá-lo. O experimento pode ajudar a decidir, porque é capaz de testar formas diferentes de implementar o mesmo programa." Por exemplo, como incentivar monetariamente os professores? Seria melhor eles ganharem um bônus salarial caso os resultados dos alunos fiquem acima do esperado ou perderem uma fatia do bônus antecipado que recebem, caso os estudantes fiquem abaixo do esperado? Por curiosidade, uma pesquisa do professor Roland Fryer, da Universidade de Harvard, e de Steven Levitt (autor de *Freakonomics*), da Universidade de Chicago, sugere que a segunda opção é mais eficaz.[20]

Mesmo em casos onde um experimento social não é possível — como, por exemplo, na circunstância de alguma regra de incentivos para professores mudar de uma só vez para toda a rede pública de uma cidade —, a boa documentação de dados, abordada no capítulo anterior, pode permitir avaliações a posteriori. Pesquisadores com bom domínio de estatística podem controlar as diferenças de resultados antes e depois da mudança na regra e tentar isolar os efeitos da política. É muito mais difícil fazer isso do que criar experimentos sociais, mas é melhor do que não fazer avaliação alguma.

Organizações internacionais que oferecem financiamento para governos, como o Banco Interamericano de Desenvolvimento, cujo vice-presidente é o mexicano Santiago Levy, têm exigido que cada vez mais projetos realizados com seu dinheiro incluam avaliações de impacto rigorosas. Apenas 9% dos projetos bancados pelo BID tinham avaliação de impacto em 2008. Em 2015, eram 43%.

O Brasil tem demorado mais que outros países latino-americanos para mudar essa cultura. México, Colômbia e Chile têm órgãos federais cuja função é essencialmente medir o impacto das políticas. Estados Unidos e Reino Unido também têm agências desse tipo. Por aqui, os governos com frequência confundem a avaliação de impacto com a medição de quantas pessoas estão recebendo determinado benefício, como fez com o Bolsa Família durante muitos anos a Secretaria de Avaliação do Ministério do Desenvolvimento Social — a partir de 2016, a secretaria começou a rediscutir seu papel e começou a patrocinar estudos de avaliação de impacto.

Quando políticos e gestores entendem o que são as avaliações, geralmente criam resistências. Em Pernambuco, por exemplo, Cláudio Ferraz, da PUC-Rio, e Barbara Bruns, do Banco Mundial, tentaram convencer o ex-governador Eduardo Campos a permitir experimentos sociais que avaliassem algumas das políticas educacionais do estado. Inicialmente, ele topou. Mas depois mudou de ideia, alegando riscos políticos: seria difícil explicar à população a motivação por trás desse tipo de avaliação caso o tema viesse a público e se tornasse uma polêmica.

Mas, como mostram o caso mexicano com o Progresa e as políticas de redução de corrupção em programas sociais na Índia ou em Uganda, boas avaliações de programas em educação podem ajudar a garantir sua manutenção após mudanças no governo. Podem até causar sua expansão. Avaliar políticas públicas adequadamente é bom para a população, mesmo que possa criar transtornos momentâneos para os políticos. E, quando os resultados são claramente positivos, os dividendos políticos são colhidos. Mas muitos chefes de governo e gestores pensam: por que correr o risco de a avaliação mostrar que o programa tem pouco ou nenhum efeito?

O economista-chefe do Instituto Ayrton Senna e professor da escola de economia do Insper, Ricardo Paes de Barros, é um dos grandes nomes das avaliações de políticas sociais no Brasil — ele já foi citado nos capítulos 1 e 2 deste livro. PB, como é conhecido, passou mais de trinta anos de sua carreira no Instituto de Pesquisa Econômica Aplicada, um *think-tank* do governo federal. Seus estudos sobre desigualdade social fizeram com que ele se aproximasse da educação. Nos últimos anos, PB tem estudado justamente por que o Brasil está repleto de ilhas de excelência cujas melhores práticas não se repetem por todos os cantos do país. "O sistema educacional brasileiro não difunde as melhores práticas e não copia. Um sistema descentralizado como o nosso, que não copia as melhores experiências, tem um sério problema de governança", diz PB.

Para ele, o nosso sistema de governança deveria ter um papel importante do governo federal em documentar boas práticas, oferecer assistência a municípios e estados na implementação de algumas dessas políticas e criar incentivos para que os entes federativos façam reformas educacionais focadas em melhoria de aprendizado. Alguns estados, como Ceará e Espírito Santo, já fazem isso com seus municípios: oferecem apoio técnico e repartem uma fatia de impostos que são redistribuídos para municípios proporcionalmente ao alcance de metas no Ideb ou nas avaliações estaduais. O Ceará faz a repartição com o ICMS e o Espírito Santo com os royalties do petróleo. PB acredita que um bom sistema de governança, que facilite a reprodução de boas práticas em educação, criará um ambiente naturalmente propício para que sejam feitas mais avaliações de impacto. Vai haver mais demanda dos gestores por evidência de quais políticas funcionam e quais nem tanto. E também quais programas têm o melhor custo-benefício. Não é só PB quem defende essa tese. Barbara Bruns também defende apaixonadamente a necessidade de que o poder central se envolva mais na disseminação de boas práticas, inclusive avaliando programas Brasil afora. É o tipo de papel que o governo federal deve exercer em um país onde a responsabilidade pela oferta educacional é dos estados e municípios.

* * *

Este livro tratou de pilares para reformas educacionais bem-sucedidas que, de uma maneira ou de outra, estão presentes em algum lugar do Brasil. Já temos um modelo de tempo integral bem experimentado, modelos de formação continuada exemplares, reformas curriculares de qualidade e boas medidas no campo da gestão. Essas experiências devem ser expandidas pelo país. Em alguns casos, com ajustes inspirados em casos internacionais, como mostrei com insistência. E, necessariamente, com adaptações para a realidade local. Em paralelo, essas experiências devem ser bem avaliadas, para permitir adequações e a disseminação do que há de melhor. Estudos rigorosos e bem comunicados podem, como mostra a experiência de Santiago Levy ou de Duflo e Banerjee, influenciar significativamente as políticas públicas na área social e até garantir sua continuidade após mudanças de governo.

Haverá, naturalmente, resistência. A professora de desenvolvimento internacional Merilee Grindle, de Harvard, publicou em 2004 um livro sobre reformas educacionais na América Latina, intitulado *Despite the Odds* [Apesar de tudo]. Seu foco é justamente na economia política dessas reformas. Como convencer os principais atores? Ainda na introdução, Merilee chama a atenção para como a criação de mais vagas em creches, contratação de mais professores, aumento de salários, distribuição de mais livros didáticos e construção de mais escolas são medidas politicamente populares e que não geram resistência alguma. Afinal, que leigo seria contra construir novas escolas ou comprar novos equipamentos para as salas de aula (como lousas interativas conhecidas como SmartBoards, de impacto questionável no aprendizado)? Essas medidas requerem, basicamente, dinheiro em caixa. Ninguém além do secretário de Fazenda precisa ser convencido. É claro que, com frequência, são medidas desejáveis e necessárias. Mas não serão elas por si só que transformarão a qualidade da educação. Reformas efetivas para a melhoria do aprendizado provavelmente vão enfrentar resistências iniciais. Elas tiram atores fundamentais de suas zonas de conforto, criam mais trabalho para profissionais da educação e gestores públicos e às vezes levam tempo para mostrar resultados. Mas são necessárias para garantir que crianças e adolescentes mais pobres efetivamente aprendam na escola e tenham oportunidades cada vez mais parecidas com a de jovens de famílias mais ricas.

Professores preparados, motivados e cuidadosamente selecionados podem gerar em milhões de estudantes o entusiasmo e a atenção que os alunos do 3º ano noturno de uma escola da periferia de São Paulo experimentaram ao assistir à aula de literatura da professora Lu. Se expostos a vários professores inspiradores e eficazes ao longo de suas trajetórias educacionais, os alunos do professor de matemática de Teresina que fazem guerra de bolinhas de papel podem se inspirar a estudar mais e aprender mais. Se esses professores engajarem os estudantes em seus planos de vida, como prevê o projeto de escola em tempo integral iniciado por Marcos Magalhães em Pernambuco, eles provavelmente terão aspirações mais ambiciosas, irão se dedicar mais aos estudos e melhorar a vida de suas famílias, rompendo com as barreiras da pobreza. E a menininha que disse que nunca queria ser professora nos questionários em Teresina poderá mudar de ideia.

Políticas de educação integral como a da escola Milton da Silva Rodrigues em São Paulo podem não só ajudar a resgatar estudantes como Vitor, que escreveu desesperado, de madrugada, para o diretor pedindo uma vaga. Essas escolas podem acabar com a tragédia que é o ensino médio noturno e colocar no rumo certo os colegas de Vitor que estão acostumados a não ter aula na escola que ele não via a hora de deixar. O ensino médio integral pode tornar a evasão escolar nesse ciclo em uma lenda. Com mais tempos de aulas, menos matérias e uma maior interação de professores e estudantes, fica mais fácil ensinar os conteúdos da Base Nacional Comum Curricular e outros mais. Assim, os pais poderão ficar tranquilos sabendo que, provavelmente, seus filhos vão aprender tudo aquilo que está listado no documento.

Se Belford Roxo, cidade na Baixada Fluminense onde nasci, oferecesse a formação continuada de qualidade que oferecem os municípios da Chapada Diamantina, um número maior de suas crianças e jovens aprenderia a ler e escrever adequadamente e teria noções fundamentais de matemática, criando as bases para se desenvolverem adiante. São pessoas que tiveram muito menos oportunidades do que eu tive, mesmo tendo crescido na mesma Baixada Fluminense. Se essa e outras cidades adotassem as práticas de gestão que Wilson Risolia adotou no estado do Rio de Janeiro, teriam melhores diretores, que trabalhariam em prol dos alunos e não dos políticos que garantiram a sua indicação para o cargo. Só não se pode desmontar tudo depois, como fez o Rio.

Mas, sobretudo, se os políticos que detêm o poder se inspirarem em histórias de transformação de sistemas educacionais inteiros como as descritas aqui e passarem a valorizar a adoção de boas políticas educacionais, as chances de que os exemplos de sucesso se multipliquem aumentam exponencialmente. Ganham os estudantes, suas famílias, nossa economia e sociedade. O problema é que essa maioria silenciosa não está organizada para exigir reformas corajosas no campo da educação. Portanto, ao fechar este livro, eu espero que o leitor tenha revisto suas convicções sobre por que ainda patinamos quando o assunto é a qualidade da educação pública. E que possa cobrar, de forma mais informada, medidas efetivas para transformar a vida de crianças e jovens que merecem a chance de aprender e prosperar nesse país maravilhoso que é o Brasil. Oxalá.

Epílogo

Para não dizer que não falei das... habilidades socioemocionais

"Quantos de vocês fizeram o simulado?", pergunta a diretora Sakina Pitts a um grupo de mais ou menos duzentos alunos aglomerados no teatro da escola Chancellor Avenue, em Newark, Nova Jersey. Quase todos levantam as mãos. Então, ela pergunta: "Quantos alcançaram as suas metas nessa prova?" Mais ou menos um terço dos estudantes levanta a mão. "Quantos querem voltar a fazer a prova para conseguir uma nova nota?" Mais da metade ergue o braço. Satisfeita, ela dispensa os estudantes com palavras de incentivo. São 8h40 da manhã e eles estão prestes a começar mais um dia de aulas, uma terça-feira do início de março. Como de costume, todos os 545 estudantes passam pelo teatro antes do começo das aulas, às 8h45. Ali, eles ouvem os recados diários e partem para as classes em seguida. Os últimos a serem liberados são os mais velhos, que têm entre 11 e 13 anos, justamente os que foram questionados por Sakina.

Entre repetições da expressão *"You got it!"* [É isso aí!] a cada dois minutos, Sakina explica a empolgação com a resposta dos alunos enquanto conversamos em sua sala: "A disposição de fazer os simulados várias vezes mostra que os estudantes estão com vontade de perseguir um desempenho melhor", diz ela. "Eles não compreendem as notas como algo determinístico sobre sua inteligência, mas apenas como um ponto que mede sua trajetória. Eles sabem que podem melhorar." A diretora está preocupada em mudar a mentalidade dos estudantes. E isso pode impactá-los pela vida inteira.

A escola Chancellor não é um modelo de aprendizagem. É uma escola típica da periferia de Newark, a maior cidade do estado de Nova Jersey. As crianças vêm majoritariamente de famílias pobres e são quase todas negras, um símbolo da típica separação racial comum a cidades norte-americanas. O que há de especial na Chancellor é seu caráter experimental. Essa escola é um dos laboratórios de pesquisa da ONG Turnaround for Kids, sediada em Manhattan. O trabalho da Turnaround é justamente pesquisar sobre o que pode ser feito dentro das escolas para desenvolver a personalidade dos estudantes em regiões pobres e violentas. Um dos principais objetivos é fazer com que migrem do que os psicólogos e neurocientistas chamam de uma mentalidade fixa para uma mentalidade de crescimento.

Quantas vezes ouvimos de estudantes frases como "Eu não consigo aprender matemática" ou até "Eu não sou inteligente como fulano"? Carol Dweck, psicóloga da Universidade Stanford, passou toda a sua carreira acadêmica estudando o impacto desse tipo de mentalidade na vida das pessoas. Esse comportamento denota uma crença de que a inteligência é inata como a cor dos olhos. Isso é o que Dweck chama de mentalidade fixa. E ela dificulta o aprendizado e o desenvolvimento de novas habilidades. A mentalidade de crescimento é o inverso. Trata-se do comportamento de quem compreende que inteligência se adquire conforme aprendemos mais. E esse jeito de encarar o aprendizado tem base na neurociência.

Desenvolvimentos recentes da neurociência dão conta de que o cérebro é ainda mais maleável do que se pensava. O exemplo da Chancellor e de outras escolas com as quais a ONG Turnaround for Kids trabalha mostra que os estudantes passam a ter menos medo de arriscar e parecer "burros" quando compreendem que inteligência se adquire com prática e esforço. Para isso, professores ensinam e reforçam constantemente a ideia de que o cérebro é feito por conexões entre neurônios e, quanto mais informações novas o indivíduo adquire, mais conexões entre neurônios ele cria. Assim, o cérebro se torna mais desenvolvido.

Um experimento de 2006 com taxistas de Londres é elucidativo quanto à capacidade do cérebro de evoluir com novas informações. Para ser aprovado como taxista, os londrinos passam por um difícil teste para medir o conhecimento das ruas e bairros da capital inglesa. O experimento mostrou que taxistas aprovados possuem a parte frontal do hipocampo, a área do cérebro responsável pela memória espacial, muito mais desenvolvida do que a de motoristas de ônibus. E as conexões neurais no hipocampo aumentavam mais nos taxistas do que nos motoristas de ônibus conforme adquiriam experiência. Por terem estudado profundamente a cidade de Londres e depois navegado por ela de forma aleatória, sempre encontrando novidades, os taxistas desenvolviam mais a parte do cérebro relacionada com conhecimento espacial e se tornavam, portanto, "mais inteligentes" nessa área. Ou seja, inteligência se adquire com prática.

Especialistas da Turnaround for Kids levam conceitos como esse aos professores das escolas apoiadas. O objetivo da ONG não é apoiar um número grande de escolas para expandir suas práticas o máximo possível. A Turnaround usa as escolas que apoia como laboratórios para testar que tipo de formação de professores produz efeitos na motivação, no controle do estresse e em outras habilidades socioemocionais dos estudantes.

A ONG nasceu em Nova York após a tragédia de 11 de setembro de 2001. A neurocientista especializada em trauma infantil Pamela Cantor foi contratada como consultora pela prefeitura de Nova York no ano do atentado terrorista às torres gêmeas do World Trade Center. O seu trabalho seria investigar se estudantes da rede pública da cidade haviam desenvolvido algum trauma devido ao terrorismo. A Dra. Pamela, como as pessoas costumam chamá-la, liderou um dos maiores estudos epidemiológicos em escolas de todos os tempos. E concluiu que as crianças da rede pública de Nova York não tinham trauma por conta da tragédia do World Trade Center. O trauma era localizado nas escolas dos bairros mais pobres e violentos e tinha a ver com o seu dia a dia adverso. Pamela concluiu que mais de noventa escolas tinham uma cultura nitidamente negativa, onde práticas violentas detonavam uma espécie de gatilho no cérebro de boa parte das crianças e impedia que elas se concentrassem. Elas simplesmente paravam de raciocinar quando eram submetidas a níveis altos de estresse negativo. Atitudes como gritar com estudantes, colocá-los em situação humilhante (como o bullying) ou tirá-los de sala de aula desencadeavam o processo. O problema é que essas situações são bastante comuns em salas de aula de escolas públicas e privadas, em Nova York e pelo Brasil também.

Ao longo dos últimos quinze anos, a Dra. Pamela e sua diminuta equipe receberam doações de milionários como Mark Zuckerberg, fundador do Facebook, para continuar a fazer pesquisas focadas em entender as habilidades de que os professores precisam para reduzir o impacto desse trauma. Ela descreve o trabalho de sua organização ao longo dos anos como retirar as camadas de uma cebola. Quanto mais fundo a sua fundação vai na investigação da mentalidade dos estudantes mais vulneráveis, mais complicações encontra.

De início, a hipótese da Turnaround era a de que bastava identificar as crianças mais problemáticas e tratá-las pontualmente. Afinal, um número pequeno de estudantes monopolizava o tempo e a energia dos professores. Pamela e sua equipe pensavam que, se os problemas desses alunos fossem resolvidos e eles passassem a se comportar e a aprender, o ambiente negativo típico de algumas salas de aula seria resolvido. Doce ilusão. A conclusão a que chegaram foi que, com frequência, os professores precisavam mudar sua postura em relação a todos os alunos da classe, e não apenas os mais "problemáticos". Até porque, quando um deles deixava de ser o principal causador de estresse na sala, outros surgiam para tomar esse lugar de destaque.

Depois, a ONG começou a colher resultados mais satisfatórios com uma série de ações específicas para aliviar o trauma de estudantes. O trabalho de Pamela finalmente mostrou que a maneira mais eficaz de neutralizar o trauma escolar é o desenvolvimento de uma relação de confiança entre aluno e professor. O termo-chave aqui é segurança emocional, das crianças e adolescentes, promovido por professores e diretores. E a Turnaround tem sido bem-sucedida na tarefa de preparar os mestres para que criem um ambiente de segurança emocional, com cursos de formação de professores que transformaram práticas agressivas e autoritárias em atitudes acolhedoras.

Mas logo a equipe de pesquisa da ONG notou que um ambiente mais acolhedor levava os estudantes a irem além de apenas não serem paralisados por traumas que os impediam de pensar. Quando os alunos se sentiam emocionalmente seguros na sala de aula, eles desenvolviam novas características positivas, como o reconhecimento dos seus próprios defeitos e virtudes e em seguida a tal mentalidade do crescimento que vimos no começo deste epílogo.

A suspeita de que algumas habilidades levavam a outras fez com que Pamela delegasse à pesquisadora Brooke Stafford-Brizard a tarefa de conduzir outro estudo. Brooke era consultora independente de educação e hoje é diretora da ONG de Chan Zuckerberg, esposa do fundador do Facebook. No estudo encomendado por Pamela, Brooke deveria avaliar mais a fundo quais eram as características que levavam o melhor desempenho escolar e como elas eram adquiridas. Brooke constatou que, para que um aluno desenvolvesse habilidades pessoais desejáveis, como curiosidade, resiliência, persistência e "mentalidade de crescimento", ele precisava antes adquirir outras, como o senso de pertencimento ao ambiente escolar típico de classes emocionalmente seguras, autocontrole e gestão do nível de estresse. As habilidades funcionavam essencialmente como blocos de Lego: uma encaixava na outra, como mostra a imagem seguinte, síntese da principal conclusão do estudo de Brooke.

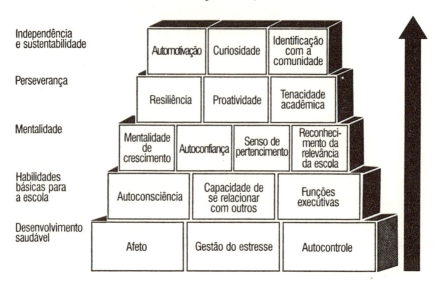

Pesquisas como as da Turnaround estão apenas no começo. Instituições e pesquisadores pelo mundo estão tateando sobre a ciência de ensinar aos professores como desenvolver em seus alunos características e comportamentos que os levarão a obter mais sucesso acadêmico, pessoal e até profissional. Embora programas com esse fim sejam embrionários, alguns resultados preliminares desses esforços são animadores, principalmente para crianças e adolescentes que vêm de origens mais pobres e violentas.

A psicóloga Sara Heller, professora da Universidade de Michigan, e outros cinco coautores realizaram um dos experimentos mais interessantes que já vi sobre como o comportamento de estudantes impacta seu desempenho.[1] Um dos alvos do estudo, que é de maio de 2015, foi o programa Becoming a Man [Tornando-se homem], nas periferias violentas de Chicago. O programa foca em jovens estudantes do sexo masculino que vivem em bairros com alta criminalidade e costumam ser recrutados por malfeitores, correndo inclusive o sério risco de morrer ou serem presos. O objetivo do programa é pura e simplesmente fazer com que esses jovens não ajam por instinto no dia a dia escolar e sim com base em decisões racionais. Por crescerem em locais violentos, os alunos naturalmente criam um instinto reativo e beligerante, que com frequência os indispõem com os professores, parentes e colegas. Fazer com que pensem mais e tomem menos decisões por instinto prometia afastá-los de encrenca. Um exemplo de como o programa tentava fazer os estudantes agirem de forma mais racional é a dinâmica da bola.

O grupo de adolescentes é dividido em pares e uma pessoa em cada par recebe uma bola. O outro recebe a instrução de pegar a bola durante os próximos trinta segundos. Praticamente todos os estudantes usam de força bruta para tomar o objeto dos braços do colega, que em geral resiste. Depois do exercício, os instrutores perguntam inocentemente aos que tentaram pegar a bola de maneira brusca: "Por que você simplesmente não pediu?" A resposta é sempre que o outro estudante não iria entregá-la, caso tivesse pedido. Então, o instrutor vira para o outro menino e questiona: "Você teria entregado a bola se o seu colega tivesse pedido?" A resposta é quase que invariavelmente a mesma: "Claro! É apenas uma maldita bola!"

Exercícios como esse fazem com que os adolescentes pensem nos seus atos. A ideia é que sejam mais conscientes, um dos blocos da pesquisa da Turnaround (que não tem qualquer envolvimento com esse programa ou estudo). Note-se que a estratégia passa longe de falar aos jovens que eles deveriam se comportar de forma X ou Y ou de explicitamente cobrar deles uma atitude mais responsável. São só provocações, em sessões de uma hora, uma vez por semana, durante um ano. Os resultados das medições feitas em uma turma do ano letivo de 2009-10 e outra de 2013-14[2] são impressionantes. Os estudantes que participaram, selecionados aleatoriamente para evitar algum viés no resultado, têm taxa de prisão entre 28% e 35% menor do que os que não participaram, e o aumento no percentual de estudantes que se formam é de 12% e 19%.

O estudo de Sara Heller deriva das pesquisas que fundaram um campo novo, misturando economia, psicologia e neurociência:

a chamada economia comportamental. Estudos sobre a diferença entre atitudes instintivas e racionais renderam um prêmio Nobel de Economia a um psicólogo, Daniel Kahneman. Para quem quiser saber um pouco mais sobre a fascinante história de Kahneman e seu companheiro acadêmico mais próximo (e, dizem, até mais brilhante), Amos Tversky, vale a pena ler o livro *O Projeto Desfazer*, do jornalista americano Michael Lewis, lançado no Brasil em 2017. Aliás, nesse mesmo ano outro pesquisador de economia comportamental ganhou o Nobel: Richard Thaler.

Experimentos como o de Sara Heller, seguindo o ideário de Kahneman e Tversky, têm o enorme potencial de revelar como mudar o comportamento de jovens que estão à beira do precipício, como os desses bairros perigosos de Chicago. Essas pesquisas deveriam servir de incentivo para o desenvolvimento de programas semelhantes nas periferias de grandes centros urbanos no Brasil.

Este livro não se aventurou profundamente nesses temas comportamentais e socioemocionais porque aqui o buraco é mais embaixo. Não se trata "apenas" de políticas públicas para que estudantes aprendam mais português, matemática ou ciências, como as que felizmente estão a pipocar por todo o país. Políticas públicas como Becoming a Man são a fronteira do combate à criminalidade pela educação. A aplicação dos estudos da Turnaround muda todo o modo de pensar típico de professores e alunos. Outras pesquisas do campo da economia comportamental mexem com o subconsciente de classes marginalizadas, como as de membros de castas mais baixas na Índia, cujo estigma afeta até a maneira como as próprias pessoas se veem e as aspirações que têm para si. Lendo sobre esses estudos, não pude deixar de traçar paralelos com a diferença entre os moradores da favela e do "asfalto" no Rio de Janeiro.

No Brasil, há esforços de ONGs e acadêmicos para tratar de violência e comportamento dentro da escola, mas, como em outros lugares do mundo, essa pauta está apenas engatinhando. A pesquisadora Telma Vinha, da Unicamp, referência nos estudos sobre como tornar o ambiente escolar mais acolhedor e menos violento, tem feito um baita esforço para levar a pauta adiante, mas sem muito apoio de formuladores de políticas públicas — apenas de escolas pontuais, como as que apoia em Campinas e Paulínia, no interior de São Paulo. Pudera. O campo, embora de imensa importância, é frequentemente tratado como desenvolvimento moral ou educação em valores, o que faz o assunto parecer chato, datado e prescritivo. Mas a verdade é que o trabalho de Telma e de seus colegas no grupo de pesquisa sobre o assunto toca em temas fundamentais para o desenvolvimento dos alunos: a mediação dos conflitos entre os estudantes e entre eles e os professores, o excesso de agressividade e autoritarismo com os alunos, o desenvolvimento da autonomia desses jovens etc. Temas--chave para a convivência escolar e a aquisição de características necessárias para o sucesso futuro de nossas crianças e adolescentes.

O Instituto Ayrton Senna (IAS) elegeu as habilidades socioemocionais como tema central da sua atuação. Nos anos 1990 e 2000, a organização liderou um esforço bem-sucedido de redução da distorção idade-série e de melhoria na alfabetização. O IAS tem, portanto, um histórico de realizações. Mas os resultados nas habilidades socioemocionais ainda são incipientes. O caso de sucesso mais emblemático de que o instituto dispõe é uma única escola de tempo integral na rede fluminense — o Colégio Estadual Chico Anísio, no bairro do Andaraí, cidade do Rio de Janeiro, que ainda por cima faz provas de seleção para o ingresso de alunos. Eles têm testado materiais didáticos que tratam dessas competências em diversas redes onde atuam pelo Brasil, mas é cedo para avaliar os resultados.

Outras organizações, como o Instituto Inspirare, também têm dado muita atenção ao desenvolvimento de competências que não são puramente cognitivas, sobretudo na esteira da Base Nacional Comum Curricular. A base curricular se estrutura a partir de dez competências que dialogam muito com os conceitos socioemocionais citados acima. A presença desses conceitos no documento, no entanto, de forma alguma garante que essas ideias chegarão à ponta.

O maior desafio agora é ensinar os professores a desenvolver essas habilidades pedagogicamente – isso quando nem os pesquisadores do tema têm total clareza sobre como fazê-lo.

***

Este livro foi finalizado em tempos sombrios. Entre 2016 e 2018, grandes estados brasileiros, como Rio de Janeiro e Pernambuco, ambos com políticas educacionais tratadas aqui, enfrentaram pioras significativas das condições de segurança pública. As notícias de escolas cariocas que fecham por conta de tiroteios estão ficando repetitivas. Entre julho de 2016 e julho de 2017, 381 escolas municipais ou estaduais da cidade do Rio de Janeiro fecharam por pelo menos um dia por conta de tiroteios.[3] Em 157 dos duzentos dias de ano letivo, alguma escola ou creche fechou por violência.

As habilidades socioemocionais são de importância primordial nesse contexto de criminalidade crescente. Elas podem ajudar a afastar jovens da violência, dos subempregos, da vida precária e infeliz. Este epílogo se dispõe a apontar o tema como crucial para ser desenvolvido em trabalhos futuros e, sobretudo, por políticas públicas sérias e abrangentes, embora naturalmente experimentais. Ainda que essas habilidades não tenham sido foco deste livro-reportagem, o assunto merece atenção cuidadosa ao longo dos próximos anos. Talvez, se o Brasil sair em vantagem nesse campo, possa pegar um atalho no aprendizado das disciplinas tradicionais e se aproximar dos melhores sistemas educacionais do planeta.

Agradecimentos

É difícil fugir de clichês na parte de agradecimentos de um livro. Ainda mais de um livro-reportagem, que depende tanto da generosidade de outras pessoas. Mas vou contar uma história aqui, como fiz com os diversos personagens que apareceram ao longo desta narrativa.

A ideia de escrever esta obra nasceu no lugar mais diferente das escolas públicas que se poderia imaginar: o salão de festas do Hotel Copacabana Palace. Foi lá que recebi o Prêmio Esso de Jornalismo, na categoria Educação, em 2014. Durante o coquetel, a querida Cristiane Costa, que foi minha professora de jornalismo na UFRJ, fez a seguinte provocação, referindo-se à reportagem que escrevi para a revista *Exame* e que me rendeu o prêmio: "Essa reportagem merecia virar um livro." Cris trabalha há muitos anos em grandes editoras e tem tino para o negócio. Eu adorei a ideia. Fiz um projeto de livro que aprofundava vários assuntos abordados na reportagem de *Exame* e fui à luta, em busca de uma editora. Cris despertou uma vontade enorme de fazer esse livro acontecer. Por isso, agradeço primeiramente a ela.

Naquele mesmo dia, meu pai, Fernando Tadeu, foi até a porta do Copacabana Palace e me deu um abraço apertado de parabéns. Ele não quis entrar para me ver ganhando o prêmio porque não suportava as formalidades – depois de se aposentar como engenheiro e virar mergulhador em tempo integral, decidiu que não mais usaria roupa social! Pego aqui uma tangente nessa história para agradecer também a ele. A verdade é esta: tudo de especial que eu tento fazer na minha trajetória tem como sua mais genuína e sincera intenção orgulhar meu pai. Ele é e sempre será a pessoa que mais admiro nesta vida.

Desde que me empolguei com a ideia do livro, no dia do Prêmio Esso, até a entrega das últimas provas à Editora Record, tive uma incentivadora principal: Camila Camilo, minha esposa. Paciente nos momentos de maior ansiedade com este trabalho, Camila também foi sincera e crítica nas leituras dos capítulos desde quando eles ainda eram esboços. Ela me inspira com sua paixão pela educação – e também com sua trajetória de superação de obstáculos por meio dos estudos. Além de ser uma gata! Agradeço a ela por seu amor e companheirismo.

Logo que comecei a apuração e escrita desta obra, precisei do apoio da revista *Exame*, onde eu trabalhava. O diretor de redação, André Lahóz, e meu editor-executivo, José Roberto Caetano (vulgo Beto), foram bons chefes e me incentivaram. André concordou que eu tirasse uma licença para fazer as viagens e o levantamento de dados que o início do processo exigia. Com o Beto, tive longos papos sobre que caminho seguir na narrativa da obra. Lembro com carinho do trabalho com os dois.

Durante o tempo que passei na Universidade de Columbia, pesquisei e escrevi a maior parte deste livro. Foi muito útil conversar com os economistas interessados em educação e professores daquela universidade: Rodrigo Reis Soares, Henry Levin, Miguel Urquiola, Karla Hoff e Jonah Rockoff. Mas um grande amigo que fiz neste período em Columbia merece agradecimento especial: o jornalista João Villaverde.

Com ele, dividi as dúvidas típicas de escrever um livro-reportagem. Enquanto eu estava às voltas com *País mal educado*, ele escrevia *Perigosas pedaladas*, sobre as pedaladas fiscais do governo Dilma – João foi um dos primeiros jornalistas a revelar as manobras daquele governo, enquanto cobria o Ministério da Fazenda para *O Estado de*

S. Paulo em Brasília. Trocamos muito sobre nossas experiências e viramos bons amigos. João me ajudou a acreditar no potencial deste livro. E agradeço a ele por isso. Para mim, aliás, foi uma honra saber que ele estava lendo os originais quando sua esposa, Barbara Pombo, anunciou que estava grávida do Teodoro, primeiro filho do casal. Talvez por isso ele me tenha dito que gostou do livro.

Outras pessoas merecem um agradecimento por terem dedicado horas a ler e comentar capítulos específicos ou todo o livro. Falo do economista André Portela, da jornalista Camila Pereira, da ex--ministra Cláudia Costin, da educadora Neca Setúbal, da ativista Priscila Cruz e do jornalista Tiago Lethbridge. E, é claro, Eduardo Giannetti da Fonseca, uma das pessoas mais inteligentes com quem já conversei, que assina a orelha do livro.

Ainda em 2015, os pesquisadores Ernesto Martins Faria e Leonardo Rosa me ajudaram a navegar pelos dados. O advogado Felipe Nunes me auxiliou nas questões jurídicas. Os jornalistas Malu Gaspar, Vicente Vilardaga e Roberta Paduan e a economista Monica de Bolle abriram portas importantes com editoras. Malu, aliás, além de me dar ótimas dicas com base no extraordinário livro-reportagem sobre Eike Batista que ela publicou pela Editora Record, me apresentou ao editor Carlos Andreazza, que me acolheu nesta casa. Andreazza e a editora Duda Costa trataram este livro com muito carinho. Agradeço enormemente a eles.

Não posso deixar de agradecer também a quem me dá sustentação nesta vida e torce da arquibancada: a família. Minha mãe, Deuza, meu tio Sérgio (que é meu segundo pai), meus três irmãos e muitas outras pessoas que não cito aqui para não amolar o leitor.

Por fim, quero destacar a atenção que recebi de especialistas, acadêmicos, estudantes, professores, diretores, técnicos e políticos durante as inúmeras conversas que tive. Definitivamente, as experiências mais prazerosas desta jornada foram quando pude visitar as escolas. Não se pode entender os reais desafios da educação brasileira sem vê-los de perto. Presenciei e ouvi sobre situações estarrecedoras, mas também vi muito empenho em fazer um bom trabalho. Quero esclarecer que o título deste livro de forma alguma visa desmerecer o trabalho competente que muitos profissionais da educação fazem Brasil afora. *País mal educado* se propõe a atentar para uma série de falhas que podem ser consertadas por meio de boas políticas públicas. Essas falhas são a causa dos indicadores lamentáveis de aprendizado que temos no Brasil. Será preciso muita responsabilização e apoio aos profissionais de educação para mudar esse quadro. Com a ajuda de tanta gente especial que mencionei aqui, e de muitas outras não mencionadas, espero ter levantado um importante debate sobre a qualidade da educação básica no Brasil. Aos leitores que chegaram até aqui, estendo meus sinceros e entusiasmados agradecimentos.

Notas

Introdução

1. Censo de Educação Básica 2017.

1. O que sabem as crianças e os adolescentes em escolas públicas brasileiras?

1. Palestra realizada no dia 11 de abril de 2017, na Universidade Columbia, durante as semanas que a ex-presidente Dilma Rousseff passou nos EUA fazendo palestras em universidades americanas.
2. Disponível em: <http://www.meionorte.com/noticias/policia/grande-dirceu-tem-menos-de-um-policial-militar-para-cada-mil-habitantes-267295>.
3. Disponível em: <http://www.meionorte.com/blogs/efremribeiro/homem-e-assassinado-a-tiros-na-regiao-do-grande-dirceu-311905>.
4. Disponível em: <http://180graus.com/ronda-180/acusado-de-assalto-e-amarrado-por-populares-em-teresina-e-e-linchado>.
5. Essa era a nota vigente durante a minha visita aos dois estados e, portanto, representa o desempenho aproximado dos alunos naquele momento.
6. Os resultados dos alunos na Prova Brasil podem ser medidos de acordo com uma escala (a Escala Saeb). O movimento Todos pela Educação e o portal agregador de dados Qedu, que também disponibiliza esses dados, segmentam a escala em quatro níveis de proficiência: insuficiente, básico, proficiente e avançado. Os dois últimos são considerados níveis adequados de aprendizado.

7. Em Sobral, 95 adolescentes responderam ao questionário. Em Teresina, foram 66. Usando uma simples calculadora de amostra, necessária para que o resultado seja estatisticamente significativo (http://www.surveysystem.com/sscalc.htm), é possível concluir que os resultados do questionário são válidos a um nível de confiança de 95%, com intervalo de confiança de 10% para Sobral e 12% para Teresina. Ou seja, mesmo no limite desse gigantesco intervalo de confiança, os alunos de Sobral ainda consideram seus professores mais interessados no seu aprendizado do que os de Teresina.
8. Numa comparação baseada no Ideb de 2013 e no Pisa de 2012.
9. Resultado da Avaliação Nacional de Alfabetização realizada no final de 2013.
10. Dados do Ideb de 2015 extraídos da plataforma Qedu. Apenas 68,8% das crianças passam de ano no 3º ano do ensino fundamental em Salvador.
11. Dados consultados na plataforma Qedu.
12. Resultado da Avaliação Nacional de Alfabetização realizada em 2016.

2. Antigamente, na verdade, era pior

1. VIDAL, Diana Gonçalves; FARIA FILHO, Luciano Mendes de. Reescrevendo a história do ensino primário: o centenário da lei de 1827 e as reformas Francisco Campos e Fernando de Azevedo. *Educação e Pesquisa*, São Paulo, v. 28, n. 1, p. 31-50, jan./jun. 2002.
2. CARVALHO, Carlos Henrique de; CARVALHO, Luciana Beatriz de Oliveira. Educação e modernização em Minas Gerais: os princípios da reforma Francisco Campos (1926-1930). *Revista HISTEDBR On-line*, Campinas, n. 51, p. 139-156, jun. 2013.
3. ABREU, Geysa Spitz Alcoforado de; MINHOTO, Maria Angélica Pedra. Política de admissão ao ginásio (1931-1945): conteúdos e forma revelam segmentação do primário. *Revista HISTEDBR On-line*, Campinas, n. 46, p. 107-118, jun. 2012.
4. SCHWARTZMAN, Simon; BOMENY, Helena Maria Bousquet; COSTA, Vanda Maria Ribeiro. *Tempos de Capanema*. Editora FGV, 2000, p. 210.
5. Idem, p. 195.
6. NEGRI, Barjas. *O financiamento público da educação básica no Brasil*: 1988-2012. São Paulo: SEADE/FDE, 2014.

7. Expressão francesa popular entre economistas e que simboliza mercado sem intervenção governamental marcante.
8. O título era "Um estudo em crescimento econômico: o caso brasileiro".
9. Instituto Brasileiro de Geografia e Estatística.
10. CARRIELO, Rafael. O liberal contra a miséria. *Piauí*, nov. 2012. Disponível em: <http://revistapiaui.estadao.com.br/materia/o-liberal-contra-a-miseria/?hc=YzI2ZWU2MWQ3ZDNkODRiOWRkNzFlOTc3ZDhi YTk0MzM>.
11. BANERJEE, Abhijit; DUFLO, Esther. *Poor Economics*: A Radical Rethinking of the Way to Fight Global Poverty. Nova York: PublicAffairs, 2011, p. 77.
12. UNESCO. Mobral — The Brazilian Adult Literacy Experiment. 1975. Disponível em: <http://unesdoc.unesco.org/images/0001/000119/011905eo.pdf>.
13. Acervo *O Globo*. Disponível em: <http://acervo.oglobo.globo.com/em-destaque/criado-na-ditadura-por-medici-em-1970-mobral-queria-erradicar-analfabetismo-17468183>. Acesso em: 10 abr. 2016.
14. BARRO, Robert J.; LEE, Jong-Wha. *Education Matters*: Global Schooling Gains from the 19th to the 21st Century. Nova York: Oxford University Press, 2015.
15. As quebras no acesso à educação primária no Brasil entre 1940 e 1945 e entre 1965 e 1970 se devem a redefinições do conceito de educação primária feitas nesses períodos.
16. FERRARI, Bruno. O caminho para a riqueza. *Revista Exame*, 7 ago. 2013.
17. LEE, Jong-Wha. Education growth and human development in the Republic of Korea, 1945-1992. Occasional Paper 24, 1997. Disponível em: <http://hdr.undp.org/sites/default/files/jong-wha_lee.pdf>.
18. Idem, p. 7.
19. POSTERNAK, Leo. *A teoria do capital humano no Brasil*: pioneirismo, resistências e sua recente influência na formulação de políticas sociais. Tese (Doutorado em Ciências Sociais). Rio de Janeiro: PUC-Rio, 2014.
20. Note-se que a dedicatória neste livro em específico não é mera coincidência. *Capitães de areia* retrata a história de jovens que não estudavam e viviam nas ruas em Salvador.

21. NUNES, Clarice. Anísio Teixeira entre nós: a defesa da educação como direito de todos. *Educação & Sociedade*, ano XXI, n. 73, dez. 2000.
22. Disponível em: <http://agenciabrasil.ebc.com.br/geral/noticia/2016-03/professor-diz-que-anisio-teixeira-pode-ter-sido-morto-por-torturadores>.
23. MACHADO, Maria Cristina Gomes. *Rui Barbosa*. Recife: Fundação Joaquim Nabuco/Massangana, 2010.
24. SOKOLOFF, Kenneth; ENGERMAN, Stanley. History Lessons: Institutions, Factor Endowments and Paths of Development in the New World. *The Journal of Economic Perspectives*, v. 14, n. 3, p. 217-232, 2000.
25. LINDERT, Peter. *Growing Public*: Social Spending and Economic Growth Since the Eighteenth Century. Cambridge: Cambridge University Press, 2004. cap. 5.
26. CARVALHO, José Murilo de. *Cidadania no Brasil*: o longo caminho. 3. ed. Rio de Janeiro: Civilização Brasileira, 2002.
27. OLIVEIRA, Romualdo Portela de; ARAÚJO, Gilda Cardoso de. Qualidade do ensino: uma nova dimensão da luta pelo direito à educação. *Revista Brasileira de Educação*, n. 28, 2005.
28. NEGRI, Barjas. *O financiamento público da educação básica no Brasil*: 1988-2012. São Paulo: SEADE/FDE, 2014.
29. BARROS, Ricardo Paes de; LAM, David. Income Inequality in Education and Children's Schooling Attainment in Brazil. Ipea. Série Textos para Discussão, ed. 294, mar. 1993.
30. BARROS, Ricardo Paes de; MENDONÇA, Rosane. *O impacto da educação dos pais sobre o bem-estar dos filhos*. Trabalho apresentado no XXIV Encontro Anual da ANPOCS, Petrópolis/RJ, out. 2000.
31. BARROS, Ricardo Paes de; CARVALHO, Mirela de; FRANCO, Samuel. Raízes e estratégias para a redução da desigualdade no Brasil. Seminário Distribuição de Renda na América Latina. São Paulo, ago. 2005.
32. REIS, Mauricio Cortez; RAMOS, Lauro. Escolaridade dos pais, desempenho no mercado de trabalho e desigualdade de rendimentos. *Revista Brasileira de Economia*, Rio de Janeiro, v. 65, n. 2, abr.-jun. 2011.
33. Ver exemplos em <http://jenni.uchicago.edu/papers/earlychildhood.html> e <http://developingchild.harvard.edu/resourcecategory/reports-and-working-papers>.
34. SCOPEL, Ramilla Recla; SOUZA, Valquíria Conceição; LEMOS, Stela Maris Aguiar. A influência do ambiente familiar e escolar na aquisi-

ção e no desenvolvimento da linguagem: revisão de literatura. *Revista CEFAC*, v. 14, n. 4, p. 732-741, jul.-ago. 2012.
35. ROCHA, Rudi; FERRAZ, Claudio; SOARES, Rodrigo Reis. Human Capital Persistence and Development. *Discussion Paper Series*, Institute of the Study of Labor (IZA), jun. 2015. Disponível em: <http://ftp.iza.org/dp9101.pdf>.
36. Como a educação brasileira se compara ao mundo no Pisa. *Exame.com*, 3 dez. 2013. Disponível em: <http://exame.abril.com.br/brasil/noticias/como-a-educacao-brasileira-se-compara-ao-mundo-no-pisa>.
37. Ver mais em: <http://ideb.inep.gov.br/resultado/resultado/resultado-Brasil.seam?cid=3030340>.
38. Relatório do Pisa sobre o Brasil, dez. 2017. Disponível em: <http://www.oecd.org/pisa/pisa-2015-Brazil.pdf>.
39. GOIS, Antônio. Pesquisas provam que repetência não traz benefício algum ao aluno. *O Globo*, 11 jan. 2016. Disponível em: <http://glo.bo/1U690MS>.
40. HATTIE, John. *Visible Learning*. Londres: Routledge, 2008.
41. BACCHETTO, João Galvão. O Pisa e o custo da repetência no Fundeb. *Ensaio: Avaliação e Políticas Públicas em Educação*, Rio de Janeiro, v. 24, n. 91, p. 424-444, abr./jun. 2016.
42. KLEIN, Ruben; RIBEIRO, Sérgio Costa. A pedagogia da repetência ao longo das décadas. *Ensaio: Avaliação e Políticas Públicas em Educação*, Rio de Janeiro, v. 3, n. 6, p. 55-62, jan.-fev.-mar. 1995.
43. Dados do Censo Escolar 2014. Disponível em: <http://www.qedu.org.br/brasil/taxas-rendimento>.

3. A diferença que faz um bom professor (ou A arte de fazer um estudante falar "Até me esqueci do celular!")

1. HANUSHEK, Eric; KAIN, John; O'BRIEN, Daniel; RIVKIN, Steven. *The Market for Teacher Quality*. Cambridge, MA: National Bureau of Economic Research, fev. 2005.
2. O nome da escola em que Lu foi lecionar especialmente a meu convite não pode ser revelado por medo de que o diretor sofra represálias da Secretaria Estadual de Educação de São Paulo. A equipe de comuni-

cação desse órgão não aceitou a proposta de levar Lu para dar uma de suas aulas especiais em unidade da rede estadual.
3. COLEMAN, James S. et al. *Equality of Education Opportunity*. Washington: National Center for Education Statistics, 1966. p. 22.
4. HANUSHEK, Eric A. *The Education of Negroes and Whites*. Tese (Ph.D.). Cambridge: Massachusetts Institute of Technology, 1968. Disponível em: <https://dspace.mit.edu/handle/1721.1/14585>.
5. HANUSHEK, Eric A. *The Value of Teachers in Teaching*. Santa Monica: Rand Corporation, 1970.
6. HANUSHEK, Eric A. The Failure of Input-Based Schooling Policies. *The Economic Journal*, n. 113, fev. 2003.

4. Quem quer ser professor?

1. Os dados são divulgados no site da Universidade de São Paulo. Lá, estão disponíveis as relações candidato/vaga de todos os anos, inclusive 2016. Ver: <http://bit.ly/24sntej>.
2. Essas são as notas da Fuvest transpostas para uma escala de 0 a 100 sem o bônus. Os bônus são pontos adicionais recebidos por negros, pardos, indígenas e alunos de escola pública como parte do programa de cotas que a USP adota desde 2013.
3. Até 2016, último dado verificado.
4. Disponível em: <http://agenciabrasil.ebc.com.br/educacao/noticia/2016-03/quase-40-dos-professores-no-brasil-nao-tem-formacao-adequada>. Acesso em: 30 mar. 2016.
5. GATTI, Bernardete; BARRETTO, Elba Siqueira de Sá (Org.). *Professores do Brasil*: impasses e desafios. Brasília: Unesco, 2009.
6. GATTI, Bernardete; NUNES, Marina. *Formação de professores para o ensino fundamental*: estudo de currículos das licenciaturas em pedagogia, língua portuguesa, matemática e ciências biológicas. São Paulo: Fundação Carlos Chagas, 2009.
7. Em pedagogia, Bernardete observou que 20,7% das disciplinas obrigatórias eram de didáticas específicas — ou seja, como ensinar os conteúdos típicos dos primeiros anos do ensino fundamental —, mas a sua crítica se dá, sobretudo, pela escolha dos teóricos que são

abordados nos cursos. Geralmente, aqueles que pesquisam didática são deixados de lado.
8. CALDERANO, Maria da Assunção. *Docência compartilhada entre universidade e escola*: formação no estágio curricular. São Paulo: Fundação Carlos Chagas, 2014.
9. SHIGUNOV NETO, A.; MACIEL, L. S. B. O ensino jesuítico no período colonial. *Educar*, Curitiba, n. 31, p. 169-189, 2008.
10. MARCILIO, Maria Luiza. *História da escola em São Paulo e no Brasil*. São Paulo: Instituto Fernand Braudel de Economia Mundial, 2005. p. 21.
11. Idem.
12. TANURI, Eleonor Maria. História da formação de professores. *Revista Brasileira de Educação*, n. 14, 2000.
13. MARCILIO, Maria Luiza. *História da escola em São Paulo e no Brasil*. São Paulo: Instituto Fernand Braudel de Economia Mundial, 2005. p. 84.
14. TANURI, Eleonor Maria. História da formação de professores. *Revista Brasileira de Educação*, n. 14, 2000.
15. Lei de Diretrizes e Bases de 1996. Disponível em: <http://www.famasul.edu.br/2015/arquivos_pdf/106.pdf>.
16. VIEIRA, Suzane da Rocha. A trajetória do curso de pedagogia: de 1939 a 2006. I Simpósio Nacional de Educação. 2008. Disponível em: <http://www.unioeste.br/cursos/cascavel/pedagogia/eventos/2008/4/Artigo%2013.pdf>.
17. MOURSHED, Mona; CHIJIOKE, Chinezi; BARBER, Michael. *How the World's Most Improved School Systems Keep Getting Better*. Londres: McKinsey & Company, 2010.
18. SAHLBERG, Pasi. *Finnish Lessons 2.0*: What Can the World Learn from Educational Change in Finland? 2. ed. Nova York: Teachers College Press, 2015.
19. Censo de Educação Superior 2014.
20. BRUNS, Barbara; LUQUE, Javier. *Great Teachers: How to Raise Student Learning in Latin America and the Caribbean*. Washington: World Bank, 2015.
21. Cotação de 5 de março de 2016.
22. Essa é a média entre 2007 e 2010.
23. BRUNS, Barbara; LUQUE, Javier. *Great Teachers*: How to Raise Student Learning in Latin America and the Caribbean. World Bank, 2015.

24. *Estudios sobre Formación Inicial Docente (FID) en Chile*. Agencia Calidad de la Educación. Gobierno de Chile, 2015.
25. SALAZER, Paulina. Expertos critican Prueba Inicia por baja participación. *La Tercera*, 20 nov. 2015. Disponível em: <http://bit.ly/1X7jdQh>.
26. SAN MARTÍN, E.; RIVERO, R.; BASCOPÉ, M.; HURTADO, C. ¿Es la Prueba Inicia una medida predictiva de efectividad docente? Resultados preliminares del proyecto Fonide n. F721265. 2015.
27. GATTI, Bernardete; TARTUCE, Gisela Lobo; NUNES, Marina; ALMEIDA, Patrícia Albieri. A atratividade da carreira docente. Realização da Fundação Carlos Chagas sob encomenda da Fundação Victor Civita. 2009.
28. CAMARGO, Rubens Barbosa de; JACOMINI, Márcia Aparecida; ALVES, Thiago. Plano Nacional de Educação e remuneração docente: desafios para o monitoramento da valorização profissional no contexto da meta 17. *Ensaios Pedagógicos*, v. 1, n. 2, 2017.
29. MARTINS, Luísa. Profissão persistência. *Zero Hora*, 16 out. 2015. Disponível em: <http://bit.ly/1Uhdq8U>. Acesso em: 24 mar. 2016.
30. GOIS, Antônio. Salários ainda distantes. *O Globo*, 3 nov. 2014. Disponível em: <http://glo.bo/1R295Wd>. Acesso em: 10 mar. 2016.
31. Portal G1. Disponível em: <http://glo.bo/1SBoI6f>. Acesso em: 10 mar. 2016.
32. Disponível em: <http://bit.ly/1N1k25p>. Acesso em: 8 mar. 2016.
33. Disponível em: <http://glo.bo/1juaR3i>. Acesso em: 24 mar. 2016.
34. Disponível em: <http://glo.bo/1GGWOiK>. Acesso em: 24 mar. 2016.
35. GOIS, Antônio. Concurso para professor no Rio reprova 96% dos candidatos. *O Globo*, 28 out. 2015. Disponível em: <http://glo.bo/1pj17Mx>.
36. Essa pesquisa da consultoria Infojobs, por exemplo, aponta que 56% dos jovens entre 18 e 24 anos preferem um bom plano de carreira a um salário alto. Disponível em: <bit.ly/1mkB9ib>. Acesso em: 24 mar. 2016.
37. MOURSHED, Mona; CHIJIOKE, Chinezi; BARBER, Michael. *How the World's Most Improved School Systems Keep Getting Better*. Londres: McKinsey & Company, 2010.

5. "O professor não dá uma aula ruim porque quer"

1. TEBEROSKY, Anna. *Construção de escritas através da interação grupal: os processos de leitura e escrita, novas perspectivas*. Porto Alegre: Artes Médicas, 1987.

2. Desafios da gestão estadual. Consultoria Macroplan, out. 2014.
3. MOURSHED, Mona; CHIJIOKE, Chinezi; BARBER, Michael. *How the World's Most Improved School Systems Keep Getting Better.* Londres: McKinsey & Company, 2010. p. 75.
4. *Ontario, Canada: Reform to Support High Achievement in a Diverse Context.* OECD, 2010.
5. INGHAM, Adrian; DIAS, Maria Carolina Nogueira. *O sistema de formação de lideranças escolares na Inglaterra: possíveis alternativas para o Brasil.* São Paulo: Fundação Itaú Social/British Council, 2015.
6. ATTEBERRY, A.; LOEB, S.; WYCKOFF, J. Do First Impressions Matter? Improvement in Early Career Teacher Effectiveness. Documento de Trabalho n. 19096. Cambridge, MA: National Bureau of Economic Research, 2013. Disponível em: <http://www.nber.org/papers/w19096>.
7. BRUNS, Barbara; LUQUE, Javier. *Great Teachers.* How to Raise Student Learning in Latin America and the Caribbean. Washington: World Bank, 2015.
8. BRUNS, Barbara. Sem soluções milagrosas. *Exame CEO,* n. 21, ago. 2015.
9. Conselho de classe: a visão dos professores sobre educação no Brasil. Fundação Lemann/Ibope Inteligência, 2014.

6. O que ensinar e quando?

1. SNILSTVEIT, B.; STEVENSON, J.; MENON, R.; PHILLIPS, D.; GALLAGHER, E.; GELEEN, M.; JOBSE, H.; SCHMIDT, T.; JIMENEZ, E. The Impact of Education Programmes on Learning and School Participation in Low - and Middle - Income Countries. *Systematic Review Summary* 7. Londres: International Initiative for Impact Evaluation, 2016. Disponível em: <http://www.3ieimpact.org/media/filer_public/2016/09/20/srs7-education-report.pdf>.
2. Geralmente as redes limitam a escolha a apenas algumas opções, mas quase sempre o professor ou a escola definem que livros irão receber.
3. Parâmetros Curriculares 2007.
4. Cenpec. Currículos para os anos finais do ensino fundamental: concepções, modos de implantação e usos. São Paulo: ago. 2015.
5. Disponível em: <http://www.aprenderebrincar.com/2012/07/atividades-para-o-4-ano-com-fracoes.html>.

6. Disponível em: <http://everydaymath.uchicago.edu/about/em-history/curriculum-research>.
7. Na época, Cid Gomes foi convocado a falar no Congresso após declarações polêmicas sobre os deputados que elegeram Eduardo Cunha para a presidência da casa. Frente aos questionamentos dos parlamentares, Cid disse que eles eram em sua maioria "achacadores", sendo o presidente da casa o principal deles. Cunha, à época muito forte politicamente, exigiu sua demissão. Para muitos, a atitude de Cid Gomes pareceu suicídio político, mas a escolha de "perder a cabeça" foi cuidadosamente planejada. Cid foi ao Congresso decidido a brigar com Eduardo Cunha e sabendo que seria demitido caso isso acontecesse. Pouco mais de um ano e meio depois, Cunha acabaria preso, alvo da Operação Lava Jato.
8. Disponível em: <http://www1.folha.uol.com.br/educacao/2015/12/1715594-educadores-veem-excessos-em-nova-base-curricular-brasileira.shtml>.
9. Disponível em: <http://www1.folha.uol.com.br/ilustrissima/2015/11/1703011-proposta-do-mec-para-ensino-de-historia-mata-a-temporalidade.shtml>.
10. Disponível em: <http://www1.folha.uol.com.br/educacao/2016/06/1780819-erros-sairam-mas-desequilibrio-continua-em-nova-base-curricular.shtml>.
11. TAKAHASHI, Fabio. O que os EUA podem ensinar ao Brasil sobre a implantação da base curricular. *Folha de S.Paulo*, 7 mai. 2017.
12. Cotação de 3,15 reais por dólar, em vigor em maio de 2017.

7. Educação em tempo integral não é somente uma questão de horas na escola

1. COSTA, Antonio Carlos Gomes da. *Protagonismo juvenil*: adolescência, educação e participação democrática. Salvador: Fundação Odebrecht, 2000.
2. MAGALHÃES, Marcos. *A juventude brasileira ganha uma nova escola de ensino médio*: Pernambuco cria, experimenta e aprova. São Paulo: Albatroz/Loqüi, 2008.

3. Cálculos a partir de números publicados pela Secretaria de Educação em novembro de 2017 e informações de matrículas do Censo de Educação Básica de 2016, tabulados via plataforma Qedu.
4. MAURICIO, Lúcia Velloso. Literatura e representações da escola pública de horário integral. *Revista Brasileira de Educação*, Rio de Janeiro, n. 27, p. 40-56, dez. 2004.
5. LEONARDOS, Ana Cristina. Análise de discurso das produções acadêmicas de alunos de Ciep (representativo da proposta original) e de escola convencional. Relatório de pesquisa. Rio de Janeiro: Capes/UFRJ, 1992.
6. FERRARO, Alceu Ravanello; MACHADO, Nádie Christina Ferreira. Da universalização do acesso à escola no Brasil. *Educação & Sociedade*, Campinas, v. 23, n. 79, p. 213-214, ago. 2002.
7. PERISSÉ, Vanda Lúcia S. *Análise da evasão de alunos de um Ciep de segundo segmento do primeiro grau para escolas de horário parcial*. Dissertação (Mestrado em Educação). Rio de Janeiro: Faculdade de Educação da UFRJ, 1994.
8. MAURÍCIO, Lúcia Velloso. Representações do jornal O Globo sobre os Cieps. *Educação & Realidade*, set.-dez. 2009.
9. Disponível em: <http://g1.globo.com/educacao/noticia/2016/02/idesp-de-escolas-estaduais-sobe-nos-tres-ciclos-em-sao-paulo.html>.
10. TORRES, Haroldo da Gama et al. *O que pensam os jovens de baixa renda sobre a escola*. Estudos e Pesquisas Educacionais, Cebrap, jun. 2013.
11. Disponível em: <http://oglobo.globo.com/sociedade/educacao/desgosto-pelo-estudo-2-16319545>.
12. Quantidade referente ao final de 2017.
13. A Secretaria Estadual de Educação de Pernambuco parou de divulgar publicamente dados atualizados do Idepe de cada escola a partir de 2014.
14. Tem Ideb de 4 no 5º ano do ensino fundamental. No 9º ano, é a quinta pior do Grande Recife.
15. Censo Escolar 2016.
16. Disponível em: <http://educacao.estadao.com.br/noticias/geral,nos-4-anos-de-dilma-mec-teve-a-pior-execucao-de-orcamento-desde-2001-imp-,1624739>.
17. Censo de Educação Básica 2014.
18. Cálculos de 2015 feitos pela equipe do ICE.

8. O poder da boa gestão: na secretaria, na escola e na sala de aula

1. Uma matrícula não necessariamente equivale a um professor porque vários professores têm duas ou três matrículas no estado. Trata-se apenas de um contrato — que pode ser de dezesseis, trinta ou quarenta horas semanais, embora mais de 90% sejam de dezesseis horas.
2. MOCHENGO, Sylvester. Impact of Non-Financial Reward Strategies on Teachers' Performance: A Study of Secondary Schools in Nyamira County, Kenya. *European Journal of Business and Management*, v. 8, n. 9, 2016. Disponível em: <http://www.iiste.org/Journals/index.php/EJBM/article/viewFile/29564/30357>.
3. Outros estudos mostram o peso de incentivos não financeiros em áreas diferentes de educação, mas que podem perfeitamente ser transpostas para a realidade das escolas. O estudo mais notável nesse campo é o de ASHRAF, Nava; BANDIERA, Oriana; JACK, B. Kelsey. No Margin, no Mission. A Field Experiment on Incentives for Public Service Delivery. *Journal of Public Economics*, v. 120, dez. 2014. p. 1-17. Disponível em: <http://www.people.hbs.edu/nashraf/NoMarginNoMission_JPubE.pdf>.
4. Disponível em: <http://oglobo.globo.com/sociedade/educacao/o-pais-nao-tem-mais-tempo-perder-discutindo-obvio-diz-wilson-risolia-14892991>.
5. Disponível em: <http://blogs.oglobo.globo.com/ancelmo/post/a-coluna-de-hoje-564453.html>.
6. Disponível em: <http://oglobo.globo.com/rio/penso-em-educacao-como-um-negocio-diz-novo-secretario-estadual-de-educacao-ao-assumir-cargo-2942503>.
7. Disponível em: <http://gestaoescolar.abril.com.br/equipe/ambiente-saudavel-clima-organizacional-equipe-gestao-ambiente-trabalho-diretor-resultados-relacionamento-511763.shtml>. A revista foi incorporada pela Nova Escola, depois que esta última passou a ser administrada pela Fundação Lemann em 2016.
8. Disponível em: <http://jconline.ne10.uol.com.br/canal/cidades/geral/noticia/2013/10/24/programa-ajuda-a-manter-jovens-na-escola-102572.php>.

9. BRANCH, Gregory F.; HANUSHEK, Eric A.; RIVKIN, Steven G. School Leaders Matter. *Education Next*, jan. 2013. Disponível em: <http://educationnext.org/files/ednext_20131_branch.pdf>.
10. Disponível em: <http://gestaoescolar.abril.com.br/formacao/quatro-segredos-gestao-eficaz-escolar-praticas-eficazes-diretor-508635.shtml?page=0>.

9. A técnica pode vencer a (má) política?

1. Tanto municipais quanto estaduais. Em Minas, cerca de um terço das escolas primárias estão com o estado e dois terços com os municípios. No segundo trecho do ensino fundamental, entre o 5º e o 9º anos, a relação se inverte: um terço na rede municipal, dois terços na estadual.
2. FUCS, José. Como Minas Gerais conseguiu a melhor educação básica do país? *Época*, 6 mai. 2014. Disponível em: <http://epoca.globo.com/tempo/noticia/2014/05/como-bminas-geraisb-conseguiu-melhor-educacao-basica-do-pais.html>.
3. Top Presidential Candidate is Assassinated in Mexico. *The New York Times*, 24 mar. 1994. Disponível em: <http://www.nytimes.com/1994/03/24/world/top-presidential-candidate-is-assassinated-in-mexico.html>.
4. LEVY, Santiago. *Progress Against Poverty*: Sustaining Mexico's Progresa-Oportunidades Program. Washington: Brookings Institution Press, 2006.
5. GERTLER, Paul. *Final Report*: The Impact of Progresa on Health. Washington: International Food Policy Research Institute, 2000.
6. BARHAM, Tania. *Providing a Healthier Start to Life*: The Impact of Conditional Cash Transfers on Infant Mortality. Berkeley: University of California at Berkeley, 2005.
7. GERTLER, Paul; FERNALD, Lia. *Impacto de Mediano Plazo del Programa Oportunidades sobre el Desarollo Infantil em Áreas Rurales*. Cuernavaca, México: Instituto Nacional de Salud Publica.
8. NEUFELD, Lynnette et al. Estudio Comparativo sobre el Estado Nutricional y la Adquisición de Lenguaje entre Niños de Localidades Urbanas con y sin Oportunidades. In: PRADO, H. B.; ÁVILA, H. M. (Org.). *Evaluación Externa de Impacto del Programa Oportunidades 2004*. Cuernavaca, México: Instituto Nacional de Salud Pública, 2004.

9. SCHULTZ, Paul. *The Impact of Progresa on School Enrollment*: Final Report. Washington: International Food Policy Research Institute, 2000.
10. COMISSÃO EUROPEIA. *Study on Conditional Cash Transfers and their Impact on Children*: Final Report. v. 1. Bruxelas: Comissão Europeia, 2014.
11. Idem.
12. KREMER, Michael; MIGUEL, Edward; THORNTON, Rebecca. Incentives to Learn. *The Review of Economics and Statistics*, v. 91, n. 3, p. 537-556, 2009.
13. DUFLO, Esther; DUPAS, Pascaline; KREMER, Michael. School Governance, Teacher Incentives and Pupil-Teacher Experimental Evidence from Kenyan Primary Schools. *Journal of Public Economics*, v. 123, p. 92-110, 2015.
14. BANERJEE, Abhijit; COLE, Shawn; DUFLO, Esther; LINDON, Leigh. Remedying Education: Evidence from Randomized Experiments in India. *The Quarterly Journal of Economics*, v. 122, n. 3, p. 1.235-1.264, 2007.
15. DUFLO, Esther; HANNA, Rema; RYAN, Stephen P. Incentives Work: Getting Teachers to Come to School. *American Economic Review*, v. 102, n. 4, p. 1.241-1.278, 2012.
16. BARROS, Daniel. Avaliar para acertar. *Exame*, n. 1129, 1º mar. 2017.
17. BANERJEE, Abhijit; DUFLO, Esther; IMBERT, Clement; MATHEW, Santhosh; PANDE, Rohini. E-Governance, Accountability, and Leakage in Public Programs: Experimental Evidence from a Financial Reform Management Reform in India. Documento de Trabalho NBER n. 22803, nov. 2016.
18. REINIKKA, Ritva; SVENSSON, Jakob. Local Capture: Evidence from a Central Government Transfer Program in Uganda. *The Quarterly Journal of Economics*, v. 119, 2004.
19. REINIKKA, Ritva; SVENSSON, Jakob. Fighting Corruption to Improve Schooling: Evidence from a Newspaper Campaign in Uganda. *Journal of the European Economic Association*, p. 259-267, 2005.
20. FRYER, Roland; LEVITT, Steven; LIST, John; SADOFF, Salle. Enhancing the Efficacy of Teacher Incentives through Loss Aversion: A Field Experiment. Documento de Trabalho NBER n. 18237, jul. 2012.

Epílogo

1. HELLER, Sara et al. Think, Fast and Slow? Some Field Experiments to Reduce Crime and Dropout in Chicago. Cambridge, MA: NBER Working Paper n° 21178, mai. 2015. Disponível em: <http://www.nber.org/papers/w21178>.
2. No hemisfério norte, o ano letivo tipicamente começa em agosto ou setembro e acaba em maio ou junho do ano posterior.
3. Aplicativo Fogo Cruzado e Diretoria de Análise de Políticas Públicas da Fundação Getulio Vargas (DAPP). *Educação em alvo: os efeitos da violência armada nas salas de aula*. Disponível em: <http://dapp.fgv.br/educacao-em-alvo-os-efeitos-da-violencia-armada-nas-salas-de-aula/>.

Este livro foi composto na tipografia Palatino
LT Std, em corpo 11/16, e impresso em
papel off-white no Sistema Cameron da
Divisão Gráfica da Distribuidora Record.